Altmühltal
Fränkisches Seenland

INHALTSVERZEICHNIS

I) WILLKOMMEN IM ALTMÜHLTAL UND FRÄNK. SEENLAND ... 4

- Im Herzen Bayerns 4
- Steckbrief 5

II) REISEVORBEREITUNG 6

- Die besten Reiserouten 6
- Übernachten 10
- Essen & Trinken 12
- Sport & Freizeit 14
- Praktische Reiseinformationen von A bis Z 16

III) LAND & LEUTE 20

- Geschichte 20
- Kunst & Kultur 22
- Feste & Feiern 24
- Natur & Umwelt 28

IV) UNTERWEGS IM ALTMÜHLTAL UND FRÄNK. SEENLAND ... 32

- **Oberes Altmühltal** 32
  Burgbernheim S. 32, Colmberg S. 34, Leutershausen S. 36, Herrieden S. 39
- **Fränkisches Seenland** 42
  Ornbau S. 42, Wolframs-Eschenbach S. 44, Gunzenhausen und der Altmühlsee S. 45, Pleinfeld und der Brombach- und Igelsbachsee S. 52, Spalt S. 56, Roth und der Rothsee S. 59, Hilpoltstein S. 63
- **Mittleres Altmühltal** 66
  Weißenburg S. 66, Treuchtlingen S. 69, Pappenheim S. 72, Solnhofen S. 75, Dollnstein S. 77, Eichstätt S. 80, Walting S. 86, Ingolstadt S. 88, Kipfenberg S. 90, Kinding S. 92, Beilngries S. 94, Berching S. 98, Neumarkt in der Oberpfalz S. 99
- **Unteres Altmühltal** 102
  Dietfurt an der Altmühl S. 102, Riedenburg S. 106, Essing S. 111, Kelheim S. 113

V) WANDERN IM ALTMÜHLTAL UND FRÄNK. SEENLAND ... 118

1. **Zur Vogelinsel im Altmühlsee** – Von Gunzenhausen am Seeufer entlang (leicht, 9,5 km, 2:15 Std.) 118
2. **Um den Kleinen Brombachsee** – Das Naturparadies um Langlau erleben (mittel, 11,9 km, 3:15 Std.) 120

ALTMÜHLTAL UND FRÄNKISCHES SEENLAND

3 **Von Spalt zur Burg Wernfels** – Rundtour in das Tal
der Fränkischen Rezat (mittel, 11,9 km, 3:30 Std.). 122
4 **Von Mühlstetten zum Schloss Sandsee** – Kultur im
Tal der Schwäbischen Rezat (mittel, 13,1 km, 4:00 Std.) 124
5 **Der Fischlehrpfad am Rothsee** – Erlebnisreiche Rundtour
ab Hilpoltstein (mittel, 13,0 km, 4:00 Std.) 128
6 **Römerweg Via Biriciana um Weißenburg** – Von Burgsalach
auf den Spuren der Römer (schwer, 27,7 km, 7:30 Std.) 132
7 **Altmühlblick rund um Treuchtlingen** – Panoramarundweg an
der „Fossa Carolina" (schwer, 17,0 km, 5:30 Std.). 136
8 **Geoweg Urdonautal** – „Geo-Thriller" auf dem Rundweg
um Dollnstein (schwer, 20,5 km, 7:00 Std.) 140
9 **Rund um die Bischofsstadt Eichstätt** – Abwechslungsreiche
Wanderung für Kulturbegeisterte (mittel, 10,4 km, 3:30 Std.) 144
10 **Ritter- und Römerweg** – Anspruchsvolle Wandertour
ab Titting (schwer, 17,5 km, 6:00 Std.) 146
11 **Rundweg Greding** – Schöne Täler
und interessante Bauten (mittel, 11,2 km, 3:30 Std.) 150
12 **Der Mühlenweg** – Herausfordernde Strecke von Arnsberg zum
geografischen Mittelpunkt Bayerns (schwer, 26,0 km, 9:00 Std.). . 152
13 **Der Sulztalwanderweg** – Idyllische Waldwanderung
von Beilngries nach Berching (schwer, 23,4 km, 8:00 Std.). 156
14 **Zur Burg Prunn** – Hügelige Tour am Main-Donau-Kanal
mit Start in Riedenburg (schwer, 12,2 km, 4:30 Std.) 160
15 **Weltenburger Höhenweg** – Von Kelheim zum
Kloster Weltenburg (leicht, 6,6 km, 2:00 Std.) 162

VI) RADWANDERN IM ALTMÜHLTAL UND FRÄNK. SEENLAND 164

1 **Der Fränkische Seenland Weg** – Von Ornbau quer
durch das Seenland (schwer, 67,0 km, 4:15 Std.). 164
2 **Auf dem Anlautertal- und dem Altmühltal-Radweg
nach Eichstätt** – Ab Weißenburg (schwer, 75,7 km, 5:30 Std.). . . . 168
3 **Altmühltal-Radweg von Treuchtlingen nach Eichstätt** –
Mächtige Felspartien der Juraalb (mittel, 40,6 km, 2:45 Std.). 172
4 **Auf dem Altmühltal- und dem Schambachtal-Radweg nach
Ingolstadt** – Ab Kelheim (schwer, 60,4 km, 4:30 Std.) 174
5 **Burgentour mit dem Mountainbike** – Waldige Strecke ab
Kelheim mit kulturellen Highlights (mittel, 40,7 km, 3:30 Std.) . . . 178

VII) KARTENATLAS 182

- Register. 190
- Bildnachweis. 191
- Impressum. 192

WILLKOMMEN IM ALTMÜHLTAL

Im Herzen Bayerns
Abwechslungsreiche Urlaubsregion

Auf 225 km Länge schlängelt sich die Altmühl von der Frankenhöhe bis zur Mündung in die Donau. Sie durchfließt dabei nicht nur den geografischen Mittelpunkt Bayerns, sondern mit dem Naturpark Altmühltal und dem Fränkischen Seenland auch zwei landschaftlich und kulturell besonders attraktive Freizeitregionen.

„Alkumana" – heiliger, stiller Fluss

Die Altmühl bzw. Alkumana, wie die Kelten sie einst ehrfürchtig tauften, windet sich in zahlreichen Schleifen durch Mittelfranken, Oberbayern, Niederbayern und die Oberpfalz. Die Hügel der Frankenhöhe und das Mittelgebirge der Frankenalb, in denen das Altmühltal und seine malerischen Seitentäler eingebettet sind, verleihen der Landschaft ihren besonderen Reiz. Zu Füßen sanfter Kuppen und Höhenrücken strömen zahlreiche Bäche und die Altmühl als langsamster Fluss Bayerns durch herrliche Talauen, artenreiche Trockenrasen und schattige Buchenwälder überziehen die Höhen und Talflanken. Hier und da ragen bizarre Felsformationen und urzeitliche Kalksteinriffe empor.

Von Menschenhand erschaffen

Etwa 50 km südlich von Nürnberg schließt sich an das ruhige, bäuerlich geprägte Obere Altmühltal – einem Teil der Region „Romantisches Franken" – das Fränkische Seenland an, eine äußerst beliebte, zwischen 1973 und 1999 künstlich angelegte Freizeitlandschaft mit sieben Seen und 2.000 Hektar Wasserfläche. Erholungssuchende, Aktivsportler und

IM HERZEN BAYERNS

Familien finden hier lange Sandstrände, moderne Freizeitanlagen, Segel- und Surfmöglichkeiten sowie ein ausgedehntes Netz an beschilderten Rad- und Wanderwegen.

Natur pur

Südöstlich des Fränkischen Seenlandes erstreckt sich das Mittlere und Untere Altmühltal. Einen Großteil der Fläche nimmt hier der Naturpark Altmühltal ein, der drittgrößte Naturpark Deutschlands. Er wird vom tief eingeschnittenen Altmühltal in eine südliche und eine nördliche Hälfte geteilt. Vielerorts lassen sich sprudelnde Karstquellen, geheimnisvolle Höhlen, uralte Fossilien und bezaubernde Wacholderheiden entdecken. Eines der landschaftlichen Highlights der Region ist der beeindruckende Donaudurchbruch bei Weltenburg.

Kulturgenuss

Viele Besucher schätzen das Altmühltal nicht nur wegen seiner Naturschönheiten, sondern auch aufgrund seiner kulturellen Vielfalt. Malerische Orte und Städte mit mittelalterlichen, von Stadtmauern umgebenen Altstädten, romantischen Fachwerkhäusern, eindrucksvollen Sakralbauten, traditionsreichen Gastwirtschaften und schattigen Biergärten laden zum Verweilen ein. Bauwerke aus der Zeit der Kelten und Römer sowie Burgen und Schlösser geben ein Zeugnis ab von der bewegten Geschichte der Region.

STECKBRIEF

Lage:
- In der Mitte Bayerns zwischen Feuchtwangen im Westen, Nürnberg im Norden, Regensburg im Osten und der Donau im Süden

Fläche:
- Naturpark Altmühltal: 2.906 km²
- Fränkisches Seenland: 3.840 km²
- Flusslänge: 225 km

Verwaltung:
- Regierungsbezirke: Mittelfranken (Landkreise Ansbach, Weißenburg-Gunzenhausen, Roth), Oberbayern (Landkreis Eichstätt), Oberpfalz (Landkreis Neumarkt), Niederbayern (Landkreis Kelheim)
- Eichstätt als Zentrum des Naturparks Altmühltal

Bevölkerung:
- Naturpark Altmühltal: ca. 150.000
- Fränkisches Seenland: ca. 390.000

Höchster Berg:
- Hesselberg (689 m) in Mittelfranken, nordwestlich von Wassertrüdingen

Natur:
- Hügel- und Mittelgebirgslandschaft der Frankenhöhe und der Frankenalb, dazwischen das Fränkische Seenland
- drittgrößter Naturpark Deutschlands, knapp 50 Prozent der Fläche ist bewaldet, den Rest bedecken Wiesen, Felder, Auen, Trockenrasen, Wacholderheiden und Steinbrüche
- die Altmühl als einer der langsamsten Flüsse Deutschlands (nur 70 cm Gefälle pro km)

Sonnenscheinstunden:
- etwa 1.300 Sonnenstunden im Jahr

Jahresniederschlag:
- etwa 600 mm (Mittelfränk. Becken) bis 800 mm (Fränkische Alb)

REISEVORBEREITUNG

Altmühltal kompakt
Die besten Reiserouten

Ob Tagesausflug oder mehrwöchiger Urlaubsaufenthalt – im Altmühltal lässt sich eine Menge erleben: von historischen Stadtbesichtigungen über erlebnisreiche Rad- und Wandertouren bis zum Badespaß für die ganze Familie im Fränkischen Seenland. Als schneller Überblick zeigen die Punkte in den Karten an, wo die jeweiligen Touren hinführen.

Mit Kindern auf Entdeckungstour im Fränkischen Seenland
Tag : Zur Vogelinsel im Altmühlsee

Von Muhr am See führt ein schön angelegter Lehrpfad auf die **Vogelinsel** (siehe S. 48), eine Ansammlung von 40 kleineren Inseln im Altmühlsee, die allesamt unter Naturschutz stehen. Ein Aussichtsturm bietet die Möglichkeit zur Vogelbeobachtung und mit etwas Glück bekommt man auch einen der heimischen Biber zu Gesicht. Nach dem Ausflug in die Vogelwelt lernt man auf einer Rundfahrt mit der **MS Altmühlsee** die Region aus der Wasserperspektive kennen. Besonders spannend für Kinder sind dabei die Piratenfahrten mit Schatzsuche. Am Nachmittag bleibt Zeit, um am See auszuspannen und Sandburgen zu bauen. Wenn das Wetter einmal nicht mitspielt, empfiehlt sich der Besuch des **Freizeitbades Juramare** in Gunzenhausen (siehe S. 45).

Tag : Spaß und Action am Brombachsee

Der zweite Tag beginnt für Eltern und Kinder gleichermaßen spannend. Im **Abenteuerwald Enderndorf** (siehe S. 56) geht es in schwindelerregender Höhe auf

DIE BESTEN REISEROUTEN

▶ Tour: Mit Kindern auf Entdeckungstour im Fränkischen Seenland.

wackligen Hängebrücken und anderen Seilkonstruktionen von Baum zu Baum. Wer nach etwa drei Stunden mit Mut und Geschicklichkeit den gesamten Parcours bezwungen hat, kann sich im **Enderndorfer Seezentrum „Zwei-Seen-Platz"** von den Strapazen der Kletterei erholen und ins kühle Nass des Brombachsees eintauchen. Für unermüdliche Kinder bietet sich anschließend noch der 2 km lange, idyllisch im Wald angelegte **Enderndorfer Barfußweg** an. Mit nackten Füßen über Rinde, Wurzeln, Kiesel, Baumstämme und andere Materialien zu balancieren, macht einfach richtig Spaß.

Tag : Die Altmühl mit dem Boot flussabwärts
Die gemächlich dahinfließende Altmühl eignet sich bestens für gemütliche Bootstouren mit der ganzen Familie.
Mit der eigenen Muskelkraft angetrieben, geht es heute von Gunzenhausen nach Treuchtlingen. Auf der knapp 30 km langen Strecke haben kleine und große Paddler die Gelegenheit, den schilfumsäumten, sich in Schleifen durch die Wiesenlandschaft dahinwindenden Fluss mit seinen Sandbänken und Altwasserarmen aus nächster Nähe zu entdecken.

REISEVORBEREITUNG

Zwei Städte mit Geschichte – Weißenburg und Eichstätt

Tag : Auf den Spuren der Römer

Bei einem Rundgang durch Weißenburg lassen sich zahlreiche gut erhaltene bzw. restaurierte Sehenswürdigkeiten entdecken. Unbedingt einplanen sollte man das Römermuseum mit seinem einzigartigen „Römerschatz", die eindrucksvollen Römischen Thermen sowie das Kastell „Castrum Biriciana". Durch das Ellinger Tor – das Wahrzeichen der einstigen freien Reichsstadt – betritt man das denkmalgeschützte, historische Zentrum. Nach dem Besuch der Altstadt steht die auf einer Bergkuppe thronende Wülzburg, eine gut erhaltene Renaissance-Festung, auf dem Programm. Wer nach so viel Kultur noch etwas Entspannung braucht, findet diese in der Mogetissa-Therme (siehe S. 68).

Tag : Barockstadt mit Flair

Der Rundgang durch die Hauptstadt des Altmühltals beginnt auf dem barocken Residenzplatz. Nach dem Besuch des mächtigen, mittelalterlichen Doms lässt man sich in der historischen Altstadt von den prächtigen Bauwerken italienischer Architekten verzaubern. Weitere Stationen auf dem Rundgang sind der Leonrodplatz mit der Dompropstei und der Schutzengelkirche sowie die ehemalige fürstbischöfliche Sommerresidenz. Am Domplatz lohnt ein Abstecher ins Informationszentrum Naturpark Altmühltal (siehe S. 86). Anschließend steigt man zur Willibaldsburg hinauf. In der Festung sollte man sich das Jura-Museum (siehe S. 82) mit einem Original-Exemplar des Urvogels Archaeopteryx und den Bastionsgarten nicht entgehen lassen.

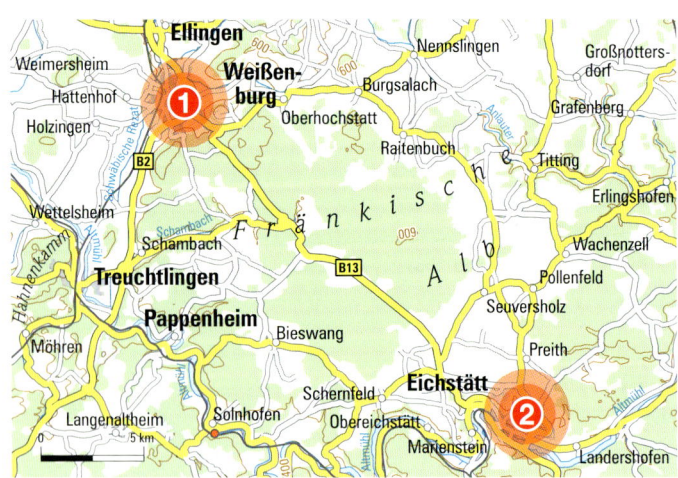

▶ Tour: Zwei Städte mit Geschichte – Weißenburg und Eichstätt.

DIE BESTEN REISEROUTEN

▶ *Tour: Kultur und Natur im Unteren Altmühltal.*

Kultur und Natur im Unteren Altmühltal

Tag : Von Riedenburg ins Schambachtal

Die erste Station ist der Marktplatz der Drei-Burgen-Stadt Riedenburg. Durch die Altstadt und entlang der Altmühl geht es zum Kristallmuseum, in dem man die größte Bergkristallgruppe der Welt bewundern kann. Anschließend wandert man hinauf zur Rosenburg, deren Hauptattraktion der Falkenhof mit Greifvogel-Flugvorführungen ist. Am Nachmittag entdeckt man beim Ausflug nach Altmannstein im Schambachtal eines der reizvollsten Seitentäler der Altmühl (siehe S. 108 und 153).

Tag : Rund um Essing

Der zweite Tag führt zunächst auf eine der besterhaltenen Ritterburgen Bayerns, die Burg Prunn. Beim anschließenden Rundgang durch Essing mit seinen malerischen Häusern zu Füßen steiler Felsen werden zwei Brücken mit Charakter überschritten – die Tatzelwurmbrücke und die historische Bruck. Von Essing ist es nicht weit zum Schulerloch. Nach der Besichtigung der einst von den Neandertalern bewohnten Tropfsteinhöhle kann man den Tag mit der Einkehr in der romantischen Ritterschänke Burg Randeck oberhalb von Essing beschließen (s. S. 111).

Tag : Von Kelheim zum Kloster Weltenburg

Der dritte Tag nimmt seinen Anfang im Stadtzentrum von Kelheim. Nach einem Bummel durch die Altstadtgassen stattet man dem sehenswerten Archäologischen Museum einen Besuch ab (siehe S. 115). Vom Museum führt ein archäologischer Lehrpfad auf den Michelsberg, auf dem die monumentale Befreiungshalle thront. Zurück in Kelheim geht es mit dem Schiff durch den spektakulären Donaudurchbruch zum Kloster Weltenburg.

REISEVORBEREITUNG

Übernachten
Hotels, Camping & Co.

Besuchern, die nicht nur einen Tagesausflug ins Altmühltal oder ins Fränkische Seenland unternehmen, steht in der Region eine große Auswahl unterschiedlicher Übernachtungsmöglichkeiten zur Verfügung – vom einfachen Campingplatz am Wasser und dem Bauernhof in idyllischer Lage bis hin zum 4 Sterne-Hotel am See.

Hotels und Gasthöfe

Egal ob einfacher Gasthof oder First Class-Hotel mit Wellnessoase – die Häuser in der Region werden allen Ansprüchen gerecht. Bei der Mehrzahl der Unterkünfte handelt es sich um eher kleinere, familiär geführte Hotels und Gasthäuser. Viele von ihnen können auf eine jahrhundertelange Tradition zurückblicken, wie beispielsweise die Fuchsbräu in Beilngries oder der Historische Gasthof Stirzer in Dietfurt. Man wohnt hier in schönen, für die Region typischen, traditionellen Jurahäusern. Wer es gerne etwas luxuriöser mag, ist unter anderem im Burghotel in Colmberg, im Strandhotel Seehof in Langlau am Kleinen Brombachsee, im Parkhotel Altmühltal in Gunzenhausen oder im Altstadthotel Wittelsbacher Hof in Kelheim gut aufgehoben.

Camping- und Bootsrastplätze

Campingfans können sich auf einem der zahlreichen modernen Plätze direkt am Ufer der Badeseen im Fränkischen Seenland oder auf einer der schön gelegenen Anlagen an der Altmühl niederlassen. Die beiden größten Plätze in der Region befinden sich am Brombachsee – der „See Camping" in Langlau und

ÜBERNACHTEN

der „Waldcamping Brombach" in Pleinfeld. Viele Campingplätze bieten Freizeitangebote an und betreiben einen Fahrrad- und Bootsverleih. Für die Hauptsaison sollte man frühzeitig buchen, in der Nebensaison kann man von vergünstigten Preisen profitieren. Eine interessante Alternative für alle Naturverbundenen, die eine mehrtägige Paddeltour auf der Altmühl unternehmen wollen, sind die Bootsrastplätze. Es handelt sich dabei um Zeltplätze am Fluss, teilweise mit Feuerstellen und einfachen Sanitäreinrichtungen, auf denen Wanderer sowie Rad- und Bootsfahrer gegen Entrichtung einer Gebühr von 3 € pro Person übernachten dürfen. Außerdem wurden für Wohnmobil-Urlauber in Gunzenhausen, Treuchtlingen, Monheim, Eichstätt, Berching und Kelheim Wohnmobil-Stellplätze eingerichtet.

Bauernhöfe, Ferienwohnungen und Pensionen

Neben Campingplätzen sind bei Familien Ferienwohnungen besonders beliebt. Für Kinder ideal sind Wohnungen auf Bauernhöfen, wie sie von zahlreichen Landwirten in der Region angeboten werden. Während die Eltern die idyllische Landschaft ringsum und Produkte direkt vom Erzeuger genießen, können die Kleinen beim Versorgen der Tiere mithelfen und hautnah das Landleben entdecken. Viele Ferienwohnungen und -häuser sind komfortabel eingerichtet und verfügen über eine Terrasse oder einen Garten mit Liegewiese, die Vermietung erfolgt in der Regel durch Privatpersonen. Außerdem gibt es zahlreiche Frühstückspensionen, die neben Zimmern und Appartements auch Ferienwohnungen vermieten. Benötigt man eine Unterkunft in der Hauptsaison zwischen Mitte Juni und Mitte September, so sollte man auch hier frühzeitig reservieren. Im Frühjahr, Herbst und Winter ist das Unterkunftsangebot der Privatvermieter in den meisten Orten eingeschränkt.

Jugendherbergen

In Gunzenhausen, Eichstätt und Kelheim bieten sich Jugendherbergen als kostengünstige Übernachtungsmöglichkeit mit Verpflegung an. Voraussetzung dafür ist die Mitgliedschaft beim Deutschen Jugendherbergswerk DJH (www.djh.de). Eine Jahresmitgliedschaft für Familien kostet 21 €. Die Häuser in Gunzenhausen und Eichstätt befinden sich in zentraler Lage im bzw. unweit des Stadtzentrums, die Jugendherberge in Kelheim liegt aussichtsreich am Berghang über dem Altmühltal, etwa 30 Gehminuten vom Zentrum entfernt.

Nützliche Internetlinks

www.seenlandtourist.de
www.fraenkisches-seenland.bayern-online.de/uebernachten
www.altmuehltal.org
www.naturpark-altmuehltal.de
www.altmuehltal-ferienwohnung.de

REISEVORBEREITUNG

Essen & Trinken
Fränkisch und oberbayerisch

Die Lage des Altmühltals zwischen Franken und Oberbayern spiegelt sich deutlich in der leckeren Regionalküche wider, die ebenso vielfältig ist wie die eindrucksvolle Landschaft. Nirgendwo an der Altmühl kommt der kulinarische Genuss zu kurz und das süffige Bier schmeckt in Franken mindestens genauso gut wie in Oberbayern.

Fränkische Spezialitäten

Im mittelfränkischen Teil des Altmühltals und im Fränkischen Seenland dominieren zahlreiche deftige, herzhafte Fleischgerichte die Speisekarten der Gasthöfe. Zwei absolute Klassiker sind das Schäufele, ein kräftig gewürztes Schulterstück vom Schwein, und die fränkischen Bratwürste, die aus Schweinehack hergestellt und mit Salz, Pfeffer, Piment, Majoran, Muskat und Selleriesalz gewürzt werden. Am häufigsten kommen sie gebraten mit Kraut und fränkischem Bauernbrot oder mit fränkischem Spargel auf den Tisch, doch auch geräuchert oder als Blaue Zipfel – in einem Sud aus Zwiebeln, Essig und Weißwein gegart – sind die Würste sehr beliebt. Weitere deftige Speisen sind Schweinebraten in Dunkelbiersoße, fränkischer Sauerbraten, Tellersülze sowie Blut- und Leberwürste. Als Beilage werden unter anderem Klöße oder mit Zwiebeln angemachter Kartoffelsalat serviert. Im oberen Altmühltal rund um Merkendorf wird Kraut bzw. Kohl zum Fleisch gereicht. In allen Monaten mit „r" stehen in Franken außerdem knusprig gebackene Karpfen hoch im Kurs. Wer es lieber leichter mag, probiert eine leckere Bachforelle

ESSEN & TRINKEN

oder den Altmühltaler Lammbraten. Rund um Spalt kann man im Frühjahr den „Hopfenspargel" verkosten, eine Salatspezialität aus jungen Hopfensprossen. Süßspeisen-Liebhaber sollten sich Hollerküchle, fränkische Pfannkuchen (mit Sahne, Zwetschgenmus und –wasser) und Schneeballn (Schmalzgebäck) nicht entgehen lassen.

Oberbayerische Klassiker

Auch im oberbayerischen Altmühltal lässt man sich herzhafte Fleischgerichte wie Braten, Wammerl (Schweinebauch), Innereien in allen Variationen, knusprig gebratene Schweins- und Kalbshax'n oder ein Spanferkel schmecken. Und natürlich kommt in Oberbayern die über die Landesgrenzen hinaus bekannte, aus Kalbfleisch und Petersilie hergestellte Weißwurst auf den Teller. Ein wichtiger Bestandteil der bodenständigen bayerischen Küche sind außerdem Knödel, die als Kartoffel- oder Semmelknödel nicht nur als Beilage zahlreicher Gerichte serviert werden, sondern auch als Suppeneinlage oder Süßspeise Verwendung finden. Liebhaber der leichteren Küche finden auf vielen Speisekarten variantenreiche Fischgerichte. Die dafür verwendeten Zander, Forellen, Waller, Renken und anderen Süßwasserfische stammen meist aus den heimischen Gewässern. Typisch bayerisch ist auch die Brotzeit in einem der zahlreichen Biergärten. Hier dürfen Brezen, Radi (Rettich) und Obazda nicht fehlen.

SPEZIALITÄTEN AN DER ALTMÜHL

Schäufele – knusprig gebratene Schweineschulter, mit Kartoffelklößen serviert
Schweinshax'n – gebratenes oder gegrilltes Eisbein mit knuspriger Kruste, traditionell mit Sauerkraut und Knödel
Blaue Zipfel – in einem Sud aus Zwiebeln, Essig und Weißwein gegarte fränkische Bratwürste
Obazda – Käsecreme aus Camembert, Butter und Zwiebeln

Gerstensaft und gute Geister

Bayern ist das Bierland schlechthin. Das Riedenburger Weizen, die Kelheimer Schneider-Weiße oder das Weltenburger Klosterbier aus der ältesten Klosterbrauerei der Welt sind weit über die Grenzen des Naturparks Altmühltal hinaus bei Biertrinkern beliebt. Auch im Fränkischen Seenland spielt der in zahlreichen Brauereien produzierte Gerstensaft eine Rolle. Seine Würze erhält er vom äußerst begehrten Spalter Aromahopfen. Neben ihrer großen Biervielfalt hat die Region auch hervorragende Schnäpse zu bieten, die oft noch in alten Hausbrennereien destilliert werden.

PREISNIVEAU

Obadzda	ca. 6,00 €
Altmühltaler Lammbraten	ca. 13,00 €
Schweinebraten	ca. 7,00 €
Schweinshaxe	ca. 8,00 €
Bier (0,5 l)	ca. 2,50 €
Kaffee	ca. 2,00 €

REISEVORBEREITUNG

Sport & Freizeit
Aktiv im Sommer und Winter

Die abwechslungsreiche Landschaft der Region erlaubt vom Frühjahr bis in den Spätherbst eine Fülle unterschiedlicher Freizeitaktivitäten. Während sich Wassersportler und Badeurlauber im Seenland tummeln, stehen Wanderern, Radfahrern und Kletterern vor allem im Naturpark Altmühltal erlebnisreiche Touren zur Auswahl.

Radfahren & Mountainbiken

Mit einem durchschnittlichen Gefälle von 40 Zentimetern pro Streckenkilometer ist das Altmühltal ideal zum gemütlichen Radwandern mit der ganzen Familie. Während es bequem und ohne kraftraubende Anstiege am Fluss entlanggeht, kann man die landschaftlichen und kulturellen Reize links und rechts der Strecke in vollen Zügen genießen. Der durchgehend beschilderte Altmühltal-Radweg – einer der beliebtesten Radwege Deutschlands – zieht sich auf einer Länge von 253 km vom Altmühlursprung bis nach Kelheim. Im Fränkischen Seenland führen ebenfalls mühelos zu befahrende Radwege rund um die Seen. Der Fränkische Seenlandweg beispielsweise verbindet den Brombachsee mit dem Altmühl- und dem Rothsee und eignet sich dank seiner geringen Steigungen auch für kleinere Kinder. Deutlich mehr Höhenmeter kommen hingegen bei Radtouren in die Seitentäler der Altmühl oder auf die Hochebenen des Bayerischen Jura zusammen. Hier finden auch Mountainbiker eine Vielzahl lohnender, aussichtsreicher Strecken über Stock und Stein mit teils kniffligen Downhills. In jüngster Zeit setzt der Naturpark Altmühltal verstärkt auf E-Bikes. Zukünftig soll im Altmühltal und in den Nachbar-

SPORT & FREIZEIT

regionen ein Netz von Service- und Mietstationen für Elektrofahrräder entstehen.

Wandern

Ein ausgedehntes Netz von mehreren Tausend Kilometern markierter Wanderwege überzieht das Fränkische Seenland und den Naturpark Altmühltal. Genussvolle Touren führen entlang der Altmühl und ihrer Nebenflüsse durch sonnige Wacholderheiden, schattige Wälder und verträumte, bäuerliche Landschaften zu malerischen Felsformationen, romantischen Orten und interessanten Zeugnissen der Geschichte. Einer der schönsten Wege durchs Altmühltal ist der 2005 ins Leben gerufene Altmühltal-Panoramaweg, der sich auf 200 km von Gunzenhausen nach Kelheim erstreckt. 20 zumeist als Rundwege gestaltete Schlaufenwege zwischen 6 und 25 km Länge laden am Panoramaweg dazu ein, auch die Gebiete links und rechts der Altmühl kennenzulernen. Auf den Spuren römischer Geschichte wandelt man am Limeswanderweg, einem 120 km langen Fernwanderweg entlang des rätischen Limes zwischen Gunzenhausen und Bad Gögging. Ebenfalls lohnend sind die zahlreichen örtlichen Rundwander- und Themenwege.

Klettern

Der Naturpark Altmühltal zählt seit Jahrzehnten zu den bedeutendsten Klettergebieten Deutschlands. An den bis zu 70 m hohen, steil aus dem Altmühltal aufragenden Felsmassiven in Konstein/Aicha, Dollnstein und Prunn/Essing finden bei Schwierigkeitsgraden zwischen III und X nicht nur Anfänger, sondern auch Profis ein vielfältiges Routenspektrum. Zwei Klassiker sind der Burgsteinfelsen bei Dollnstein und der Dohlenfels bei Konstein. Ideal für Kinder und Anfänger ist in Konstein der sehr gut abgesicherte Sektor „Asterix und Obelix".

Baden & Wassersport

„Wasserratten" und Erholungsuchende kommen in der Region voll auf ihre Kosten, denn umfangreich präsentiert sich das Angebot an großen und kleinen Badeseen, Schwimmbädern und Thermen mit Saunalandschaften. Im Fränkischen Seenland sind besonders die Sandstrände von Brombachsee, Altmühlsee und Rothsee bei Badegästen beliebt. Im Naturpark Altmühltal kann man sich im Kratzmühler See bei Kinding und im St. Agatha-Badesee bei Riedenburg erfrischen. Spielt das Wetter einmal nicht mit, stehen als Alternativen die Altmühltherme in Treuchtlingen, die Mogetissa-Therme in Weißenburg oder die Erlebnisbäder von Gunzenhausen, Berching und Kelheim auf dem Programm. Das Fränkische Seenland ist zudem ein ideales Revier mit guter Infrastruktur für Segler, Surfer und Kiter. Bootswanderern bietet sich die sanft dahinfließende Altmühl für mehrtägige Unternehmungen an.

REISEVORBEREITUNG

Von A bis Z
Praktische Reiseinformationen

Wie komme ich am besten in die Region? Zu welcher Jahreszeit ist der Aufenthalt am schönsten? Wo bekomme ich welche Ermäßigungen und Infos? Über welche Souvenirs freuen sich die Daheimgebliebenen? Diese und weitere Fragen werden hier für einen gelungenen Aufenthalt kurz zusammengefasst beantwortet.

Anreise mit dem Auto

Die Region ist mittels mehrerer Autobahnen verkehrstechnisch gut erschlossen. Ins obere Altmühltal gelangt man, von Norden kommend, am besten über die A7 Ulm–Würzburg. Aus Westen und Osten kommend, eignet sich für das Obere Altmühltal sowie für den westlichen Teil des Fränkischen Seenlands besonders die A6 Heilbronn–Nürnberg.

Das östliche Fränkische Seenland mit dem Rothsee erreicht man am schnellsten auf der A9 Nürnberg–München oder der A6. Steuert man das mittlere und untere Altmühltal an, bieten sich folgende Ausfahrten der A9 an: Greding, Altmühltal und Denkendorf. Kelheim, an der Mündung der Altmühl in die Donau gelegen, ist auf kürzestem Weg über die A93 (Ausfahrt Bad Abbach) erreichbar.

INTERNETADRESSEN

www.romantisches-franken.bayern-online.de
www.fraenkisches-seenland.de
www.seenlandtourist.de
www.seenlandportal.de
www.seenland-barrierefrei.de
www.fraenkisches-seenland.bayern-online.de
www.altmuehltal.de

VON A BIS Z

Anreise mit Bus und Bahn
Alle größeren Orte in der Region besitzen eine gute Anbindung an das öffentliche Bus- oder Schienennetz. Die wichtigsten Bahnzielorte sind Ansbach, Gunzenhausen, Treuchtlingen und Eichstätt. Während im Fränkischen Seenland und im Oberen Altmühltal die Busse des Verkehrsverbundes Großraum Nürnberg (VGN) verkehren, ist für das restliche Altmühltal das Freizeit-Bus-Netz Altmühltal-Donautal zuständig, eine gemeinsame Initiative der Landkreise Kelheim und Eichstätt sowie der Regionalbuslinien Augsburg und Ostbayern. Die am Main-Donau-Kanal gelegenen Orte im Unteren Altmühltal werden zusätzlich von den Linienschiffen der „Weißen Flotte" angefahren.

Anreise mit dem Flugzeug
Die Region besitzt zwar keinen eigenen Flughafen, doch liegt sie verkehrstechnisch günstig zwischen den internationalen Flughäfen Nürnberg und München. Der Südteil des Naturparks Altmühltal ist vom Münchner Franz Josef Strauß-Flughafen in einer guten Autostunde zu erreichen, etwa genauso lange dauert die Fahrt vom Nürnberger Flughafen ins Fränkische Seenland.

Beste Reisezeit & Klima
Grundsätzlich hat jede Jahreszeit im Altmühltal und im Fränkischen Seenland ihre Reize. Die meisten Besucher bevorzugen jedoch die

FEIERTAGE

An den Feiertagen finden zahlreiche Feste und Feierlichkeiten in der Region statt. Ausnahme ist der 15. August. Bei Mariä Himmelfahrt handelt es sich um einen regionalen Feiertag in Bayern, der nur in katholischen Städten und Gemeinden begangen wird.
Neujahr *(1. Januar)*
Heilige Drei Könige *(6. Januar)*
Karfreitag
Ostermontag
Tag der Arbeit *(1. Mai)*
Christi Himmelfahrt
Pfingstmontag
Fronleichnam
Tag der Deutschen Einheit *(3. Okt.)*
Allerheiligen *(1. November)*
Weihnachten *(25./26. Dezember)*

warmen bis heißen Sommermonate. Rund um die Seen im Fränkischen Seenland und in den Touristenorten im Altmühltal ist besonders an schönen Sommerwochenenden mit viel Andrang zu rechnen. Wer nicht vorrangig baden, sondern hauptsächlich radeln und wandern will, dem empfiehlt sich ein Besuch in den ruhigeren Frühlings- und Herbstmonaten April und Mai sowie September und Oktober. Während im Frühjahr blühende Streuobstwiesen und Magerrasen die Wege säumen, spaziert man im Herbst durch bunt leuchtende Buchenwälder. Im November und Dezember kann man in der Region zwar auch noch wandern, lästig ist dann aber zuweilen der zähe Bodennebel. Die Winter sind hier eher wenig schnee-

REISEVORBEREITUNG

reich. Das gemäßigte Mittelgebirgsklima der Gegend wird zudem von relativ geringen Jahresniederschlagsmengen geprägt.

Ermäßigungen

Im Naturpark Altmühltal gibt es die Altmühl-Donau-Card. Mit ihr können Ausflügler und Gäste bei mehr als 60 Einrichtungen in der Region, wie Museen, Geschäfte und Gaststätten, von Rabatten und Prämien profitieren. Die Karte ist zum Preis von 14,90 € bei allen Tourist-Informationen sowie beim Informationszentrum Naturpark Altmühltal in Eichstätt und dem Tourismusverband Kelheim e.V. erhältlich, außerdem bei zahlreichen Vermietern ab einem Aufenthalt von zwei Nächten bzw. bei einer Reihe von Gaststätten ab einem Umsatz von 34,90 € kostenlos. Ein Begleitheft zur Karte gibt Auskunft über die Partnerunternehmen. Im fränkischen Teil des Altmühltals und im Fränkischen Seenland wird Inhabern des TagesTicketPlus (siehe ÖPNV) des Verkehrsverbundes Großraum Nürnberg (VGN) bei mehreren Freizeiteinrichtungen wie dem Spaßbad Juramare in Gunzenhausen Rabatt auf den Eintrittspreis gewährt.

Öffentlicher Personennahverkehr (ÖPNV)

Dank der günstigen Angebote des Verkehrsverbundes Großraum Nürnberg (VGN) lohnt es sich im fränkischen Teil der Region besonders, mit öffentlichen Verkehrsmitteln unterwegs zu sein. So können mit dem TagesTicketPlus Gruppen und Familien bis zu sechs Personen (davon maximal zwei Personen ab

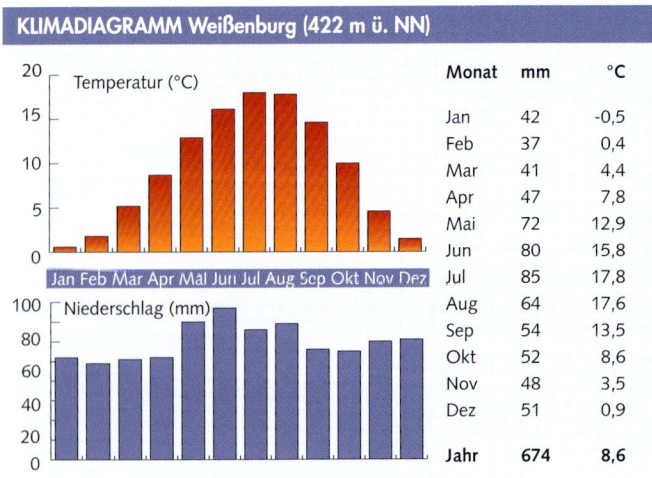

KLIMADIAGRAMM Weißenburg (422 m ü. NN)

Monat	mm	°C
Jan	42	-0,5
Feb	37	0,4
Mar	41	4,4
Apr	47	7,8
Mai	72	12,9
Jun	80	15,8
Jul	85	17,8
Aug	64	17,6
Sep	54	13,5
Okt	52	8,6
Nov	48	3,5
Dez	51	0,9
Jahr	**674**	**8,6**

18 Jahren/Fahrradmitnahme anstelle von Personen möglich) wahlweise einen ganzen Tag oder ein ganzes Wochenende für nur 15,60 € im 14.000 km² großen VGN-Verbundgebiet fahren und dabei zusätzlich sparen (siehe Ermäßigungen). Wer länger Urlaub macht, für den ist die MobiCard des VGN interessant. Sie gilt 31 Tage lang (Mo-Fr ab 9 Uhr, an Feiertagen und Wochenenden ohne zeitliche Einschränkung) und kostet für das gesamte VGN-Gebiet 80,90 €. Der Naturpark Altmühltal lässt sich hingegen mit den Altmühltal-Donau-Freizeitbussen günstig und bequem entdecken und ist besonders bei Radlern beliebt. Drei Freizeitbusse mit Fahrradanhänger verkehren zwischen Ende April und Anfang Oktober an Samstagen, Sonn- und Feiertagen. Freizeitbus 1 pendelt zwischen Regensburg und Riedenburg, Freizeitbus 2 als Anschluss zwischen Riedenburg und Eichstätt, Freizeitbus 3 bringt Gäste von Kelheim nach Mainburg und zurück. Ein Tagesticket kostet für Erwachsene (mit Rad) 10,50 €, für Kinder 6,50 €. Fahrplan-Informationen erhält man bei der Verkehrsgemeinschaft Landkreis Kelheim (Hemauer Straße 48, 93309 Kelheim, Tel.: 0 94 41 / 20 72 32, www.vlk-kelheim.de). Eine beschauliche, landschaftlich reizvolle Alternative zum Bus sind auf der Strecke Beilngries – Kelheim die auf dem Main-Donau-Kanal verkehrenden Linienschiffe (www.schiffahrt-kelheim.de).

INFORMATIONSSTELLEN

Die touristische Vermarktung des Gebietes erfolgt durch drei übergeordnete Institutionen (s. u.). Zudem besitzen alle Städte und größeren Orte eigene Tourist-Büros, die Wander- und Radkarten sowie umfangreiches Infomaterial zu Sehenswürdigkeiten, Veranstaltungen und Sportmöglichkeiten bereithalten und bei der Unterkunftssuche behilflich sind. Nähere Infos zu den Büros finden sich bei den jeweiligen Orten in Kapitel IV. Zahlreiche kostenlose Prospekte mit Freizeittipps gibt es auch beim Verkehrsverbund Großraum Nürnberg.

**Tourist-Information
Romantisches Franken**
Am Kirchberg 4
91598 Colmberg
Tel.: 0 98 03 / 9 41 41
www.romantisches-franken.de

**Tourismusverband
Fränkisches Seenland**
Hafnermarkt 13
91710 Gunzenhausen
Tel.: 0 98 31 / 50 01 20
www.fraenkischeseen.de

**Informationszentrum Naturpark
Altmühltal**
Notre Dame-Weg 1
85072 Eichstätt
Tel.: 0 84 21 / 9 87 60
www.naturpark-altmuehltal.de

Verkehrsverbund Großraum Nürnberg (VGN)
Rothenburger Straße 9
90443 Nürnberg
Tel.: 09 11 / 27 07 50
www.vgn.de

LAND & LEUTE

Geschichte
Kelten, Römer und Ritter

Beiderseits der Altmühl zeugen keltische Grabhügelfelder, römische Befestigungs- und Siedlungsanlagen und mittelalterliche, von wehrhaften Mauern umgebene Stadtkerne, Burgen und Klöster von der bewegten Geschichte der Region, die bereits vor etwa 200.000 Jahren von Eiszeitjägern durchstreift wurde.

Um 5.000 v. Chr.
Die ersten Ackerbauern und Viehzüchter werden in der Region sesshaft.

2000 v. Chr. bis 0
Die Kelten bewohnen Höhensiedlungen, u.a. bei Kelheim.

0 bis 300 n. Chr.
Die Römer beginnen mit dem Bau des Limes und errichten Kastelle, Lagerdörfer und Gutshöfe.

Um 260
Nach dem Zusammenbruch des Römischen Reiches dringen in der Zeit der Völkerwanderung Alemannen in die Region ein.

Um 600
Franken besiedeln den westlichen Teil, Bajuwaren den östlichen Teil des Gebietes.

617
Eines der ältesten Klöster Bayerns wird in Weltenburg gegründet.

745
Der angelsächsische Missionar Bonifatius gründet in Eichstätt ein Kloster und legt damit den Grundstein der heutigen Stadt.

GESCHICHTE

788
Karl der Große besiegt den Bayernherzog Tassilo und hebt das Herzogtum Bayern auf. Bayern wird nun von fränkischen Grafen verwaltet.

793
Zwischen Altmühl und Fränkischer Rezat lässt Karl der Große die Fossa Carolina graben, einen strategisch und wirtschaftlich wichtigen Kanal, der die Nordsee mit dem Schwarzen Meer verbinden soll. Bautechnische Probleme vereiteln jedoch die Fertigstellung des Projekts.

1022
Bischof Heribert beginnt mit dem Bau des Eichstätter Doms.

1525
Die Schlacht von Ostheim, in der die aufständischen Bauern niedergeschlagen werden, beendet den Schwäbisch-Fränkischen Bauernkrieg.

1607
Herzog Maximilian gründet das „Weiße Brauhaus" in Kelheim, das erste Weißbierbrauhaus Bayerns – heute als „Schneider-Weiße" bekannt.

1618–1648
Im Dreißigjährigen Krieg werden viele Orte in der Region zerstört.

1806–1815
Dem neu gegründeten Königreich Bayern wird nach Gebietsverlusten in Tirol und der Pfalz Franken zugesprochen.

1871
Das Königreich Bayern wird Teil des Deutschen Kaiserreiches, behält aber gewisse Vorrechte.

1845
Der 178 km lange Ludwig-Main-Donau-Kanal wird eröffnet.

1918
Der Freistaat Bayern wird ausgerufen.

1945
Nach dem Ende des Zweiten Weltkriegs halten die Amerikaner auf der Rosenburg bei Riedenburg hochrangige NS-Generäle gefangen.

1969
Der Naturpark Altmühltal wird gegründet.

1977
In Kelheim beginnt der Bau des Main-Donau-Kanals.

2000
Mit der Flutung des Großen Brombachsees ist das Großprojekt Fränkisches Seenland abgeschlossen.

2005
Der Obergermanisch-Raetische Limes wird UNESCO-Weltkulturerbe.

2010
Der Archäologiepark Altmühltal wird eröffnet.

LAND & LEUTE

Kunst & Kultur
Hopfen, Jurahäuser und der Limes

Das Altmühltal und das Fränkische Seenland sind uralte Siedlungsräume, die Besucher mit einer Vielfalt an prächtigen Bauwerken, Kunstschätzen aus mehreren Jahrtausenden, lebendigen Traditionen und fränkisch-bayerischer Gast- und Gemütlichkeit empfangen – genug Gründe also für einen spannenden Kultur-Ausflug in die Region.

Biertradition

Nördlich des Brombachsees erstreckt sich rund um die Stadt Spalt eines der bekanntesten und traditionsreichsten Hopfenanbaugebiete Deutschlands. Schon im Jahr 1341 wurde im Spalter Hopfenland diese Kletterpflanze mit den kostbaren Dolden angebaut. Auch heute noch ist der edle Spalter Hopfen dank seines vorzüglichen Aromas bei Brauereien heiß begehrt. Doch nicht nur in Spalt, auch im restlichen Fränkischen Seenland und im Altmühltal hat der damit gebraute süffige Gerstensaft, den man am besten in einem der zahlreichen Biergärten genießt, eine lange Tradition. Viele Brauereien bieten Führungen und Brauseminare an, die Interessierte in die Kunst des Bierbrauens einweihen.

Von Kelten und Römern

Beide Volksstämme haben in der Region eine Vielzahl antiker Zeugnisse ihrer Kultur hinterlassen. Eine spannende Zeitreise in die Welt der Kelten erlebt man beim Besuch der 18 Stationen des 40 km langen Archäologieparks Altmühltal. Der größte Park dieser Art in Deutschland führt Besucher beispielsweise zu Gräbern aus

KUNST & KULTUR

der Bronze- und Eisenzeit oder zu Nachbauten keltischer Gebäude und Festungsanlagen und macht sie mit der Lebensweise der Altmühltalbewohner vor Tausenden von Jahren vertraut. Startpunkt der Tour, die sich am besten mit dem Fahrrad abfahren lässt, ist Kelheim, den Endpunkt bildet Dietfurt. Nähere Infos zu dem ganzjährig geöffneten, kostenlos zugänglichen Park gibt es im Internet unter www.archaeologiepark-altmuehltal.de. Die Region legt zudem großen Wert auf ihr römisches Erbe. Freigelegte römische Thermen, Siedlungen, rekonstruierte Wachtürme und Kastelle entlang des UNESCO-Welterbes Raetischer Limes sowie historische römische Feste stellen einen wichtigen Bestandteil der hiesigen Kultur dar.

REGIONALER SPRACHFÜHRER

Bayerisch – Hochdeutsch
- fuxdeifeswuid – richtig verärgert sein
- obandeln – flirten
- Vergeltsgott – Danke
- Hirnschmoiz – Intelligenz
- Dusl – Glück
- Hutzelbria – dünner, fader Kaffee
- Kren – Meerrettich
- Hendl – gegrilltes Huhn

Fränkisch – Hochdeutsch
- Sajdla – Bierglas mit 0,5 l Bier
- Schdamberla – Schnapsglas
- Wäggla – Brötchen
- Gaggala – Eier
- Buddla – Huhn
- Bodaggng – Kartoffel
- Gschbässla – Scherz
- Gwärch – Unordnung, Lärm
- Dswädschga – Kleinkind

Vielfältige Architektur

Neben romantischen, fränkischen Fachwerkhäusern und wehrhaften Stadtbefestigungen hat die Region auch Bauten von Weltruf zu bieten. Im 17. und 18. Jh. beauftragten die Fürstbischöfe von Eichstätt zwei exzellente Baumeister, den Graubündner Gabriel de Gabrieli und den Italiener Maurizio Pedrotti. Das Ergebnis ihres Schaffens sind Glanzlichter barocker Architektur wie der Residenzplatz und der Eichstätter Dom. Als kunstgeschichtliche Sehenswürdigkeiten von Rang gelten außerdem die monumentale Befreiungshalle oberhalb von Kelheim, die Barockkirche der Gebrüder Asam in Weltenburg und die Solnhofener Solabasilika, eines der ältesten Baudenkmäler Deutschlands. In vielen Orten im Altmühltal zwischen Treuchtlingen und Kelheim findet man noch Jurahäuser, eine typisch regionale Bauform. Mit ihren dicken Mauern und den flach geneigten, mit Kalkschieferplatten gedeckten Dächern strahlen die Häuser eine schlichte Schönheit aus und erinnern eher an den Mittelmeerraum. Vor mehreren Jahrzehnten existierten noch ganze Dörfer in dieser Bauweise, heute stehen die verbliebenen unter Denkmalschutz. Einen relativ guten Eindruck eines früheren Juradorfes vermitteln die Ortskerne von Dettenheim und Arnsberg.

LAND & LEUTE

Feste & Feiern
Historisch und sportlich

Besonders in den Sommermonaten locken verschiedene Feierlichkeiten und Veranstaltungen Besucher in die Region. Das Angebot bietet für jeden Geschmack etwas und reicht von historischen Festen und Prozessionen über stimmungsvolle Seefeste und sportliche Großereignisse bis hin zu anspruchsvollen Freilicht-Theateraufführungen und Konzerten.

Traditionelle Volksfeste

Seit 40 Jahren findet in Kipfenberg das Limesfest statt. Das viertägige, historische Volksfest im August erinnert an die Lage des Ortes am römischen Limes und thematisiert zudem die jüngere Ortsgeschichte. Die Hauptattraktion der Veranstaltung ist der Festsonntag, wenn am Marktplatz Musikaufführungen, Aufmärsche und Tänze historischer Gruppen stattfinden und ein großer, farbenprächtiger Festumzug mit mehr als 30 Römer- und Germanengruppen in voller Kriegsmontur durch den Ort zieht. Ein weiteres, überaus beliebtes Volksfest ist der

▶ *Auf dem Berchinger Rossmarkt.*

FESTE & FEIERN

▶ *Stimmungsvoller Weihnachtsmarkt im Naturpark Altmühltal.*

im Februar stattfindende Berchinger Rossmarkt. Mehr als 150 Pferde und Gespanne verwandeln bei einem der größten Wintervolksfeste Bayerns das mittelalterliche Stadtzentrum in einen großen, geschäftigen Markt. Die Ursprünge der Veranstaltung gehen auf das Jahr 1722 zurück, als Pferdebesitzer ihre Tiere regelmäßig nach Berching zu den sogenannten „Rossbeschauen" bringen mussten.

Erlebnisreiche Burgfeste

Die zahlreichen Burgen und Schlösser in der Region dienen oft als Schauplatz und Kulisse verschiedener Veranstaltungen. Auf der Burg Pappenheim findet jedes Jahr im Juni das Pappenheimer Ritterturnier statt. Zwei Tage lang kann man auf dem Burgareal in die Welt des Mittelalters eintauchen. Spannend geht es beim Nachtturnier im Fackelschein mit anschließendem Feuerwerk zu. Außerdem zeigen zahlreiche Handwerker, wie Bogenbauer, Glasbläser und Schmiede, den Besuchern ihre Künste. Romantisches Flair versprüht auch der Pappenheimer Burgweihnachtsmarkt, wenn Fackeln und Schwedenfeuer die Burg erhellen und der Duft von Glühwein und Bratwürsten in die Nase steigt. Weitere lohnende Burgfeste sind das Feuertanz-Festival auf der Burg Abenberg mit Mittelalter-Rock und -Folk-Gruppen im Juni und das Mittelalterfest „Ritter, Barden, Beutelschneider" auf der Burgruine Hilpoltstein im Mai.

Stimmungsvolle Seefeste

In den Sommermonaten liefern die ausgedehnten Wasserflächen des Fränkischen Seenlandes, allen voran der Brombach- und der Altmühlsee, das richtige Ambiente für Seefeste mit Flair.
Bei der Veranstaltung „See in Flammen" im Seezentrum Schlungenhof tauchen bei Einbruch der Dunkelheit beleuchtete Segelboote den Altmühlsee in einen Lichterzauber. Auf

LAND & LEUTE

▶ *Das Limesfest in Kipfenberg.*

das Fackel-Synchron-Schwimmen folgt der Höhepunkt des Abends, ein großes musikalisches Barock- und Höhenfeuerwerk. Reizvoll ist auch das Altmühlsee-Festival, bei dem in den Freizeitanlagen rund um den See mehrere Live-Bands unterschiedliche Musikstile zum Besten geben. Ein kostenloser Shuttle-Verkehr sorgt dafür, dass man keine der Musikgruppen verpasst.

Sportevents

Bei Triathlon-Fans in der ganzen Welt hat sich die Region Roth einen Namen gemacht. Seit mehr als 20 Jahren findet hier jedes Jahr im Juli mit der „Challenge Roth" eine der größten Langdistanz-Triathlon-Veranstaltungen weltweit statt. Mit weit über 100.000 Zuschauern und mehr als 3.400 Athleten ist die Challenge neben dem Norisring-Rennen in Nürnberg das größte Sportereignis in der Region. Rund ums Fahrrad dreht sich dagegen alles beim „Day of Bike" im September in Kipfenberg, wenn „Pedalritter" die 42 km lange Marathonstrecke unter die Stollenreifen nehmen.

Faschingstreiben

In der närrischen Jahreszeit finden in zahlreichen Orten der Region ausgelassene Umzüge statt. Eine der bekanntesten Veranstaltungen ist der in Deutschland einzigartige, 1928 erstmals aufgeführte Dietfurter Chinesenfasching. Am „Unsinnigen Donnerstag" verfolgen bis zu 20.000 Besucher mit, wie aus

FESTE & FEIERN

der Stadt im Altmühltal die Provinz „Bayerisch-China" wird. Höhepunkt des bunten Treibens ist ein großer Umzug, der aus etwa 50 als Mitglieder des chinesischen Hofstaates verkleideten Gruppen und dem Großen Drachenwagen mit der Sänfte des Kaisers besteht. Die Parade endet am Platz des Himmlischen Friedens, dem umgetauften Marktplatz, wo im Anschluss ein abwechslungsreiches Bühnenprogramm folgt. Jedes Jahr steht das Ereignis unter einem anderen Motto, so war der Kaiser 2006 zum Beispiel auf Brautschau. Der ungewöhnliche Name des Festes rührt von einer Begebenheit in der Geschichte Dietfurts her, als sich die Einwohner wie die „Chinesen" hinter ihren dicken Stadtmauern verschanzten, um die Abgaben an den Eichstätter Bischof nicht zahlen zu müssen.

FESTE IM JAHRESKREIS

Februar
▶ Chinesenfasching in Dietfurt
▶ Berchinger Rossmarkt

März
▶ Passionsspiel in Dietfurt
▶ Eichstätter Ostermarkt

April
▶ Rother Bluestage
▶ Kelheimer Schmankerlwochen

Mai
▶ Mittelalterfest in Hilpoltstein
▶ Lamm-Auftrieb in Mörnsheim

Juni
▶ Rittertunier auf Burg Pappenheim
▶ Eichstätter Altstadtfest

Juli
▶ Schlosshofspiele auf Schloss Ratibor
▶ „See in Flammen" am Altmühlsee
▶ „Berchinale des Lichts" in Berching
▶ Challenge Roth, Triathlon

August
▶ Mittelalterliches Burgfest mit Umzug in Hilpoltstein
▶ Räuber-Hotzenplotz-Fest in Wolframs-Eschenbach
▶ Spalter Hopfenfest
▶ Altmühlsee-Festival um den See
▶ Altmühltaler Lamm Erlebnistage mit Handwerkermarkt in Eichstätt
▶ Limesfest in Kipfenberg

September
▶ Tillyfest in Breitenbrunn
▶ Keltenfest in Landersdorf
▶ MTB-Marathon in Kipfenberg

Oktober
▶ Lamm-Abtrieb in Böhming

November
▶ Feuer und Flamme an Donau und Altmühl" in Kelheim

Dezember
▶ Weihnachtsmärkte u. a. auf Burg Pappenheim und in Eichstätt

▶ *Der Triathlon in Roth.*

LAND & LEUTE

Natur & Umwelt
Aus dem Urmeer geboren

Vor Millionen von Jahren bedeckte ein tropisches Urmeer mit Korallenriffen die Region. Bis heute prägen die Spuren dieses Meeres sowie die der Urdonau die Landschaft der Frankenalb und verleihen ihr in Form von bizarren Felsformationen, seltenen Pflanzen, Fossilien und Höhlen ihren besonderen Reiz.

Vom Meeresboden zum Festland

Vor etwa 150 Millionen Jahren glich das Gebiet des heutigen Altmühltals dem der Südsee. Das Land lag unter den Fluten des tropischen Urmeers Tethys begraben, dazwischen bestimmten Atolle und Lagunen das Bild. Bedingt durch das äußerst kalkreiche Wasser der Tethys wurde in den seichten Lagunen Kalk abgelagert, der Nährboden für das Wachstum von mächtigen Korallenriffen. Die zahlreichen bizarren Felsformationen wie beispielsweise die Zwölf-Apostel-Felsen bei Solnhofen, die im Fränkischen Jura aufragen, bilden die Überreste dieser fossilen, in Millionen von Jahren aufgebauten Riffe. Die Vielzahl an hervorragend erhaltenen Versteinerungen in den Plattenkalken der Region veranschaulicht die unheimliche Artenvielfalt in den Lagunen der Tethys. Während der Kreidezeit vor etwa 135 bis 65 Millionen Jahren kam es durch die geologische Anhebung des Gebietes zur Zurückdrängung des Meeres und das Altmühltal wurde Festland. Sobald das Land vom Meer befreit war, begannen die Kräfte der Verwitterung die Landschaft zu formen. Korallenriffe wurden freigelegt und ausgedehnte Höhlensysteme ins Kalkgestein erodiert. Noch heute ist anhand des

NATUR & UMWELT

ungewöhnlichen West-Ost-Verlaufs der Donau das Abfließen des Meerwassers bzw. der Urdonau nach Osten rekonstruierbar. Das Wasser schuf ein breites, von Kalkfelsen gesäumtes Tal und legte an den Talflanken zahlreiche der unterirdischen Höhlen frei. In der Rißeiszeit verließ die Urdonau ihr Bett und strömt seither weiter südlich nahezu parallel zu ihrem alten Lauf dahin. Im Flußbett der Urdonau fließt heute streckenweise die Altmühl. Das Flüsschen mündet bei Dollnstein westlich von Eichstätt ins Urdonautal, das Wellheimer Trockental zwischen Dollnstein und Rennertshofen ist seit der Verlegung der Urdonau hingegen trockengefallen. Während die Fränkische Alb aus Kalk- und Dolomitgestein besteht, findet man im Mittelfränkischen Becken (Fränkisches Seenland) und auf der Frankenhöhe (Oberes Altmühltal) fast ausschließlich Sand- und Tonsteine. Grund dafür ist die Tatsache, dass im Erdzeitalter des Keuper vor etwa 220 Millionen Jahren das heutige Mittelfranken am Rand eines ausgedehnten Beckens lag, in das Flüsse und Sturzfluten Abtragungsschutt aus den höhergelegenen Gebieten im Süden und Osten einschwemmten.

Die Altmühl

Mit einem Gefälle von nur 70 Zentimetern pro Kilometer Fließstrecke zählt die 225 km lange Altmühl zu den langsamsten Flüssen Deutschlands. Landschaftlich unterschiedliche Abschnitte gliedern ihr Tal in drei Abschnitte. Im Oberlauf zwischen der Quelle im Hornauer Weiher auf der Frankenhöhe und Treuchtlingen durchfließt die Altmühl als langsamer Wiesenfluss in einem breiten Tal eine sanft hügelige Landschaft sowie das Fränkische Seenland. Im mittleren Drittel ab Treuchtlingen hat sich der Fluss tief in die aus löslichen Kalkgesteinen bestehende fränkische Juraplatte eingeschnitten. Dementsprechend eng rücken hier die felsdurchsetzten Talflanken zusammen. Im Unterlauf ab Dollnstein präsentiert sich das Altmühltal wieder deutlich breiter, plätschert der Fluss hier doch durch das für ihn eigentlich viel zu weite Bett der Urdonau. Zwischen Dietfurt und der Mündung der Altmühl in die Donau hat der Bau des Main-Donau-Kanals den Fluss gebändigt und den Charakter des Tals massiv verändert. Die Altmühl wurde hier für den Schiffsverkehr verbreitert und begradigt. Um die ökologischen Schäden so gering wie möglich zu halten, investierte man viele Millionen Euro in Renaturierungsmaßnahmen, wodurch der Kanal heute auf den ersten Blick wie ein Naturidyll wirkt.

Künstliche Seenlandschaft

Sieben Seen mit einer Gesamtwasserfläche von 2.000 Hektar – der Große und der Kleine Brombachsee, der Altmühl-, der Igelsbach-, der Hahnenkamm-, der Dennenloher und der Rothsee – bilden das Herz-

LAND & LEUTE

▶ *Im Fossilienmuseum Gunzenhausen.*

stück der Ferienregion Fränkisches Seenland. Noch Anfang der 1970er Jahre fand man hier einen beschaulichen, von Landwirtschaft geprägten Landstrich, dünn besiedelt und mit Feldern, Wiesen und Wäldern überzogen. Mit der Entstehung der Seenlandschaft verwandelte sich das Gebiet zunehmend in eine Tourismusregion. Doch es waren vorrangig keine touristischen Ziele, die man mit der Erschaffung der künstlichen Seen verfolgte. Vielmehr wollte man einen überregionalen Wasserausgleich zwischen dem niederschlagsreichen, im Einzugsgebiet der Donau liegenden Südbayern und dem niederschlagsarmen Regnitz-Main-Gebiet im Norden Bayerns realisieren, indem man Wasser aus der Altmühl und der Donau ins Gebiet überleitet. Im Juni 1970 beschloss der Bayerische Landtag den Bau der Überleitung mittels eines Systems von Seen sowie dem Bau eines Speichersees im Tal der kleinen Roth. Im Jahr 2000 war das wasserwirtschaftliche, 600 Millionen Euro teure Großprojekt mit der Flutung des Großen Brombachsees abgeschlossen. Das Hochwasser der Altmühl wird nun in den Altmühlsee geleitet und gelangt von diesem über einen knapp 9 km langen Überleiter in den Kleinen Brombachsee. Das Wasser aus dem Kleinen Brombachsee und dem Igelsbachsee dient schließlich der Befüllung des Großen Brombachsees. Der Dennenloher- und der Hahnenkammsee wurden schon vor dem Großprojekt angelegt und stehen mit der wasserwirtschaftlichen Aufgabe der anderen Seen

NATUR & UMWELT

nicht in Zusammenhang. Ebenfalls als Wasserüberleiter – und natürlich als wichtiger Verkehrsweg zwischen der Nordsee und dem Schwarzen Meer – fungiert der 1992 eröffnete Main-Donau-Kanal, der den Main bei Bamberg mit der Donau bei Kelheim verbindet und mithilfe von 16 Schleusen die Europäische Wasserscheide überwindet. Als Ausgleichsbecken des Kanals dient der Rothsee.

Flora und Fauna

Die relative Niederschlagsarmut der Region prägt viele der besonders schützenswerten Flächen im Fränkischen Seenland und im Altmühltal. Während auf den Sandstandorten im Mittelfränkischen Becken artenreiche Sandrasen, Moos-Kiefernwälder und Preiselbeer-Eichenwälder gedeihen, findet man auf den Kalk- und Dolomituntergründen im Naturpark Altmühltal ausgedehnte Buchenwälder sowie eine reiche Steppenheideflora mit wärmeliebender, trockenheitsverträglicher Vegetation. Diese überzieht vorrangig die warmen, felsigen Talflanken des Altmühltals. 187 Pflanzenarten der Roten Liste, darunter das seltene Federgras und fast die Hälfte aller heimischen Orchideenarten, gedeihen auf den hier verbreiteten Mager- und Trockenrasen. Zudem sind sie die Heimat seltener Reptilien, Insekten und Vogelarten und zählen zu den artenreichsten Schmetterlingslebensräumen Mitteleuropas. Viele Flächen sind das Produkt einer jahrhundertelangen, extensiven Schafbeweidung, so zum Beispiel die Gungoldinger Wacholderheide, die größte ihrer Art in Bayern. Die Schafe verhindern die Verbuschung der Trockenrasen und spielen damit eine zentrale Rolle bei der Landschaftspflege. In den feuchten Auenlagen der Region gedeihen Eschen-Ulmen- und Eschen-Erlen-Wälder sowie Weiden und Röhrichte. Die Uferbereiche der Altmühl sind zudem der Lebensraum unzähliger Vögel, u. a. des Eisvogels, und von Bibern. Im Wasser leben Flusskrebse und etwa 15 verschiedene Fischarten wie Zander, Barsche und Schleien.

NATURPARK ALTMÜHLTAL

Mit einer Fläche von fast 3.000 km² stellt der am 25. Juli 1969 in Pappenheim gegründete Naturpark Altmühltal nach zwei Naturparks im Schwarzwald den drittgrößten Naturpark Deutschlands dar. Seine Ausdehnung entspricht in etwa dem Naturraum der Südlichen Frankenalb und reicht nördlich der Donau von Nördlingen im Westen bis kurz vor Regensburg im Osten. Das namensgebende Altmühltal teilt den Park, dessen Fläche zu etwa 50 Prozent bewaldet ist, in eine nördliche und eine südliche Hälfte. Das vorrangige Ziel des Naturparks mit dem Ammoniten als Wappentier ist die Erhaltung ökologisch wertvoller Flächen wie Trockenrasen, Wacholderheiden und Feuchtgebiete, die den Lebensraum zahlreicher seltener und gefährdeter Tier- und Pflanzenarten darstellen.

Oberes Altmühltal
Beschauliche Landidylle

Zwischen der Frankenhöhe und dem Ort Ornbau schlängelt sich die Altmühl auf 57 km Länge als schmales Flüsschen an trutzigen Burgen, sanften Hügeln und kleinen Orten vorbei durch eine beschauliche Landschaft aus Wiesen und Feldern. Hier spielt der Tourismus im Gegensatz zur restlichen Altmühl eine relativ bescheidene Rolle.

▶ BURGBERNHEIM

2.900 Einwohner   (S. 182, A2)

Idyllisch liegt die 741 erstmals erwähnte, typisch fränkische Kleinstadt mit ihren schmucken, denkmalgeschützten Fachwerkhäusern am Fuß der Frankenhöhe, einem bis 554 m ü. NN hohen Bergrücken, und am Rand des **Naturparks Frankenhöhe**. Südlich des staatlich anerkannten Erholungsortes, der zudem für seine 30.000 Streuobstbäume und sein bis ins 15. Jh. zurückreichendes **Kurbad** bekannt ist, schließt sich ein ausgedehnter, von zahlreichen Wanderwegen durchzogener Waldgürtel an.

Altstadt

Gut erhaltene Fachwerkbauten, davon 28 unter Denkmalschutz, prägen das Erscheinungsbild des Ortes. Das älteste, ein typisch fränkisches **Wohnstallhaus** in der Rodgasse 3, stammt aus dem Jahr 1607. Das Fachwerkobergeschoss der stattlichen **Rossmühle** geht sogar auf das Jahr 1558 zurück. Ein besonderes Schmuckstück und zugleich das Wahrzeichen des Ortes stellt der reich mit Fachwerk verzierte **Torturm** dar. Zusammen mit einem doppelten Mauerring und drei weiteren Ecktürmen, von denen heute nur noch der achtecki-

OBERES ALTMÜHLTAL IV

ge **Seilersturm** erhalten ist, bildet der Torturm die frühere Friedhofs-Befestigungsanlage. Sie diente der Bevölkerung als Fliehburg. Neben dem Friedhof steht die spätgotische **Pfarrkirche St. Johannis** mit ihrem romanischen Kirchenportal.

Wildbad

In der romantischen Waldschlucht des Tiefenbaches liegt das frühere königliche Mineralheilbad **Wildbad**. Der heutige, denkmalgeschützte Gebäudekomplex wurde im 18. und 19. Jh. samt Alleen, Laubengängen und einem Jagdschloss errichtet.

Die Bauten des ersten, im 15. Jh. erbauten Bades, fielen hingegen dem Dreißigjährigen Krieg zum Opfer. Seine Blütezeit erreichte das Bad im 18. Jh., 1968 wurde der Kurbetrieb eingestellt. Heute beherbergt die Anlage einen Waldgasthof mit guter Küche (siehe unter Essen & Trinken).

VERWIRRUNG UM DIE QUELLE

Seit langer Zeit besteht Uneinigkeit über die wirkliche Quelle der Altmühl. Glaubt man den Burgbernheimern, so entspringt die Altmühl im **Hirschteich** nahe des Wildbads, schenkt man den Windelsbachern Glauben, so liegt die Quelle in dem auf ihrem Gemeindegebiet befindlichen **Hornauer Weiher**. Aufgrund unterschiedlicher Quellen kursieren auch verschiedene Flusslängen. Offiziell ist die Altmühl 225 km lang und damit der längste rein innerbayerische Fluss.

▶ *Der Torturm in Burgbernheim.*

ESSEN & TRINKEN

⇌✕ *Zentrale Lage*

Gasthof Zum Goldenen Hirschen
Windsheimer Straße 2
Burgbernheim
Tel.: 0 98 43 / 93 68 80
www.gasthofhirschen.de
Gegenüber des Rathauses kommen in der Gaststube oder im gemütlichen Biergarten echt fränkische Gerichte, saisonale Schmankerln und Speisen der gehobenen Küche auf den Tisch. Mi Ruhetag.

✕ *Rustikal*

Gasthof Goldener Engel
Friedenseicheplatz 6
Burgbernheim
Tel.: 0 98 43 / 5 84
www.engelswirt.de
Auf der Speisekarte des familiär geführten Gasthofs mit zugehörigem Bauernhof stehen deftige, fränkische Speisen mit Produkten aus der eigenen Landwirtschaft. Mo und Di Ruhetag.

IV UNTERWEGS IM ALTMÜHLTAL / FRÄNK. SEENLAND

Historisches Gemäuer

Waldgasthof Wildbad
Wildbad 1, Burgbernheim-Wildbad
Tel.: 0 98 43 / 13 21
www.waldgasthof-wildbad.de
Romantische, ruhige Lage inmitten von Wald mit schöner Terrasse. Serviert werden hervorragende internationale Speisen sowie Wild- und fränkische Spezialitäten, außerdem selbstgebackene Kuchen und Torten. Di Ruhetag.

SPORT & FREIZEIT
Freibad
Freibadstraße 3, Burgbernheim
Tel.: 0 98 43 / 5 87
www.ka-baeder.de
Mai bis Sept. tgl. 10–20 Uhr, Erw. 2 €, Kinder 4–17 Jahre 1 €.
Anlage mit Schwimmbecken, beheiztem Nichtschwimmerbecken, Planschbecken und schöner Liegewiese unter Streuobstbäumen.

MIT KINDERN UNTERWEGS
Natur- und Erlebnispfad „Im Gründlein"
Das Highlight des 4 km langen Pfads ist ein Labyrinth aus hohen Buchenhecken mit einer schönen Aussichtsplattform in der Mitte. Der Irrgarten befindet sich hinter dem Wohnmobilstellplatz am Freibad.

SERVICEINFO
Tourist-Information
Untere Rathausgasse 1
91593 Burgbernheim
Tel.: 0 98 43 / 3 09 34
www.burgbernheim.de

► COLMBERG
2.000 Einwohner   (S. 182, B3)

Colmberg, an der Burgenstraße zwischen Heilbronn und Nürnberg gelegen, ist ein Kleinod mittelalterlicher Baukunst und einer der kulturellen Höhepunkte im Oberen Altmühltal. Der von typisch fränkischen Fachwerkhäusern geprägte Ort wird von der gleichnamigen, weithin sichtbaren Burg dominiert. Zudem befinden sich in Colmberg die **Info-Zentren** der Region „Romantisches Franken" und des Naturparks Frankenhöhe unter einem Dach (Am Kirchberg 4, Tel.: 0 98 03 / 9 41 41, www.naturpark-frankenhoehe.de, Mo bis Do 8–12 Uhr und 13–17 Uhr, Fr 8–12 und 13–16 Uhr, April–Okt. zusätzlich Sa und So 13–17 Uhr).

Burg Colmberg
Die als Wahrzeichen des Oberen Altmühltals geltende **Festung** thront auf einem Bergkegel mit herrlichem Rundumblick. 1318 gelangte die Burg in den Besitz der Burggrafen von Nürnberg, der fränkischen Linie der Hohenzollern, wo sie für die nächsten 300 Jahre verblieb. Im Dreißigjährigen Krieg wurde sie von den Truppen Tillys erfolglos belagert, um 1880 ging sie in Privatbesitz über und wird heute als komfortables Hotel-Restaurant (siehe unter Essen & Trinken) genutzt. Der stark befestigte Wehrbau aus dem 12. Jh., bestehend aus einem tiefen Graben und einer ringförmigen **Wehrmauer** sowie aus

OBERES ALTMÜHLTAL IV

▶ *Die Burg Colmberg.*

dem gewaltigen **Bergfried** und dem mächtigen, dreigeschossigen **Palas,** gehört zu den am besten erhaltenen Höhenburgen in Deutschland und konnte nie eingenommen werden. Ebenfalls sehenswert sind die **Gerichtslaube** (16. Jh.), das barocke **Brunnenhäuschen** sowie die im 18. Jh. von Markgraf Alexander erbauten **Pferdestallungen**.

ESSEN & TRINKEN

Mittelalterliches Ambiente
Hotel Burg Colmberg
Burg Colmberg
An der Burgenstraße, Colmberg
Tel.: 0 98 03 / 9 19 20
www.burg-colmberg.de
Hinter dicken Burgmauern genießt man in stilvollen, historischen Räumlichkeiten Wildbret aus heimischen Wäldern sowie internationale und fränkische Spezialitäten.
Di Ruhetag.

Im Grünen
Landgasthof Stadelmann
Meuchlein 11, Colmberg-Meuchlein
Tel.: 0 98 03 / 9 41 70
www.stadelmann-meuchlein.de
Im Ortsteil Meuchlein erwartet der familiär geführte Gasthof seine Gäste mit einer urig-fränkischen Gast-

WIE ZU GROSSMUTTERS ZEITEN

Eine Übernachtung der etwas anderen Art kann man auf dem Ferienbauernhof der Familie Ohr in Binzwangen erleben. Mit dem mitgebrachten Schlafsack kuschelt man sich ins duftende Heu des Stadels.
Für die Kleinen gibt es auf dem Hof Ponys zum Reiten sowie einen Streichelzoo.

Heu-Hotel
Binzwangen 34
91598 Colmberg-Binzwangen
Tel.: 0 98 03 / 2 89
www.ferienbauernhof-ohr.de

UNTERWEGS IM ALTMÜHLTAL / FRÄNK. SEENLAND

stube und gemütlichem Biergarten. Auf den Tisch kommen Brotzeiten aus hauseigenen Produkten und selbstgebackene Kuchen. Mo und Do Ruhetag.

Mit Ausblick
Gutshof Colmberg
Burgstraße 26, Colmberg
Tel.: 0 98 03 / 12 09
www.gutshof-colmberg.de
Unterhalb der Burg lässt man sich auf der schönen Außenterrasse einfache Gerichte der fränkischen Küche und Brotzeiten schmecken. Di Ruhetag.

SPORT & FREIZEIT
Golf-Club Ansbach e.V.
Rothenburger Straße 35, Colmberg
Tel.: 0 98 03 / 6 00
www.golf-ansbach.de
Zu Füßen der Burg erstreckt sich entlang des Burgberges mit dem Colmberger 9-Loch-Platz einer der traditionsreichsten und landschaftlich schönsten Golfplätze der Region. Zusätzlich steht ein öffentlicher 6-Loch-Platz zur Verfügung, der von jedem ohne Platzreife bespielt werden kann.
Geöffnet März bis Nov., Greenfee 9-Loch Mo–Fr 20 €, Sa/So und feiertags 30 €, 6-Loch Tagesfee tgl. 10 €.

Badeweiher
In und um Colberg stehen zwei Bademöglichkeiten zur Auswahl: der reizvolle **Naturbadeweiher** unterhalb der Burg Colmberg mit Liegewiese und Spielgeräten für Kinder sowie der **Badesee** im Ortsteil Binzwangen mit Kneippanlage, Seeräuberinsel und großer Flachwasserzone.

SERVICEINFOS
Tourist-Information
Markt Colmberg
Gartenstraße 2
91598 Colmberg
Tel.: 0 98 03 / 9 32 90
www.colmberg.de

Tourist-Information
Romantisches Franken
Am Kirchberg 4
91598 Colmberg
Tel.: 0 98 03 / 9 41 41
www.romantisches-franken.de

▶ LEUTERSHAUSEN
5.600 Einwohner   (S. 182, B3)

Stolz sind die Einwohner des mauerbewehrten Städtchens – dem Zentrum des Oberen Altmühltals – vor allem auf ihren berühmten Sohn. Der Flugpionier Gustav Weißkopf baute das erste Motorflugzeug der Welt und noch heute erinnern in der Stadt ein Museum und ein Denkmal an den Erfinder. Sehenswert sind auch die typisch fränkischen Dörfer, die zu Leutershausen gehören.

Altstadt
In Leutershausen zeugen noch ein fast vollständig erhaltener Wehrmauerring und das Obere Tor (13. Jh.) von der einstigen

mittelalterlichen Stadtbefestigung. Zwischen dem Oberen und dem Unteren Tor liegt der von Fachwerkbauten flankierte **Marktplatz** mit dem Röhrenbrunnen. In der spätgotischen **Stadtkirche St. Peter** aus dem Jahr 1432 ist besonders das alte Kruzifix sehenswert. Beim Bummel durch die Altstadt fällt auch der viergeschossige Bau des früheren **Getreidekastens** mit seinen schwarz-weißen Fensterläden auf. Das Gebäude, in dem heute das **Gustav-Weißkopf-** und das **Heimat- und Handwerkermuseum** untergebracht sind, geht auf das Jahr 1624 zurück, als die Markgrafen von Ansbach einen mächtigen Fruchtkasten zur Lagerung des Getreidezehnts errichten ließen. Während das Weißkopf-Museum über das Wirken und Schaffen des Luftfahrtpioniers informiert, entführt das Heimat- und Handwerkermuseum Besucher mithilfe historischer Einrichtung und Exponate in das kulturelle Leben der Vergangenheit (beide Museen: Plan 6, Tel.: 0 98 23 / 9 51-0, www.weisskopf.de, Ostern–Okt. Di bis Fr 10–12 Uhr sowie Mi und So 14–16 Uhr, Erwachsene 3 €, Kinder 1,50 €).

▶ *Das Markgrafenschloss in Ansbach.*

GUSTAV WEISSKOPF

Am 14. August 1901 gelang dem 1874 in Leutershausen geborenen und 1894 in die USA ausgewanderten Erfinder in Fairfield Connecticut (USA) eine Sensation.
Fast zweieinhalb Jahre vor den Gebrüdern Wright vollbrachte er mit seiner legendären Flugmaschine „Whitehead Nr. 21", einer Kreuzung aus Vogel, Fledermaus und Schiffsrumpf mit zwei Propellern und einem 20 PS-Motor, den ersten Motorflug der Geschichte über die Strecke einer halben Meile. Im Oktober 1927 starb Weißkopf im Alter von nur 53 Jahren an Herzversagen.

Ausflug nach Ansbach
Mit über 40.000 Einwohnern ist die durch das Findelkind Kaspar Hauser bekannt gewordene Stadt nicht nur der Regierungssitz von Mittelfranken, sondern auch das wirtschaftliche und kulturelle Zentrum der Region. Ein besonderes Highlight stellt das **Markgrafenschloss** der Hohenzollern dar, die Ansbach in der Mitte des 15. Jh. zu ihrer Residenz ausbauten. Zu dem bis 1575 von Gabriel di Gabrieli, Karl Friedrich von Zocha und Leopoldo Retty im „Ansbacher Rokokostil"

gestalteten Renaissanceschloss mit seinen 27 Prunkräumen gehört auch ein **Hofgarten** mit **Orangerie** (Schloss Ansbach, Promenade 27, 91522 Ansbach, Tel.: 09 81 / 9 53 83 90, www.schloesser.bayern.de, April bis Sept. 9–18 Uhr, Okt. bis März 10–16 Uhr, Mo geschlossen, Erwachsene 4,50 €, Kinder 3,50 €).

Das **Markgrafen-Museum** veranschaulicht die Geschichte der Stadt und des Fürstentums Ansbach – die Kaspar Hauser-Abteilung widmet sich dem Findelkind, das seine letzten zwei Lebensjahre in Ansbach verbracht hat (Kaspar-Hauser-Platz 1, 91522 Ansbach, Tel.: 09 81 / 9 77 50 56, täglich 10–17 Uhr, Okt.–April Mo geschlossen, Erwachsene 2,50 €, Kinder 12–18 Jahre 1 €).

Weitere Sehenswürdigkeiten sind das barocke **Herrieder Tor** und die ehemalige **Stiftskirche St. Gumbertus** mit 25 Sarkophagen in der **Markgrafengruft**.

ESSEN & TRINKEN

Historisch

Gasthof zur Krone
Am Markt 31, Leutershausen
Tel.: 0 98 23 / 9 10 02
www.gasthof-zur-krone-online.de
In dem 1603 erbauten Gasthof werden neben fränkischen und Grillspezialitäten auch feine saisonale Gerichte serviert. Ansprechend eingerichtete Gaststube und Biergarten. Mo Ruhetag.

Leichte Küche

Gasthof Neue Post
Mühlweg 1, Leutershausen

▶ *Blick auf Leutershausen.*

OBERES ALTMÜHLTAL IV

Tel.: 0 98 23 / 89 11
www.gasthof-neue-post.de
Die Speisekarte des vor dem Stadttor gelegenen Familienbetriebs mit schönem Biergarten umfasst nicht nur fränkische Gerichte, sondern auch feine Fisch-, Pasta- und Salatspezialitäten. Di Ruhetag.

✗ *Mediterranes Ambiente*
Ristorante La Vita
Am Markt 29, Leutershausen
Tel.: 0 98 23 / 2 75
www.ristorante-la-vita.de
Gute italienische und deutsche Küche sowie hausgemachte Eisspezialitäten lassen sich in stilvoll eingerichteten Gasträumen oder auf der Terrasse genießen. Mi Ruhetag.

SPORT & FREIZEIT
Altmühlflussbad
Schillingsfürster Str., Leutershausen
Tel.: 0 98 23 / 95 10
Am Stadtrand von Leutershausen befindet sich eines der letzten Flussbäder Bayerns. Mit Kiosk, Kinderbecken, Rutsche, Tischtennis, Kneippanlage und großem Grill. Eintritt frei.

MIT KINDERN UNTERWEGS
Reit- und Fahrverein Wiedersbach
Neukirchener Straße 8
Leutershausen
Tel.: 0 98 23 / 83 36
www.reitverein-leutershausen.de
Der Verein bietet auf dem Gelände mit Reithalle, Voltigierzirkel und Reitbahn Reitunterricht sowie Ponyreiten für Drei- bis Sechsjährige an.

SERVICEINFO
Tourist-Information
Am Markt 1–3
91578 Leutershausen
Tel.: 0 98 23 / 95 10
www.leutershausen.de

▶ HERRIEDEN
7.600 Einwohner (S. 182, B4)

Schon im Jahr 782 gründeten Mönche zwischen der Altmühl und dem Martinsberg an der Handelsstraße Donauwörth-Fürth ein Benediktinerkloster.
Damit zählt Herrieden zu den ältesten Orten Frankens und zu einer wichtigen Quelle der Christianisierung in der Region. Zwei kunsthistorisch interessante Kirchen und eine reizende Altstadt locken heute Besucher in den beschaulichen Ort.

Sakralbauten
Die ehemalige, über die Region hinaus bekannte **Stiftskirche St. Vitus und St. Deocar** geht auf das Jahr 1071 zurück. Die barocke Innenausstattung aus dem 18. Jh. ist ein Werk des bedeutenden Graubündner Künstlers und Ansbacher Hofbaumeisters Gabriel de Gabrieli. 2010 wurde die Kirche als einzige in Franken von Papst Benedikt zur päpstlichen Basilika erhoben.
Ebenfalls einen Besuch wert ist die benachbarte **Liebfrauenkirche** aus dem Jahr 1474 im neugotischen Stil. Das Schmuckstück des Gotteshauses bildet eine in Deutschland einzigartige barocke Holzstuckdecke von 1703.

IV UNTERWEGS IM ALTMÜHLTAL / FRÄNK. SEENLAND

Altstadt

Noch heute ist die mittelalterliche Befestigung der Stadt in weiten Teilen erhalten. So findet man neben einer vielerorts intakten **Wehrmauer** die **Fronveste**, ein gegen Kanonenbeschuss massiv verstärkter Wehrturm, sowie das sehenswerte **Storchentor**. Das einzig noch existierende Stadttor bildet mit seinem regelmäßig von Störchen bebrüteten Nest das Wahrzeichen des Ortes. Vor dem Tor spannt sich die 1711 erbaute, dreibogige **Altmühlbrücke** über den Fluss. Innerhalb der Stadtmauer sind mehrere historische Gebäude erwähnenswert: der **Kasten** (1532, ehemaliges Steueramt), das **Gabrieli-Haus** (einst fürstbischöfliches Amtshaus) und die **Alte Propstei** (1492, einst Amtssitz des Stiftspropstes).

ESSEN & TRINKEN

Vielseitige Küche
Landgasthof Hotel Bergwirt
Schernberg 1, Herrieden
Tel.: 0 98 25 / 2 03 90
www.hotel-bergwirt.de
In dem neu ausgebauten, komfortablen Traditions-Gasthof werden in gemütlichen Gasträumen sowie im Bier- und im Wintergarten fränkische, bayerische und internationale Spezialitäten serviert. Tgl. geöffnet.

Gehobene Küche
Gasthaus Limbacher
Vordere Gasse 34, Herrieden
Tel.: 0 98 25 / 53 73
www.gasthaus-limbacher.de
Der Küchenchef Paul Limbacher zaubert aus frischen Zutaten raffinierte Vor-, Haupt- und Nachspeisen. Täglich wechselndes Angebot. Mo und Di Ruhetag.

Zentrale Lage
Landhotel Zur Sonne
Vordere Gasse 5, Herrieden
Tel.: 0 98 25 / 9 24 60
www.sonne-herrieden.de
Unweit des Marktplatzes verwöhnt das liebevoll eingerichtete Hotel mit Tradition seit 1430 seine Gäste mit deftigen Speisen der fränkischen Küche, aber auch mit saftigen Steaks und vegetarischen Gerichten. Tgl. geöffnet.

BILDSTOCKWANDERWEG

Da Herrieden seit der Reformation eine katholische Enklave im protestantischen Markgrafentum Brandenburg-Ansbach war, sind in der Region – quasi als sichtbare Glaubensbekundung – mehr Zeugnisse katholischer Religionszugehörigkeit zu finden als irgendwo sonst in Franken. Der 23 km lange **Bildstock- und Kapellenwanderweg** rund um das Städtchen, der auch gut als Fahrradtour erkundet werden kann, verbindet 38 dieser Zeichen fränkischer Volksfrömmigkeit aus längst vergangenen Zeiten. Jeder Bildstock und jedes Marterl hat seine eigene Geschichte und ist Zeugnis eines menschlichen Schicksals. Der Startpunkt liegt an der Straße von Herrieden nach Neunstetten. Ein bei der Stadt Herrieden erhältlicher Prospekt erläutert Verlauf und Hintergründe des Wegs.

OBERES ALTMÜHLTAL

SPORT & FREIZEIT
Reitstation 12
Limbach 15, Herrieden
Tel.: 0 98 25 / 48 74
www.reitstation12.de
Der gastliche Reiterhof im Herriedener Ortsteil Limbach hat für Pferdefreunde geführte, ein- bis mehrtägige Wanderritte in die Region im Programm. Highlight sind die nächtlichen Mondscheinritte.

Parkbad
Steinweg, Herrieden
Tel.: 0 98 25 / 5 84
Freibad: Mai – Sept. täglich 8 – 19 Uhr, Fr erst ab 12 Uhr, Erwachsene 2,50 €, Kinder 6 - 18 Jahre 1 €;
Hallenbad: Sept. – Mai, Mo und Do 17 – 19:30, Di, Mi, Fr und Sa 17 – 21 Uhr, So geschlossen, Preise wie Freibad.
In dem modernen, beheizten Freibad am Südhang des Martinsbergs mit großer Liegewiese sorgen Bodenstrudler und Massagedüsen für Entspannung. Außerdem gibt es einen Strömungskanal sowie eine Riesenrutsche. Von Sept. bis Mai steht das Hallenbad direkt nebenan zur Verfügung.

KRÄUTERLEHRGARTEN !TIPP

Im Ortsteil Elbersroth erstreckt sich in wunderschöner Lage zu Füßen einer Kapelle ein 1980 angelegter Kräutergarten. Er erinnert an den bekannten Kräuterpfarrer Ludwig Heumann, dem Gründer der Heumann-Arzneimittel-Fabrik in Nürnberg. Hier kann man sich nicht nur vom Duft unzähliger Kräuter beflügeln lassen, sondern auch eine Vielzahl von Färbe-, Heil-, Duft-, Wild- und heimischen Kulturpflanzen kennenlernen.

SERVICEINFO
Tourist-Information
Herrnhof 10
91567 Herrieden
Tel.: 0 98 25 / 80 80
www.herrieden.de

▶ *Herrieden.*

UNTERWEGS IM ALTMÜHLTAL / FRÄNK. SEENLAND

Fränkisches Seenland
Familienparadies und Sportlerrevier

nmitten eines einst spärlich besiedelten, bäuerlich geprägten Landstrichs erstreckt sich heute zwischen Ansbach und Weißenburg eine Freizeitregion, die Familien, Sonnenhungrige, Badenixen und Wassersportfans aus nah und fern anzieht. An den Sandstränden der sieben Seen fühlt man sich an heißen Sommertagen in südliche Gefilde versetzt.

▶ ORNBAU

1.800 Einwohner (S. 182, C4)

Idyllisch an der Mündung der Wieseth in die Altmühl gelegen, bildet die verträumte, fränkische Kleinstadt Ornbau die Pforte zum Fränkischen Seenland. Mehr als 30 Baudenkmäler gibt es in dem mittelalterlich anmutenden Ort zu bestaunen, der den Eichstätter Fürstbischöfen einst als vorgeschobene Bastion diente. Ein beliebtes Motiv bei Malern und Fotografen ist die Altmühl mit der sechsbogigen Brücke und dem **Torturm** samt **Torhaus** und **St. Jakobskirche** im Hintergrund.

Altstadt

Von der einstigen Stadtbefestigung aus dem 15. Jh. kündet heute noch ein beachtlicher Ring aus **Wehrmauern** und **Befestigungstoren** um die Stadt. Neben dem südlichen, von einer markanten Zwiebelhaube geschmückten **Torturm** (15. Jh.) und dem **Torhaus** lohnt auch der **Weiße Turm** im Südosten der Altstadt einen Besuch. Auffallend sind ebenso die zahlreichen stolzen Wohnhäuser, das ehemalige **Kastenamt** von 1764 und die mächtige **Zehntscheune** der Eichstätter Fürstbischöfe. Während die komplett restaurierte **Stadtkirche St. Jakob** eine interes-

FRÄNKISCHES SEENLAND IV

sante Mischung aus romanischen, gotischen und modernen Stilelementen bietet, besitzt die gotische **Friedhofskirche St. Jobst** aus dem 14. Jh. besonderen kunsthistorischen Wert. Das mit einem Kreuzigungsrelief geschmückte Gotteshaus erzählt im Inneren mithilfe von Fresken die Legende des heiligen Jobst, eines Einsiedlers, der zu den Tieren predigte.

ESSEN & TRINKEN
Zentrale Lage
Gasthaus Zur Altstadt 17
Altstadt 17, Ornbau
Tel.: 0 98 26 / 65 91 11
Der in einem restaurierten, denkmalgeschützten Bauwerk untergebrachte Gastronomiebetrieb bietet gutbürgerliche, fränkische Küche. Schöner, kleiner Biergarten.
Mo Ruhetag.

SPORT & FREIZEIT
Freizeitanlage Ornbau-Gern
Am Graben, Ornbau-Gern
Tel.: 0 98 26 / 65 53 40
Im Ortsteil Gern befindet sich am Altmühl-Überleiter ein schönes Freizeitgelände mit Badestrand, Liegewiese, Tretbootverleih (7 €/Std.) und Spielplatz. Für das leibliche Wohl sorgt der gemütliche Biergarten des Nepomuk-Kiosks. Eintritt frei.

Radl-Scheune
Vorstadt 12, Ornbau
Tel.: 0 98 26 / 90 41
In der Radl-Scheune kann man sich

ALTMÜHL-ÜBERLEITER
Im Ornbauer Ortsteil Gern teilt sich das Wasser der Altmühl: Einerseits durchfließt es im alten Flussbett nördlich des Altmühlsees das Altmühltal. Andererseits speist es bei Hochwasser über den etwa 9 km langen, künstlichen Kanal des Altmühl-Überleiters den Altmühlsee und anschließend mittels eines unterirdischen Stollens, der die Europäische Wasserscheide unterquert, den Kleinen und Großen Brombachsee. Der Überleiter wurde mit dem Ziel gebaut, Wasser vom regenreicheren Altmühltal in das regenärmere Einzugsgebiet des Mains zu leiten.

Fahrräder ausleihen, um anschließend die reizvolle Region rund um den Altmühlsee auf einer der vielen bequemen Radwege zu erkunden.

SERVICEINFO
Tourist-Information
Vorstadt 1
91737 Ornbau
Tel.: 0 98 26 / 3 78
www.ornbau.de

▶ *Blick auf Ornbau.*

UNTERWEGS IM ALTMÜHLTAL / FRÄNK. SEENLAND

AUSFLUG NACH WOLFRAMS-ESCHENBACH

In Wolframs-Eschenbach kann man durch mittelalterliche Gassen schlendern und mit dem wappengeschmückten **Deutschordensschloss** am Marktplatz einen der schönsten Renaissancebauten Süddeutschlands bewundern.

Der Name des Ortes, der etwa 600 Jahre lang Sitz des Deutschen Ordens war, erinnert an den bedeutendsten Sohn der Stadt, den Parzivaldichter Wolfram von Eschenbach.

Das von Ecktürmen mit Zwiebelhauben und dem Prunkwappen des Erzherzogs Karl von Österreich geschmückte **Schloss** von 1623 demonstriert seit der Stadterneuerung durch den Deutschen Orden herrschaftlichen Glanz. Heute dienen das Schloss und die benachbarte Zehntscheune als Bürger- und Rathaus.

Neben dem Prunkbau informiert im barocken Fachwerkbau des Alten Rathauses (1684/85) das **Wolfram von Eschenbach-Museum** über den bekanntesten deutschen Minnesänger (Wolfram-von-Eschenbach-Platz 9, Tel.: 0 98 75 / 97 55 34, April–Okt. Di bis So 14–17 Uhr, So auch 10:30–12 Uhr, Nov.–März Sa und So 14–17 Uhr, Erwachsene 2 €, Kinder 7–18 Jahre 1 €). Auf dem Kirchhof neben dem Museum finden jedes Jahr das Sommertheater und im Dezember der Sternlesmarkt statt. Das reizvolle Gefüge aus Schloss und Altem Rathaus wird durch das **Liebfrauenmünster** (13. Jh.) ergänzt, welches der Himmelfahrt Mariens geweiht ist.

Weitere Sehenswürdigkeiten in der von einem intakten Ring aus wehrhaften Mauern und Türmen umgebenen Altstadt stellen die Alte Vogtei (17. Jh.), das Pfründehaus, der Fürstenhof und das Wolfram-Denkmal dar. Die Alte Vogtei war das Amtshaus des mächtigen Deutschorden-Vogtes.

ESSEN & TRINKEN

✕ *Am Marktplatz*

Café Parzival
Wolfram-von-Eschenbach-Platz 4
91639 Wolframs-Eschenbach
Tel.: 0 98 75 / 97 11 40
www.cafeparzival.de
Das hell und gemütlich eingerichtete Café verwöhnt Gäste mit einer umfangreichen Kuchen-, Kaffee- und Teeauswahl. Mit Außensitzplätzen. Pfingsten – Mitte Sept. tgl geöffnet, sonst Mo Ruhetag.

↪✕ *Gutbürgerliche Küche*

Landgasthof Zum Mönchshof
Selgenstadt 6
91639 Wolframs-Eschenbach-Selgenstadt
Tel.: 0 98 75 / 2 94
www.landgasthaus-moenchshof.de
Im Mönchshof im Ortsteil Selgenstadt kann man sich nicht nur fränkische Spezialitäten und Brotzeiten einverleiben, sondern auch hausgemachte Dosenwurst und Bratwürste für den Hausgebrauch kaufen. Di und Mi Ruhetag.

SERVICEINFO

Kultur- & Tourismusbüro
im Bürger- und Rathaus
Wolfram-von-Eschenbach-Platz 1
91639 Wolframs-Eschenbach
Tel.: 0 98 75 / 97 55-32 oder -0
www.wolframs-eschenbach.de

FRÄNKISCHES SEENLAND IV

▶ GUNZENHAUSEN UND DER ALTMÜHLSEE

16.200 Einwohner (S. 183, D5)

Einst aus einem Römerkastell entstanden, bildet Gunzenhausen heute das touristische und wirtschaftliche Zentrum des Fränkischen Seenlandes. Die unzähligen Besucher, die jedes Jahr in die Kleinstadt kommen, schätzen vor allem die gelungene Kombination aus historischem Flair, fränkischer Gastlichkeit, attraktiven Einkaufsmöglichkeiten und dem umfangreichen Sport- und Freizeitangebot. Ebenso lockt die Vielfalt an traditionsreichen Gasthöfen, lauschigen Biergärten und reizvollen Straßencafés viele Einheimische und Urlauber an. Mit mehr als 800 km markierten Rad- und Wanderwegen und dem Altmühlsee als Wassersport- und Badeparadies vor der „Tür" ist die Stadt ein idealer Anlaufpunkt für Familien, Freizeitsportler und Erholungsuchende.

Sehenswertes in Gunzenhausen

Neben den Zeugnissen der Römer finden sich vor allem interessante, geschichtsträchtige Einzelbauten. Die repräsentativen Barockgebäude, die zusammen mit Fachwerkhäusern den historischen Kern prägen, gehen auf die Nürnberger Burggrafen zurück, die ab dem 14. Jh. den Ort beherrschten. Beim Bummel durch die Altstadt stößt man auf einige Überreste der mittelalterlichen Stadtbefestigung: Neben einem Teil des früheren **Wehrganges** sind noch der Storchen-, der Blas- und der Färberturm erhalten. Der im 14. Jh. errichtete **Färberturm** bietet einen herrlichen Rundblick über die Region (Di, Do und So 10–17 Uhr). Der 33 m hohe **Blasturm** (15. Jh.) im Renaissance-Stil, ein wuchtiges, wappengeschmücktes Bauwerk mit spitzbogiger Durchfahrt gilt als das Wahrzeichen der Stadt.

In der Nähe des Turms beherbergt das einstige **Markgräfliche Jagdschloss** heute das Haus des Gastes. Das in einem Adelspalais untergebrachte **Stadtmuseum** zeigt beeindruckende Exponate aus Kunst und Handwerk, die dem Besucher die bürgerlich-bäuerliche Kultur vergangener Zeiten vor Augen führen (Rathausstraße 12, Tel.: 0 98 31 / 50 83 06, Mai – Mitte Okt. Di bis So 10–12 und 13–17 Uhr, Mitte

EINFACH MAL ABTAUCHEN...

Während die Kleinen im Kinderparadies des **Juramare** planschen, flitzen größere Kinder durch die 100 m lange Rutsche in die Tiefe. Wellness-Liebhaber finden im Whirlpool, Außenwarmbecken, Solebad oder im neuen, großzügig angelegten Saunadorf Entspannung.

Juramare
Bahnhofsplatz 16, Gunzenhausen
Tel.: 0 98 31 / 8 00 41 41
www.juramare.de
Freizeitbad: Di bis Sa 9–21:30 Uhr, Do ab 6:45 Uhr, Sa ab 8 Uhr, So und Feiertage 8–20 Uhr, in den bayerischen Schulferien und an Feiertagen auch Mo geöffnet, Sauna andere Öffnungszeiten, Tageskarte Freizeitbad Erwachsene 8,50 €, Kinder 7–18 Jahre 5 €.

UNTERWEGS IM ALTMÜHLTAL / FRÄNK. SEENLAND

Okt.–April Di bis Fr 13–17 Uhr, So 10–12 und 13–17 Uhr, Erw. 2 €, Kinder 1 €). Ebenfalls einen Besuch wert ist das **Archäologische Museum**, das in fünf modern gestalteten Schauräumen über die Ära von der Jungsteinzeit bis ins frühe Mittelalter informiert. Den Schwerpunkt bildet die Römerzeit (Brunnenstraße 1, Tel.: 0 98 31 / 50 83 06, www.gunnet.de/museum, Preise und Öffnungszeiten wie Stadtmuseum).

Das dritte interessante Museum ist das **Fossilien- und Steindruckmuseum**. Gezeigt werden Fossilien aus der ganzen Welt, Original-Lithographien bekannter Künstler und als Hauptattraktion ein lebensgroßes Dinosaurierskelett (Sonnenstraße 4, Tel.: 0 98 31 / 88 26 55, www.fossilien-und-steindruckmuseum.de, Do bis So 10–12 und 14–17 Uhr, Erw. 3,50 €, Kinder 2 €). Zwei dominierende Bauwerke von kunsthistorischem Interesse sind die **Stadtpfarrkirche St. Maria** und die **Spitalkirche Heiliggeist**. Erstere wurde um 1200 auf dem Gelände eines einstigen römischen Kastells erbaut. Das Äußere des heutigen Kirchenbaus (um 1500) ist von gotischer Schlichtheit geprägt, im Inneren dominieren barocke Elemente. Die spätbarocke Spitalkirche entstand dagegen zusammen mit dem Spital im 14. Jh. Ein Blick ins Innere lohnt sich besonders wegen des **Hochgrabs** des in voller Rüstung dargestellten Ritters Burkart von Seckendorff und wegen der wappengeschmückten **Stuckdecke**.

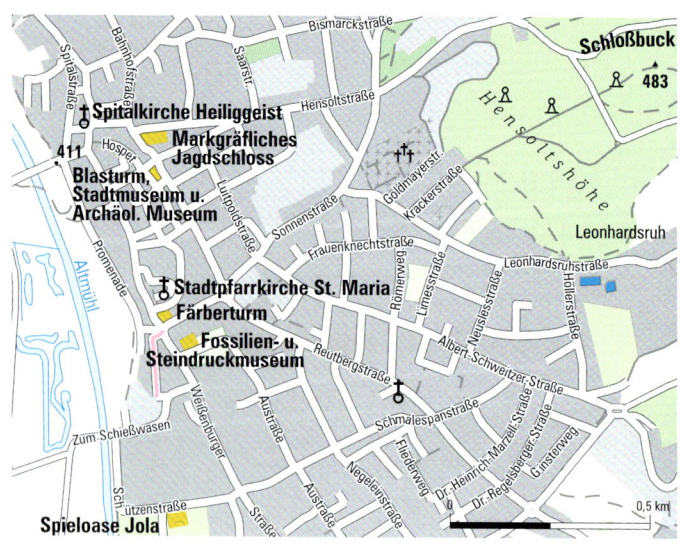

▶ Gunzenhausen.

Radeln & Wandern nach Lust und Laune rund um Gunzenhausen!

Mehr als 800 km Radwege rund um das Fränkische Seenland. Gunzenhausen ist der optimale Ausgangspunkt für Radtouren.

Radwege rund um die Seen oder von See zu See führen durch eine abwechslungsreiche Landschaft und erschliessen die vielfältigen Zeugnisse aus der Vergangenheit.

Die aus einem Römerkastell hervorgegangene Stadt ist das Zentrum im Fränkischen Seenland. Idyllische Biergärten und Straßencafés säumen die Innenstadt. Ein breites Angebot an Fachgeschäften und Boutiquen prägen das Zentrum.

Sehenswert:
- fachwerkreicher Stadtkern mit Jagdschloss sowie Blas-, Storchen-, Färberturm und Teile der Stadtmauer
- Reste von zwei römischen Wachttürmen. Der Limes (UNESCO-Welterbe) führt direkt durch Gunzenhausen
- Museum für Vor- und Frühgeschichte, Stadtmuseum, Fossilien- und Steindruckmuseum
- Zahlreiche Themenführungen in und um Gunzenhausen

Weitere Informationen erhältlich bei der

Touristik-Information
Marktplatz 25
91710 Gunzenhausen
Tel.: 09831 / 508-300

www.gunzenhausen.de

IV UNTERWEGS IM ALTMÜHLTAL / FRÄNK. SEENLAND

RUND UM DEN ALTMÜHLSEE

Nordwestlich von Gunzenhausen erstreckt sich inmitten des früheren Überschwemmungsgebietes der Oberen Altmühl der von einem 12,5 km langen Ringdamm eingefasste Altmühlsee. Bei einer Länge von 4 km und einer maximalen Breite von 1,7 km beträgt die Gesamtwasserfläche des Stausees 4,5 km², die durchschnittliche Tiefe liegt bei lediglich 2,5 m.

Etwa zwei Fünftel der Seefläche nimmt das **Naturschutzgebiet Vogelinsel** bei Muhr am See im Nordwesten ein. Die geschützte Fläche besteht aus 40 größeren und kleineren Inseln sowie aus den dazwischenliegenden Flachwasser- und Schilfzonen. Aufgrund der konsequenten Trennung des Sees in eine Freizeit- und eine Naturschutzzone konnte sich auf den ökologisch hochwertigen Flächen der Vogelinsel im Lauf der Zeit eine erstaunliche Vielfalt von Pflanzen und Tieren entwickeln. Heute sind die Inseln nicht nur Rast- und Brutplatz für mehr als 220 verschiedenen Vogelarten – darunter viele Wattvögel – sondern auch Lebensraum seltener Sumpfpflanzen und Insekten. Das Gebiet darf nicht betreten werden, die einzige Ausnahme bildet ein reizvoll angelegter ornithologischer Lehrpfad mit Aussichtsturm, auf dem Besucher die Vogelinsel aus nächster Nähe erleben können. Vom Landesbund für Vogelschutz werden für Kinder spezielle Kinderführungen angeboten (siehe unter: Mit Kindern unterwegs).

Neben dem Schutzgebiet sollte man im beliebten Ferienort **Muhr am See** auch die mit wertvollen Fresken aus dem 15. Jh. geschmückte Kirche St. Johannis nicht verpassen. Ebenso einen Abstecher wert ist das einstige **Wasserschloss** aus dem 12. Jh. im Ortsteil Altenmuhr, jedes Jahr im Sommer Kulisse der Altmühlsee-Festspiele. Lohnend im Ort sind auch das **Kutschenmuseum** und das Museum für Ur- und Umwelt. In ersterem bekommt man einmalige Gefährte – vom Königs-Landauer über den prunkvollen Leichenwagen bis hin zur US-Postkutsche – zu Gesicht (Bahnhofstr. 30, 91735 Muhr am See, Tel.: 0 98 31 / 15 12, Besichtigung nur nach telefonischer Voranmeldung, Preis nach Absprache).

Das private **Museum für Ur- und Umwelt** erläutert dagegen in seinen zwölf Ausstellungsräumen und im Biotopgarten Erdgeschichte, Landschaftsformen sowie die Pflanzenwelt der Region (Bahnhofstr. 4, 91735 Muhr am See, Tel.: 0 98 31 / 79 38, www.museum-muhr.de, Juli und Aug. Mi bis Fr 9 – 12 Uhr, Eintritt frei).

Neben Muhr am See erwartet die Besucher in den beiden weiteren Seezentren **Schlungenhof** und **Gunzenhausen-Wald** eine umfangreiche und äußerst familienfreundliche touristische Infrastruktur mit Badestränden, Liegewiesen, Spielplätzen und zahlreichen Einrichtungen für eine aktive Freizeitgestaltung. Die Auswahl reicht von der Surf- und Segelschule über Fahrrad-, Surfbord-, Kite-, Segelboot- und Tretbootverleih bis hin zu Golfanlagen und Beach-Volleyballplätzen. Reichhaltig ist auch das gastronomische Angebot. Wer gerne in der Natur übernachtet, kann sein Lager am Campingplatz Gunzenhausen-Wald bzw. Schlungenhof oder auf dem Familienzeltplatz im Seezentrum Muhr am See aufschlagen. Zwischen den drei Seezentren verkehrt regelmäßig das **Ausflugsschiff MS Altmühlsee.** Eine Rundfahrt dauert etwa eine Stunde (Tel.: 0 98 31 / 50 81 91, www.altmuehlsee.de, Ende April – Ende Sept. mehrmals täglich, Okt. nur Fr – So, Erwachsene 6 €, Kinder 6 – 14 Jahre 3 €). Radfahrer- und Wanderer können den See auf den ausgeschilderten Wegen entlang des Ringdammes umrunden.

SPORT & FREIZEIT
Surfcenter Altmühltal
Ansbacherstraße 99
Gunzenhausen-Schlungenhof
Tel.: 0 98 31 / 12 40
www.surfcenter-altmuehlsee.de
April bis Okt. 9 – 18 Uhr, Einsteiger-Surfkurs (12 Std.) 170 €.
Im Seezentrum Gunzenhausen-Schlungenhof kommen Wassersportfans beim Kiten und Surfen voll auf ihre Kosten. Kite- und Surfkurse, auch für Kinder, außerdem Verleih von Ausrüstung und Verkauf im Shop.

Segelcenter Altmühlsee
Seezentrum Wald
Gunzenhausen-Wald
Tel.: 01 70 / 5 30 52 94
www.segel-center.de
April bis Okt. 10 – 18 Uhr, Einsteigerkurs (14 Std.) 175 €.
Die im Seezentrum Wald ansässige Segelschule Wald gibt nicht nur Segelkurse für Kinder, Anfänger und Fortgeschrittene auf Katamaranen und Kieljollen, sondern vermietet auch Boote.

MIT KINDERN UNTERWEGS
Piraten- und Gespensterfahrten
Zweckverband Altmühlsee
Marktplatz 25, Gunzenhausen
Tel.: 0 98 31 / 50 81 91
www.altmuehlsee.de
In den bayerischen Pfingst- und Sommerferien geht es jeden Di und Fr auf zur großen Piratenfahrt mit Schatzsuche für Kinder. Treffpunkt zum Piratenschminken vor der Schifffahrt ist um 15 Uhr beim Kiosk in Schlungenhof (Erwachsene 6,50 €, Kinder 3 – 14 Jahre 4 €).
Wer's gruseliger mag, begibt sich auf eine der Gespensterfahrten, die im Juni, Aug. und Sept. an fast jedem Montagabend ab ca. 21 Uhr stattfinden (Erwachsene 7 €, Kinder 4 €).

Natur- und vogelkundliche Führungen auf der Vogelinsel
Naturschutzzentrum Altmühlsee
Schloßstraße 2, Muhr am See
Tel.: 0 98 31 / 48 20
www.lbv.de/altmuehlsee
Der Landesbund für Vogelschutz bietet im Naturschutzgebiet Vogelinsel von Mitte März bis Mitte Okt. jeweils mittwochs und sonntags um 16 Uhr interessante Führungen zur Tier- und Pflanzenwelt an.
Treffpunkt ist das Info-Haus des LBV am Parkplatz Vogelinsel. Dauer ca. 1,5 – 2 Stunden.

SERVICEINFO
Altmühlsee-Informationszentrum
Schlossstraße 4
91735 Muhr am See
Tel.: 0 98 31 / 89 03 70
www.muhr-am-see.de

UNTERWEGS IM ALTMÜHLTAL / FRÄNK. SEENLAND

Ausflug zum Dennenloher und Hahnenkammsee

Etwa 15 km westlich von Gunzenhausen liegt, eingebettet im großen Waldgebiet der Heide, der kleinste See im Fränkischen Seenland. Besonders Angler, Wanderer und Familien mit Kindern fühlen sich an den Ufern des gut 1 km langen und nur 2,4 m tiefen **Dennenloher Sees** wohl. Am West- und Ostufer finden Badegäste Liegewiesen mit Kiosk und Umkleidekabinen.

Der Ausflug zum See lohnt sich besonders in Kombination mit dem Besuch des nahegelegenen **Schlosses Dennenlohe.** Das Highlight der Anlage stellt der über 14 Hektar große Schlosspark des Barons Süsskind dar, einer der 20 schönsten Parks in Deutschland. Besonders verzaubert das Herzstück des privaten Landschaftsparks, der Rhododendrengarten mit Tausenden von Azaleen und Rhododendren (Schloss und Gartenverwaltung Dennenlohe, Dennenlohe 1, 91743 Unterschwaningen, Tel.: 0 98 36 / 9 68 88, www.dennenlohe.de/de/park, April bis Nov. tgl 10–17 Uhr, Erwachsene 7 €, Kinder bis 18 Jahre frei).

Das zweite, auch in den Sommermonaten vom großen Touristenrummel verschonte Gewässer im Fränkischen Seenland ist der **Hahnenkammsee** bei Hechlingen am See, knapp 25 km südlich von Gunzenhausen. Idyllisch fügt sich der älteste der sieben Stauseen, der in den 1970er Jahren als Hochwasserrückhaltebecken angelegt wurde, in die bewaldete Hügellandschaft des Hahnenkamms – einem Ausläufer der Fränkischen Alb – ein. Die 1,3 km lange Wasserfläche besitzt einen Freizeitbereich mit Gasthof, Strand, Liegewiese, Grillstelle, Kinderspielplatz und Bootsverleih. Die Gegend um den See lässt sich auf interessanten Rad- und Wanderwegen wie dem geologischen Lehrpfad oder dem Waldlehrpfad Roter Berg erkunden.

ESSEN & TRINKEN

Mediterranes Ambiente
Hotel Gasthof Krone
Nürnberger Straße 7
Gunzenhausen
Tel.: 0 98 31 / 88 33 95
www.hotel-krone.info
Erstklassiges Essen und das besondere Flair auf der mit Palmen bestandenen Terrasse lohnen einen Besuch. Serviert werden fränkische Küche, frische Forellen, saisonale Gerichte wie Pfifferlinge oder Spargel und Wildspezialitäten. Freitagabend Grillbuffet. Mi Ruhetag.

Haus mit Tradition
Gasthof Adlerbräu
Marktplatz 10
Gunzenhausen
Tel.: 0 98 31 / 8 86 70
www.hotel-adlerbraeu.de
Schon 1564 wurde der Gasthof mit Braurecht am Gunzenhausener Marktplatz erstmalig erwähnt. Heute kommen in dem Vorzeigehaus mit Biergarten fränkische und

FRÄNKISCHES SEENLAND IV

▶ *Der Dennenloher See aus der Luft.*

vegetarische Gerichte sowie feine Fisch-, Lamm- und Wildspezialitäten auf den Teller. Tgl. geöffnet.

✕ *Direkt am See*
Seegasthof Altmühlsee
Seestraße 19
Gunzenhausen
Tel.: 0 98 31 / 8 05 05
www.seegasthof-altmuehlsee.de
Auf der großen Sonnenterrasse oder im Wintergarten genießt man von April bis November die reichhaltige Auswahl an fränkischen und nationalen Spezialitäten und mit etwas Glück auch einen herrlichen Sonnenuntergang. Tgl. geöffnet.

✕ *Idyllische Lage*
Pension Goldener Adler
Kirchenstraße 21
91735 Muhr am See
Tel.: 0 98 31 / 31 69
www.pension-muhr.de
In der Gartenschänke lässt man sich fränkische Brotzeiten, kleine warme Gerichte und Bier vom Fass schmecken. Spezialität sind fränkische Bratwürste und frisch gegrillte Fische. Geöffnet Mai bis Sept., Di Ruhetag.

SPORT & FREIZEIT
Waldbad am Limes
Leonhardsruhstraße 46
Gunzenhausen
Tel.: 0 98 31 / 32 34
www.juramare.de/waldbad
Mai bis Aug. 7–20 Uhr, Sept. 7–19 Uhr, Erwachsene 4 €, Kinder 2 €.
Das ansprechend gestaltete und modern ausgestattete Freibad mit zahlreichen Attraktionen ist der ideale Ort für einen entspannten Familienbadetag.

Kanutour auf der Altmühl
San-Aktiv-Tours
Otto-Dietrich-Straße 3
Gunzenhausen
Tel.: 0 98 31 / 49 36
www.san-aktiv-tours.de

UNTERWEGS IM ALTMÜHLTAL / FRÄNK. SEENLAND

Bei dem regionalen Reiseveranstalter kann man nicht nur verschiedene geführte, auch mehrtägige Kanu- und Bootstouren auf der Altmühl buchen, sondern auch Kanus und Boote mieten, um damit auf eigene Faust den Fluss zu erkunden. Auch geführte Radwander- und Wandertouren. 2er-Kajak bzw. 2er- oder 3er-Kanadier 33 €/Tag.

MIT KINDERN UNTERWEGS
Spieloase Jola
Schützenstraße 9
Gunzenhausen
Tel.: 0 98 31 / 93 39
www.spieloase-jola.de
Mo bis Do 13 – 18:30 Uhr, Fr 13 – 19 Uhr, Sa und So 11 – 19 Uhr, in den bayerischen Schulferien ausgedehntere Öffnungszeiten, Erw. 3,30 €, Kinder ab 2 Jahren 6,40 €. Spielt das Wetter einmal nicht mit, können sich die Kleinen auf dem Hallenspielplatz mit zahlreichen Spielgeräten wie Boulderwand, Trampolin, E-Karts und Hüpfburg austoben, während sich die Eltern beim Klettern, Squash, Badminton oder Airhockey verausgaben.

Kartbahn Gunzenhausen
Im Hollerfeld 5
Gunzenhausen
Tel.: 0 98 31 / 44 11
www.kartbahn-schneider.de
Je nach Wetterlage, Mo bis Fr 16 – 19:30 Uhr, Sa 10 – 19:30 Uhr, 10 Minuten 10 €.
Erwachsene und Kinder ab sechs Jahren können auf der 360 m langen Outdoor-Kartstrecke mit modernster Zeitmessung echtes Renn-Feeling erleben.

ABENDGESTALTUNG
Cayman-Bar
Marktplatz 3, Gunzenhausen
Tel.: 0 98 31 / 61 29 29
Angesagte Szene-Bar im Zentrum von Gunzenhausen.

Movieworld
Ludwig-Erhard-Straße 10
Gunzenhausen
Tel.: 0 98 31 / 6 13 98 50
www.kino-gunzenhausen.de
Das Kino im Industriegebiet Nord zeigt nicht nur die aktuellen Blockbuster, sondern jeden Montag auch interessante Independentfilme. Dienstag ist Kinotag mit vergünstigtem Eintritt.

SERVICEINFO
Touristik-Information
Marktplatz 25
91710 Gunzenhausen
Tel.: 0 98 31 / 50 83 00
www.gunzenhausen.de

▶ PLEINFELD UND DER BROMBACH- UND IGELSBACHSEE
7.300 Einwohner (S. 183, E5)

Der Markt Pleinfeld an der Schwelle zwischen Fränkischem Seenland und Mittlerem Altmühltal hat sich ganz dem Fremdenverkehr verschrieben und stellt als Anliegergemeinde des Brombachsees neben Gunzenhausen das wichtigste touristische

FRÄNKISCHES SEENLAND IV

Zentrum der Region dar. 1435 gelangte das Bistum Eichstätt in den Besitz des heutigen Erholungsortes und befestigte ihn. Nordwestlich von Pleinfeld erstreckt sich mit dem Brombach- und dem Igelsbachsee das Herzstück des Fränkischen Seenlandes, eine Landschaft mit umfangreichen Wassersport- und Freizeitmöglichkeiten.

Sehenswertes in Pleinfeld

In Pleinfeld sollte man einen Bummel durch den geschmackvoll sanierten Ortskern unternehmen, dabei lassen sich mehrere sehenswerte, historische Gebäude entdecken. Das bekannteste Bauwerk im Zentrum ist das im Jahr 1548 erbaute **Spalter Tor**. Ebenfalls in der Ortsmitte findet man das **ehemalige Vogteischloss** mit dem interessanten **Heimatmuseum**.

INGENIEURSLEISTUNG !TIPP

Auf rund 300 m² Ausstellungsfläche kann man sich im **Infozentrum Mandlesmühle** über das größte wasserwirtschaftliche Projekt des Freistaats Bayern von der Planung bis heute informieren. Eine Drehelementewand veranschaulicht die Veränderung der Landschaft durch den Bau der Seen. Neben dem Mühlengebäude mit Wasserrad befindet sich ein historischer fränkischer Bauerngarten.

Infozentrum Mandlesmühle
Mandlesmühle 1, Pleinfeld
Tel.: 0 91 44 / 9 21 10
Mai bis Sept. 10 – 16 Uhr, Eintritt frei

Bierfreunde kommen im Dachgeschoss des Hauses auf ihre Kosten, wo das erste **Brauereimuseum** Mittelfrankens anschaulich über das „wichtigste Gebräu Bayerns" informiert (Kirchenplatz 3, Tel.: 0 91 44 / 92 00 70, Mo bis Fr 9 – 12 Uhr, Di und Do zusätzlich 15 – 17 Uhr, am Wochenende auf Anfrage, Erwachsene 2 €, Kinder 1 €).
In der Nähe des Vogteischlosses steht die dreischiffige **Pfarrkirche St. Nikolaus**. Ein Blick ins Innere lohnt wegen mehrerer wertvoller Barock- und Rokokoaltäre.

Abstecher nach Ellingen

Das stileinheitliche, barocke Erscheinungsbild des Städtchens an der Rezat – auch die „Perle des fränkischen Barock genannt" – wurde maßgeblich durch das Wirken des Deutschen Ordens geprägt. Von den über 100 denkmalgeschützten Bauwerken in der Altstadt gelten das wappengeschmückte Rathaus mit seiner herrlichen Rokokofassade und das barocke **Deutschordensschloss** als besondere Schmuckstücke. Die Schlossanlage stammt aus dem 18. Jh., die Umgestaltung des Anwesens im Stil des Klassizismus erfolgte ab 1774. Gut 40 Jahre später wurde das Schloss zur Residenz des Feldmarschalls Fürst von Wrede, bevor sie um 1939 in den Besitz des bayerischen Staates überging. Besonders sehenswert sind die mit wertvollen Seiden- und Papiertapeten sowie Intarsien geschmückten

IV UNTERWEGS IM ALTMÜHLTAL / FRÄNK. SEENLAND

Schauräume im Ost- und Hauptflügel des Schlosses sowie die barocke Schlosskirche Mariä Himmelfahrt, die mit ihrer prunkvollen, farbenprächtigen Innenausstattung beeindruckt. Im Westflügel der Anlage ist das **Kulturzentrum Ostpreußen** mit Dauerausstellungen und Sonderschauen zu Kultur, Kunst und Geschichte der Region zwischen Weichsel und Memel untergebracht. Der drei Hektar große Schlosspark mit seinem alten, artenreichen Baumbestand zeigt sich an Ostern zur Blütezeit unzähliger Blausternchen von seiner schönsten Seite (Schlossstraße 9, 91792 Ellingen, Tel.: 0 91 41 / 97 47 90, April bis Sept. 9–18 Uhr, Okt. bis März 10–16 Uhr, Mo geschlossen, Führungen stündlich, Erwachsene 4,50 €, Kinder 3,50 €).

ESSEN & TRINKEN

Herrliche Lage
Strandhotel Seehof
Seestraße 33 , 91738 Langlau
Tel.: 0 98 34/ 98 80
www.strandhotel-seehof.de
Das Vier-Sterne-Hotel im Freizeitzentrum Langlau wird höchsten Ansprüchen gerecht. Auf der stilvollen Seeterrasse oder im Biergarten direkt am See werden fränkische und internationale Gerichte serviert. Tgl. geöffnet.

Für Bierfreunde
Landhotel Sonnenhof
Sportpark 9–11, 91785 Pleinfeld
Tel.: 0 91 44 / 96 00
www.landhotel-sonnenhof.de
Auf der Speisekarte des Hauses stehen fränkische und internationale Speisen sowie saisonale Gerichte, die man auf der Sonnenterrasse oder im Biergarten genießen kann. Die hauseigene Brauerei ist die kleinste Öko-Brauerei der Welt. Tgl. geöffnet.

Mit Ausblick
Café – Restaurant Zum Hochreiter
Seeweg 1, 91174 Enderndorf
Tel.: 0 91 75 / 97 49
www.zumhochreiter.de
Eine der beliebtesten Seeterrassen am Brombachsee und die überregional bekannte Küche machen das Restaurant am Ortsausgang von Enderndorf zur richtigen Adresse für gepflegtes Essen. Mo Ruhetag, Jan. und Feb. geschlossen.

Direkt am See
Restaurant Seeklause
Am Seespitz 3
91720 Absberg
Tel.: 0 91 75 / 91 39
Zwischen Kleinem und Großem Brombachsee gelegen, eignet sich das SB-Restaurant mit Biergarten gut zur Einkehr beim Bade- oder Radausflug. Fränkische Küche und gute Fischgerichte. Tgl. geöffnet.

SPORT & FREIZEIT
Surfschule Brombachsee
Badehalbinsel, 91720 Absberg
Tel.: 0 91 57 / 5 97
www.surfschulebrombachsee.de
Die Surfschule mit Boardverleih und

FRÄNKISCHES SEENLAND IV

RUND UM DEN BROMBACH- UND IGELSBACHSEE

Zwischen den beiden Zentren des Fränkischen Seenlandes, Gunzenhausen und Pleinfeld, erstreckt sich in einem sich nach Osten öffnenden, von Wäldern umgebenen Tal der knapp 8 km lange und 2 km breite **Brombachsee**, das größte Gewässer der Region. Mit einer maximalen Wassertiefe von 32,5 m ist er deutlich tiefer als der Altmühlsee. Genau genommen ist die Wasserfläche zweigeteilt: während die größere, östliche Fläche den Namen **Großer Brombachsee** trägt, heißt der westliche kleinere Teil **Kleiner Brombachsee**.

Beide Seen werden durch die 18 m hohe Brombachvorsperre geteilt. Ein weiterer Damm, die Igelsbachvorsperre, trennt den 2,2 km langen **Igelsbachsee** im Nordwesten vom Großen Brombachsee ab. Rund um die drei Seen sind in den Anliegergemeinden, die sich in den vergangenen Jahren fast ausschließlich dem Tourismus verschrieben haben, folgende See-, Surf- und Erholungszentren entstanden: **Langlau, Badehalbinsel Absberg, Absberg, Absberg-Seespitz, Igelsbachsee, Enderndorf, Allmannsdorf, Pleinfeld** und **Ramsberg**.

Neben einer umfangreichen gastronomischen Infrastruktur finden Besucher hier ausgedehnte Badestrände, Verleihstationen für Fahrräder, Surfbretter und Segelboote, Surf- und Segelschulen, Sportanlagen sowie Kinderspiel-, Wohnmobilstell- und Campingplätze. Zwischen den Seezentren Absberg-Seespitz, Enderndorf, Allmannsdorf, Pleinfeld und Ramsberg verkehrt von Mitte April bis Ende Oktober bis zu sechsmal täglich die **MS Brombachsee**, der größte Fahrgast-Trimaran auf einem europäischen Binnensee. Ein besonderes Erlebnis ist die 90-minütige Rundfahrt mit dem Drei-Rumpfschiff mit drei Decks, das 750 Passagiere fasst (Tel.: 0 91 44 / 92 70 50, www.erlebnisschiffahrt-brombachsee.de, Erwachsene 9,50 €, Kinder 5–16 Jahre 4,70 €).

Doch nicht nur der Besuch der Seezentren und die Rundfahrt mit dem Trimaran lohnen sich, auch die vom Fremdenverkehr geprägten Ortschaften rund um die Seen haben Sehenswertes zu bieten, auch wenn sie in den vergangenen Jahren so manches von ihrem ursprünglichen Charakter eingebüßt haben.

Der malerisch oberhalb des Kleinen Brombachsees gelegene Ort **Absberg** wird von einem imposanten, dreiflügeligen Deutschordensschloss (1723/24) dominiert. Im Absberger Ortsteil **Kalbensteinberg** sollte man einen Blick in die Rieterkirche (1464) werfen, die dank ihrer wertvollen Ausstattung den Beinamen „Schatzkästchen Frankens" trägt. Auf einen weiteren sehenswerten Sakralbau trifft man in **Pfofeld**. Die Pfarrkirche St. Michael (1130) gehört zu den ältesten Gotteshäusern im Fränkischen Seenland. Der Pfofelder Ortsteil **Thannhausen** lockt Besucher mit einem einheitlichen, unter Denkmalschutz stehenden Dorfbild an. Der von Hopfenfeldern eingerahmte Ort **Ramsberg** am Südufer des Großen Brombachsees hat nicht nur einen herrlichen Blick über den See zu bieten, sondern auch den größten deutschen Binnensegelhafen mit rund 600 Bootsliegeplätzen.

IV UNTERWEGS IM ALTMÜHLTAL / FRÄNK. SEENLAND

eigenem Surfstrand veranstaltet von April bis Sept. Kurse für Anfänger und Fortgeschrittene. Außerdem Vermietung von Fahrrädern und Tretmobilen. 16 Stunden-Surfgrundkurs 165 €.

Amigo Spiel! Golf-Park
Seestraße 28, 91738 Langlau
Tel.: 0 98 34 / 97 82 30
www.amigo-langlau.de
März bis Ende Okt. tgl. 10 – 22 Uhr, Erw. 4,50 €, Kinder 6 – 16 Jahre 3 €.
Auf dem Minigolfplatz mit 18 bis zu 25 m langen Kunstrasenbahnen kommt richtiges Golf-Feeling auf. Gespielt wird mit echten Golfbällen und Golf-Puttern, Sandbunker und viele natürliche Hindernisse gestalten das Spiel interessant.

MIT KINDERN UNTERWEGS
Abenteuerwald
Zum Igelsbachsee 1
91174 Enderndorf
Tel.: 0 91 75 / 90 72 57
www.abenteuer-wald.com
April – Okt. täglich 10 – 19 Uhr, Fr ab 13 Uhr, Erw. 19 €, Kinder 14 €.
Auf unterschiedlich schwierigen Parcours können sich Kinder ab fünf Jahren zusammen mit ihren Eltern hoch über dem Boden von Baum zu Baum schwingen oder von einer der 30 Stationen zur nächsten balancieren, hangeln und klettern.

Erlebnispark Pleinfeld
An der B2 Nürnberg – Augsburg
91785 Pleinfeld
Tel.: 0 91 41 / 9 78 60
www.sommerrodelbahn-pleinfeld.de
März – Okt. witterungsabhängig Mo bis Fr 13 – 18 Uhr, Sa, So und in den bayer. Ferien 10 – 18 Uhr, Wildgehege ganzjährig geöffnet, Sommerrodelbahn Erw. 2,70 €, Kinder 2 €.
Die Hauptattraktion des Parks ist die 550 m lange Sommerrodelbahn, auf der es in zwei Edelstahlrinnen mit elf Steilkurven rasant abwärts geht. Darüber hinaus gibt es einen Wildpark mit Wildschweinen und Rotwild, einen Minigolf-Bereich, ein Bungee-Trampolin und einen Biergarten.

SERVICEINFO
Kultur- u. Touristinformation
Marktplatz 11
91785 Pleinfeld
Tel.: 0 91 44 / 92 00 70
www.pleinfeld-am-brombachsee.de

▶ SPALT
5.000 Einwohner (S. 183, E4)

In einem idyllischen Talkessel nördlich des Brombachsees liegt inmitten einer uralten Kulturlandschaft mit Obst- und Hopfengärten die fränkische Hopfenmetropole Spalt an der Rezat. Im Jahr 2010 feierte der Ort, der durch eine Klostergründung im 8. Jh. entstanden und im Besitz des ältesten Hopfensiegels Deutschlands (1538) ist, sein 1.200-jähriges Stadtjubiläum. Ein wahres Kleinod stellt der historische Kern dar, in dem alte Türme, Tore und prächtige Fachwerk- und Barockbauten von der bewegten Vergangenheit der Kleinstadt zeugen.

Altstadt

Bis heute prägt der Hopfenanbau das Erscheinungsbild von Spalt. Die zahlreichen hochgiebeligen Fachwerkhäuser mit bis zu fünf Böden dienten früher zum Trocknen und zur Lagerung der wertvollen Hopfendolden. Als schönster Hopfenspeicher Bayerns gilt **das Hopfengut „Mühlreisig"** (um 1750) an der Straße von Spalt nach Wassermungenau.

Ebenfalls an das „grüne Gold" erinnert das **Kornhaus** auf dem Gabrieliplatz in der Altstadt. Der stattliche Fachwerkbau wurde von 1897 bis 1984 als Hopfenlager und -signierhalle genutzt.

Weitere sehenswerte historische Gebäude sind das barocke **Rathaus** in der Herrengasse sowie die **Stadtmühle** aus dem Jahr 1537. Beim Bummel durch die Stadt fällt auch der Giebelbau des **Alten Rathauses** (1524) auf, heute Sitz des **Feuerwehrmuseums** (Hauptstraße 27, Tel.: 0 91 75 / 79 65 25, Anf. Juli – Mitte Sept. Di 18 – 19 Uhr, Erwachsene 1 €, Kinder frei). Zwei unmittelbar nebeneinander stehende Gotteshäuser, die **Pfarrkirche St. Emmeram** von 1037 und die ehemalige **Stiftskirche St. Nikolaus** von 1294, dominieren das Spalter Stadtzentrum.

Neben Kirchen, Hopfenspeichern und Fachwerkhäusern tragen auch die zahlreichen Türme der noch teilweise erhaltenen Stadtbefestigung zum historischen Flair von Spalt bei. Sehenswert sind der **Obere Tor-** (1422) sowie der **Hercules-**, der **Schäfer-**, der **Reifen-** und der **Drechslerturm**. Im einst als Gefängnisturm genutzten **Diebsturm** befindet sich heute das **Museum Heimatstuben** mit bäuerlichen Utensilien und Geräten für den Hopfenanbau (Turmgasse 1, Tel.: 0 91 75 / 7 96 50, Anf. Juli – Ende Aug. So 14 – 17 Uhr, Erwachsene 1 €, Kinder frei). Im Oberen Tor sind die **Handwerkerstuben** untergebracht, die die frühere Arbeit der Schuhmacher, Schreiner, Friseure und Zinngießer veranschaulichen (Am Oberen Tor 12, Öffnungszeiten wie Heimatstube).

Gärten in der Spalter Altstadt

Der **Apothekergarten** bietet den Besuchern einen interessanten Einblick sowie gleichzeitig eine Rückbesinnung auf die Kräfte der Natur und den Nutzen der Pflanzen für die Gesundheit des Menschen. Der **Nikolausgarten** hinter der St. Nikolaus-Kirche lädt zu Ruhe und Einkehr ein. Der **Stadtmüllergarten** – an der Spalter Stadtmauer gelegen – wurde im Jahr 2010 umgestaltet und dient ebenfalls als Freizeit- und Erholungsanlage.

Ausflug nach Georgensgmünd

Als Wahrzeichen und Namensgeberin des Ortes östlich von Spalt gilt die weithin sichtbare, schlicht gehaltene **Markgrafenkirche St. Georg** (1757/58). Im 16. Jh. siedelten sich zahlreiche Landjuden im Ort an, die mit dem Bau einer Synagoge und

IV UNTERWEGS IM ALTMÜHLTAL / FRÄNK. SEENLAND

eines Friedhofs das Erscheinungsbild von Georgensgmünd prägten. Noch heute lässt sich das ländlich-jüdische Leben und deren Kultur in dem historischen Ensemble nachempfinden, zu dem die ehemalige Synagoge mit zwei Ritualbädern – sogenannten Mikwen – sowie ein 11.800 m² großer **Friedhof** mit 1.800 Grabsteinen und renoviertem Taharahaus – eines der größten Totenwaschhäuser dieser Art in Bayern – gehören (Am Anger, 91166 Georgensgmünd, Tel.: 0 91 72 / 7 03 72, Besichtigung nur im Rahmen einer Führung möglich, telefonische Anmeldung erforderlich, Erwachsene 2 €).

ESSEN & TRINKEN

Mit Aussicht
Gasthof Hoffmanns-Keller
Windsbacher Straße 21, Spalt
Tel.: 0 91 75 / 8 57
www.hoffmanns-keller.de
Auf der Speisekarte der Traditionsgaststätte stehen fränkische Spezialitäten und saisonale Schmankerl wie Spargel und Hopfensprossen, außerdem Wild vom eigenen Damwildgehege. Mit schönem Biergarten und Streichelzoo. Blick ins Rezattal. Mi Ruhetag.

Hochprozentiges
Landgasthof Zum Schnapsbrenner
Dorfstraße 67
Spalt-Großweingarten
Tel.: 0 91 75 / 7 97 80
Der Gasthof im Ortsteil Großweingarten lockt nicht nur mit frischen fränkischen Gerichten, sondern auch mit einer breiten Palette an edlen Tropfen. Di–Sa ab 17 Uhr geöffnet, So nur Mittagstisch.

SPORT & FREIZEIT
Stadtbrauerei Spalt
Brauereigasse 3, Spalt
Tel.: 0 91 75 / 79 61-0
www.spalter-bier.de
Bei der zweistündigen Führung durch die einzige Stadtbrauerei Deutschlands taucht man in die Kunst des Bierbrauens ein und lernt die Bedeutung von Maischbottich und Sudpfanne kennen.
Termine und Preise auf Anfrage.

MIT KINDERN UNTERWEGS
BarfußWonnenWeg
Gesunden Spaß für die ganze Familie bietet der 1,9 km lange, gut ausgeschilderte BarfußWonnenWeg oberhalb des Igelsbachsees. In etwa

SPALTER HOPFEN

Obwohl die Region rund um Spalt eines der kleinsten Hopfenanbaugebiete Deutschlands ist, findet der **Spalter Aromahopfen** weltweit bei der Herstellung von Qualitätsbieren Verwendung. Grund für die hohe Qualität sind die idealen Klima- und Bodenverhältnisse. Die Würze erhält das Bier von dem in den Dolden enthaltenen Bitterstoff Lupulin. Dieser wirkt stark antibakteriell und dient somit zugleich der Konservierung des Bieres. Seit einigen Jahren baut man den Spalter Hopfen auch als exklusives Gemüse, den sogenannten **Hopfenspargel**, an.

FRÄNKISCHES SEENLAND IV

einer Stunde geht es auf dem liebevoll angelegten Pfad im Wald bergauf und bergab. Dabei lassen sich auf unterschiedlichen Untergründen wie Rinde, Kiesel oder Glassplittern neue Sinneseindrücke sammeln und auf den Balancierstrecken der Gleichgewichtssinn trainieren. Auf den Schlammabschnitten können sich Kinder im tiefen Matsch austoben, bevor anschließend ein klarer Bachlauf zum Spielen einlädt. Geöffnet April bis Okt. Der Ausgangspunkt ist westlich von Enderndorf nahe dem Großpark- und Wohnmobilstellplatz.

SERVICEINFO
Tourist-Information Stadt Spalt
Herrengasse 10
91174 Spalt
Tel.: 0 91 75 / 79 65-0
www.spalt.de

▶ ROTH UND DER ROTHSEE

24.500 Einwohner   (S. 183, F4)

Die Kreisstadt im nördlichen Fränkischen Seenland – am Zusammenfluss von Roth, Rednitz und Aurach gelegen – galt einst als industriereichste Kleinstadt Bayerns. Bis ins 19. Jh. befand sich hier das Zentrum der Drahtherstellung bzw. der leonischen Industrie.

Mit dem Bau der beiden Einkaufszentren Rotmühl-Passagen und Valentins-Passagen sowie der geschmackvollen Renovierung des **Kugelbühlplatzes** in der Altstadt hat sich Roth in den letzten Jahren

▶ *Das Riffelmacherhaus auf dem Rother Marktplatz.*

in eine beliebte Einkaufsstadt verwandelt. Die beiden kulturellen Zentren bilden das markgräfliche **Jagdschloss Ratibor** und die **Kulturfabrik**, eines der renommiertesten Gastspieltheater Mittelfrankens. Weltweite Bekanntheit erlangte Roth durch den **„CHALLENGE Roth" Triathlon.** Mit rund 2.500 Einzelstartern und weit über 150.000 Zuschauern ist der Langdistanz-Triathlon das größte Sportevent in der Region. Östlich von Roth erstreckt sich mit dem **Rothsee** nicht nur der wasserwirtschaftliche Speichersee des Main-Donau-Kanals, sondern auch ein beliebtes Naherholungsgebiet.

UNTERWEGS IM ALTMÜHLTAL / FRÄNK. SEENLAND

Schloss Ratibor

1535 ließ Markgraf Georg der Fromme das **Jagdschloss Ratibor** im Stil der deutschen Frührenaissance erbauen. 250 Jahre als Jagdresidenz genutzt, richtete ab 1791 der Tressen- und Bortenfabrikant Stieber darin seine leonische Manufaktur ein. In der Zeit des wirtschaftlichen Aufschwungs nach 1871 wurde das Anwesen in einen repräsentativen, großbürgerlichen Wohnsitz im Stil der Spätrenaissance umgebaut. Besonders opulent ausgestattet präsentiert sich der **Prunksaal**: Mit seinen überdimensionalen Deckenmalereien aus der antiken Mythologie sowie wertvollen Gobelins stellt er das Schmuckstück des Schlosses dar.

Kunstvoll gestaltet ist auch der **Speisesaal**. Während im ehemaligen **Marstall**, dem Pferdestall mit Kutschenhalle, die Stadtbücherei untergebracht ist, befinden sich im Rest der Anlage die Tourist-Information sowie das **Stadtmuseum** (Hauptstraße 1, Tel.: 0 91 71 / 84 85 32, April bis Okt. Di – So 13 – 17 Uhr, Schlossführung jeden 1. Sa im Monat, Treffpunkt 14 Uhr im Schlosshof, Erwachsene 3 €). Im Juli und August ist der malerische Schlosshof Schauplatz der **Schlosshofspiele**.

Sehenswertes rund um das Schloss

Mehrere historische Bauwerke lohnen einen Spaziergang durch die Rother Altstadt. Besonders reizvoll erscheint der von stattlichen Bürgerhäusern flankierte Marktplatz mit dem dreigeschossigen Giebel-

▶ *Schloss Ratibor in Roth.*

FRÄNKISCHES SEENLAND IV

bau des **Riffelmacherhauses**. Mit seinem prächtigen Fachwerk und den Ecktürmchen aus dem 17. Jh. gilt es als schönstes Haus der Stadt. Den Platz selbst ziert der barocke Markgrafenbrunnen aus dem Jahr 1757. Südlich des Marktplatzes trifft man in der Hauptstraße auf das im Ansbacher Rokokostil gestaltete **Alte Rathaus** (1759). Gegenüber dominiert die neugotisch ausgestaltete **Stadtkirche**.

Einen Abstecher wert ist auch das interessante **Fabrikmuseum,** in dem sich alles um die leonische Industrie dreht. Hier kann man mitverfolgen, wie aus versilberten, vergoldeten oder verm7ten Drähten Bänder, Gespinste, Borten und Christbaumschmuck entstehen (Obere Mühle 4, Tel.: 0 91 71 / 6 05 64, www.fabrikmuseum-roth.de, März–Okt. Sa und So 13:30–16:30 Uhr, August zusätzlich Mi 13:30–16:30, Erwachsene 3 €, Kinder 2 €).

Rothsee

Südöstlich von Roth erstreckt sich, umgeben von Wiesen und Wäldern, der 3,7 km lange, 1,6 km breite und 15,4 m tiefe Rothsee am Nordrand der Fränkischen Alb. Die im Tal der Kleinen Roth aufgestaute Wasserfläche dient in erster Linie als Wasserspeicher für die niederschlagsarme Region. Bei Birkach teilt ein 500 m langer Damm den See in eine **Haupt-** und eine **Vorsperre**. Knapp die Hälfte der Vorsperre steht unter Naturschutz. Neben seiner wasserwirtschaftlichen Funktion dient der Rothsee auch als Naherholungsziel. Die drei **Seezentren Heuberg**, **Grashof** und **Birkach** bieten Seebesuchern eine moderne Infrastruktur mit zahlreichen Freizeitangeboten. Badestrände mit Sanitäranlagen, Cafés, Restaurants, Spiel- und Sportplätze sowie Einrichtungen für Fahrrad-, Rikscha-, Boot- und Surfbrettverleih sorgen für einen gelungenen, abwechslungsreichen Aufenthalt am Rothsee. Während Surfer und Segler auf der Hauptsperre ihre Runden drehen, ist die landschaftlich reizvollere Vorsperre vor allem bei Familien und Badegästen beliebt. Radfahrer

HISTORISCHE HAMMERSCHMIEDE

Der **Historische Eisenhammer** in Eckersmühlen bei Roth ist ein industriegeschichtliches Kleinod. Bis 1974 wurden hier verschiedene Geräte und Werkzeuge gefertigt, heute dient die Anlage als überaus sehenswertes Museum. Bei Schmiedevorführungen kann man eindrucksvoll miterleben, wie glühendes Eisen unter der Wucht des wasserbetriebenen Hammers geformt wird. Außerdem ist das Herrenhaus der Hammerschmiede-Dynastie Schäff aus dem Jahr 1699 zu besichtigen. Die Dauerausstellung „Vom Erz zum Eisen" zeigt den Weg von der Erzgewinnung zum fertigen Produkt.

Historischer Eisenhammer
Eckersmühlen 1, 91154 Roth
Tel.: 0 91 71 / 813 29
März Sa und So 13–17 Uhr, April bis Okt. Mi – So 13–17 Uhr, Erw. 3 €, Kinder 1 €, Schmiedevorführung 10 €.

IV UNTERWEGS IM ALTMÜHLTAL / FRÄNK. SEENLAND

AUSFLUG NACH ABENBERG

Am Nordrand des Fränkischen Seenlandes lockt der geschichtsträchtige Ort Abenberg an der Burgenstraße mit seiner aufwendig restaurierten, auf einer Anhöhe thronenden Festung (1040) zahlreiche Besucher an. Zwei Türme zeigen sich besonders markant – der schlanke „Luginsland" und der wuchtige „Schottenturm".
Neben einem Hotel und einem Restaurant beherbergt die Burg heute das **Haus der Fränkischen Geschichte** sowie ein deutschlandweit einzigartiges **Klöppelmuseum** (beide Museen: Burgstraße 16, 91183 Abenberg, Tel.: 0 91 78 / 9 06 18, www.museen-abenberg.de, April–Okt. Di bis So 11–17 Uhr, Nov., Dez. und März Do bis So 11–17 Uhr, Erwachsene 3 €, Kinder ab 6 Jahren 1,50 €).
Im Juni bildet die Festungsanlage die Kulisse für das beliebte **Feuertanz-Festival**. Gegenüber der Burg erhebt sich die sehenswerte Klosterkirche Marienburg aus dem 12. Jh.

und Wanderer finden rund um den See ein ausgedehntes, gut markiertes Wegenetz.

ESSEN & TRINKEN
Traditionsreich
Landhotel Zum Böhm
Schwabacher Straße 1–3, Roth
Tel.: 0 91 71 / 9 71 50
www.zumboehm.de
Der bereits seit dem 16. Jh. familiär geführte Gasthof erwartet Gäste mit regionalen und saisonalen Spezialitäten wie Lamm-, Spargel-, Gans- und Wildgerichten. Tgl. geöffnet.

Bodenständige Küche
Eichelburger Hof
Eichelburger Hauptstraße 2
Roth-Eichelburg
Tel.: 0 91 76 / 99 69 80
www.eichelburger-hof.de
Typisch fränkische Gerichte, hergestellt aus Produkten der eigenen Landwirtschaft, kommen im Eichelburger Hof frisch auf den Tisch. Mit idyllischem Biergarten. Mo Ruhetag.

Direkt am See
Strandhaus Birkach
Birkacher Uferweg 2
Roth-Birkach
Tel.: 0 91 76 / 17 00
www.strandhaus-birkach.de
Das Café-Bistro ist der ideale Ort für eine gemütliche Einkehr beim Baden am See oder während einer Radeltour. Hier genießt man selbstgebackene Kuchen und Torten sowie Brotzeiten und einfache warme Speisen. Tgl. geöffnet.

SPORT & FREIZEIT
Freizeitbad Roth
Friedrich-Wambsganz-Straße 2
Roth
Tel.: 0 91 71 / 9 72 70
www.stadtwerke-roth.de
Mai bis Sept. 7:30–20:30 Uhr, Di und Do ab 7 Uhr, Erwachsene 3,80 €, Kinder 4–14 Jahre 2 €.
Das moderne Freibad mit 50 m-Wettkampf-Becken, Erlebnisbecken mit Sprudelliegen, Großrutsche, Strömungskanal und Bistro ist der ideale Ort für sowohl aktive als auch entspannte Stunden.

FRÄNKISCHES SEENLAND IV

ABENDGESTALTUNG
Kulturfabrik
Stieberstraße 7, Roth
Tel.: 0 91 71 / 84 87 14
www.kulturfabrik.de
Seit ihrer Eröffnung im Jahr 1992 hat sich die Institution im Bürgerhaus zu einem der renommiertesten Gastspieltheater in der Region entwickelt. Geboten wird ein vielfältiges Programm mit Kabarett, Theater, Lesungen, Konzerten, Kleinkunst etc.

Bavaria-Kino-Center
Bahnhofstraße 66–68, Roth
Tel.: 0 91 71 / 89 22 56
www.bavaria-roth.de
Neben Vorstellungen topaktueller Filme finden in der Einrichtung auch regelmäßig Kleinkunst-Veranstaltungen statt.

SERVICEINFO
Tourist-Information Roth
Hauptstraße 1
91154 Roth
Tel.: 0 91 71 / 84 85 13
www.roth.de

▶ HILPOLTSTEIN
13.200 Einwohner   (S. 185, D1)

Am höchsten Punkt des Main-Donau-Kanals und unweit des **Rothsees** liegt Hilpoltstein. Dominiert wird der Ort von der gleichnamigen **Burgruine**, deren Anfänge bis ins 10. Jh. zurückreichen. Unterhalb der rund 1.000 Jahre alten Burg, einst Sitz des Geschlechts der Hilpolte von Stein, hat sich im Laufe der Jahrhunderte eine reizvolle Kleinstadt entwickelt, die noch heute mittelalterliche Züge trägt.

▶ *Historisches Hilpoltstein.*

Burg Hilpoltstein
Das Wahrzeichen der Stadt auf dem Burgberg – eine der ältesten mittelalterlichen Burgen Frankens – gehörte bis 1385 den Herren von Stein, ehe es ein wichtiger Stützpunkt der Herzöge von Bayern wurde. Diese erweiterten es im Bereich der äußeren Vorburg um einen großen **Kornspeicher**, den sogenannten **Traidkasten**.
Im 17. Jh. wurde die Anlage in ein Wohnschloss umgebaut, um 1700 wurde sie zum Abbruch freigegeben. Nach aufwendigen Restaurierungsarbeiten kann die übrig gebliebene **Burgruine** heute besichtigt werden. Vom 22 m hohen **Bergfried** bietet sich ein herrlicher

Ausblick (Maria-Dorothea-Straße 7, Auskunft Tel.: 0 91 74 / 9 78-5 05, April bis Okt. Sa, So und Feiertage 10:30–17 Uhr, Erwachsene 1,50 €, Kinder ab 12 Jahre 1 €). Im Mai/Juni dient die Ruine als Kulisse für das **Mittelalterfest**, im August findet am Fuße der Anlage das beliebte **Hilpoltsteiner Burgfest** statt.

Altstadt

Dank seiner Lage an der wichtigen Handelsstraße von Nürnberg nach Venedig war Hilpoltstein bereits im Mittelalter recht bedeutend. Der reich mit Fachwerk verzierte Bau des **Rathauses** auf dem geschmackvoll sanierten Marktplatz geht auf ein 1418 errichtetes Handelshaus zurück. Dominiert wird der Marktplatz von der Fassade der ehemaligen **Residenz** des Pfalzgrafen Johann Friedrich aus dem Jahr 1619. In dem fürstlichen Giebelbau sind das Amt für Kultur und Tourismus sowie die Stadtbücherei untergebracht. Der zweigeschossige **Festsaaltrakt** der Residenz beherbergt das Finanzamt.

Neben dem Marktplatzensemble ist die 1714 barockisierte **Pfarrkirche St. Johann Baptist** sehenswert. In der Johann-Friedrich-Straße 13 trifft man auf das in Privatbesitz befindliche, 1523 erbaute, dreigeschossige **Jahrsdorferhaus** - einer der schönsten ehemaligen Adelssitze in Franken mit kunstvollem Fachwerk. Außerdem zieren gut erhaltene historische Bürgerhäuser wie das Chorherrenstiftshaus, das Reichlerhaus in der Christoph-Sturm-Straße 16 und die Gasthöfe Zum Hirschen und Schwarzes Roß die Straßen von Hilpoltstein. Im Schwarzen Roß ist neben dem Brauereigasthof das **Museum Schwarzes Roß** mit interessanten Ausstellungen zu Bauhandwerk, Stadtgeschichte und Brauwesen untergebracht (Marktstraße 10, Tel.: 0 91 74 / 9 78-5 07, Mai–Okt. Di bis So 13–17 Uhr, Nov.–April So und Feiertage 13:30–16:30, Erw. 2 €, Kinder frei).

Als einziger der ehemals acht Stadtmauertürme aus dem 13. Jh. blieb der **Döderleinsturm** aus dem 13. Jh. bis heute erhalten.

ESSEN & TRINKEN

Zentrale Lage

Gasthof-Hotel Zur Post
Marktstraße 8, Hilpoltstein
Tel.: 0 91 74 / 97 69 80
www.hotel-post-hip.com
Das traditionsreiche Haus am Marktplatz lockt mit deutscher und fränkischer Küche. Stilvolle Bar im Gewölbekeller und Biergarten. Tgl. geöffnet.

Fränkisches Kleinod

Brauereigasthof Zum Schwarzen Roß
Marktstraße 10, Hilpoltstein
Tel.: 0 91 74 / 4 79 50
www.hotelschwarzesross.de
Der liebevoll restaurierte Hotel-Gasthof aus dem 12. Jh. mit drei historisch eingerichteten Stuben und einem Biergarten im herrlichen

FRÄNKISCHES SEENLAND IV

Innenhof serviert fränkische und saisonale Gerichte und ein eigens hergestelltes Roß Schwarzbier. Mi Ruhetag.

Idyllische Lage
Landgasthof Fuchsmühle
Fuchsmühle 1
Hilpoltstein-Fuchsmühle
Tel.: 0 91 74 / 93 85
www.fuchsmühle.de
Die ehemalige Mühle etwa 3 km außerhalb von Hilpoltstein ist ein beliebtes Ausflugslokal. Im Biergarten stärkt man sich mit fränkischen Gerichten und hausgemachten Kuchen. Kinderspielplatz und Wildgehege. Mo und Di Ruhetag.

SPORT & FREIZEIT
Freibad
Badstraße 3, Hilpoltstein
Tel.: 0 91 74 / 97 89 10
Mai–Sept. Mo bis Fr 6:30–20 Uhr, Sa, So und Feiertage 9–20 Uhr, Juni/Juli bis 20:30 Uhr, Erwachsene 3 €, Kinder 2 €.
Das 50 m-Schwimmer-, Nichtschwimmer- und Kinderplanschbecken sowie die 42 m lange Riesenrutsche sorgen im Sommer für Spaß und Abkühlung.

Segelschule Rothsee
Am Rothsee 5, Segelzentrum Heuberg, Hilpoltstein
Mobil: 01 70 / 7 70 46 72
www.segelschule-rothsee.de
Die Segelschule gibt Kurse für Segel- und Sportboote und vermietet Surfbretter und Segeljollen.

MIT KINDERN UNTERWEGS
Family Golf
Seezentrum Heuberg/Haimpfarrich
Hilpoltstein
Tel.: 0 91 74 / 7 83 89 44
www.familygolf.de
April–Anf. Nov., in den Ferien und an Wochenenden tgl. ab 10 Uhr, sonst ab 14 Uhr, Erw. 4 €, Kinder bis 12 Jahre 2,50 €.
Gespielt wird auf 18 Kunstrasenbahnen mit echten Golfschlägern und richtigen Hindernissen wie Sandbunkern und kleinen Teichen.

SERVICEINFO
**Tourist-Information –
Amt für Kultur und Tourismus**
Kirchenstraße 1, 91161 Hilpoltstein
Tel.: 0 91 74 / 9 78-5 05
www.hilpoltstein.de

AUF DEN SPUREN DER KELTEN

Thalmässing, südlich von Hilpoltstein, mit seinen vielen kulturhistorischen Bodendenkmälern sollte man nicht verpassen. Am besten lassen sich die Kultstätten, Friedhöfe und Befestigungsanlagen der Kelten auf dem 15 km langen **Archäologischen Wanderweg** entdecken (Start am Marktplatz). Auf halber Strecke liegt das lebendige Geschichtsdorf Landersdorf mit rekonstruierten Häusern aus längst vergangener Zeit. Die restaurierten Kelten-Funde der Region zeigt das sehenswerte **Vor- und Frühgeschichtliche Museum** (Marktplatz 1, 91177 Thalmässing, Tel.: 0 91 73 / 91 34, www.thalmaessing.de, April–Okt. Di bis So 10–12 und 13–16 Uhr, Erw. 1,50 €, Kinder 1 €).

UNTERWEGS IM ALTMÜHLTAL / FRÄNK. SEENLAND

Mittleres Altmühltal
Malerische Flusslandschaft

Eingeschnitten ins Gestein der Fränkischen Alb, windet sich die Altmühl vom Fränkischen Seenland in zahlreichen Schleifen nach Südwesten. Dieser Flussabschnitt begeistert vor allem durch seine landschaftliche Schönheit und seine Vielfalt an Kulturschätzen: Wacholderheiden, Felsformationen und barocke Städte säumen die Strecke.

▶ WEISSENBURG

17.500 Einwohner (S. 184, C3)

Die mittelfränkische Kreisstadt an der Deutschen Limes-Straße entstand aus einer römischen Siedlung rund um das Kastell Biriciana. Während des Dreißigjährigen Krieges belagerten die Truppen Tillys die über dem Ort thronende Wülzburg und brannten 1634 zwei Flügel aufgrund eines Missgeschicks beim Fischebraten bis auf die Grundmauern nieder. Ein Rundgang durch die geschichtsträchtige Stadt führt zu zahlreichen interessanten Zeugnissen bewegter Geschichte – besonders die eindrucksvollen Relikte der Römerzeit sind von überregionaler Bedeutung.

Altstadt

Weißenburgs Ära als Reichs- und Handelsstadt spiegelt sich noch heute im historischen Erscheinungsbild der denkmalgeschützten **Altstadt** mit ihrer weitgehend erhaltenen Stadtmauer, den spätmittelalterlichen Fachwerk- und barocken Bürgerhäusern wider. Das Wahrzeichen Weißenburgs, das **Ellinger Tor**, gilt als eines der schönsten Stadttore Deutschlands. Das **Römermuseum** neben der spätgotischen St. Andreas Kirche (13. Jh.) beherbergt einen

MITTLERES ALTMÜHLTAL IV

sensationellen „Römer-Schatz" mit 150 wertvollen Exponaten aus der Zeit um 250 n. Chr. – ein in Bayern einmaliger Fund (Martin-Luther-Platz 3–5, Tel.: 0 91 41 / 90 71 24, April bis einschließlich Herbstferien tgl. 10–17 Uhr, März, Nov. und Dez. tgl. 10–12:30 und 14–17 Uhr, Erwachsene 2 €, Kinder 6–16 Jahre 1,50 €). Das Museum betritt man durch das **Bayerische Limes-Informationszentrum**, das sich im Erdgeschoss des Gebäudes befindet. Sehenswert ist auch das benachbarte **Reichsstadtmuseum**, das Besuchern die Geschichte der Stadt näherbringt (Adresse, Preise und Öffnungszeiten wie Römermuseum). Auf dem **Marktplatz** mit dem Schweppermannsbrunnen, dem Kreuzungspunkt früherer Fernhandelsstraßen, dominiert das freistehende, gotische **Rathaus** (1467) neben stattlichen Bürgerhäusern das Bild. Reizvoll präsentiert sich auch der denkmalgeschützte **Fünfeckturm** an der Nordmauer, einer der 38 erhaltenen Befestigungstürme.

Römisches Kastell und Thermen

Westlich der Altstadt erwarten den Besucher mit dem **Kastell Castrum Biriciana** und den **Römischen Thermen** aufwendig rekonstruierte Bauwerke der Römerzeit. Die **römische Bäderanlage** zählt zu den wenigen Bodendenkmälern dieser Art, die auf germanischem Boden erhalten sind. Bei einem Rundgang auf Stegen durch die unter einer Zeltdachkonstruktion freigelegte, außergewöhnlich gut erhaltene Anlage bietet sich ein interessanter Überblick über die verschiedenen Räumlichkeiten des römischen Zivilbades (Am Römerbad, Tel.: 0 91 41 / 90 71 24, April/Mai und Okt./Nov. 9–17 Uhr, Juni bis Sept. 9–18 Uhr, Erwachsene 1,50 €, Kinder 6–16 Jahre 1 €).

Zwischen den Römischen Thermen und der Innenstadt zieht die gelungene Rekonstruktion des **Kastells Biriciana** die Aufmerksamkeit auf sich. Auf dem frei zugänglichen Gelände wurden im Laufe jahrzehntelanger Grabungen und Konservierungsarbeiten Teile der steinernen

WÜLZBURG

Auf der mit 630 m ü. NN höchsten Erhebung der südlichen Frankenalb thront oberhalb von Weißenburg die **Wülzburg**. Die Hohenzollernfestung mit pentagonalem Grundriss und fünf Bastionen, die im Jahr 1588 an der Stelle eines Benediktinerklosters errichtet wurde, gilt als einzigartiges Denkmal des Renaissancefestungsbaus in Deutschland. Bemerkenswert ist der 133 m tiefe Brunnen im Westflügel, der mit enormem Zeit- und Arbeitsaufwand in den Felsen getrieben wurde. Von der Festung bietet sich ein herrlicher Ausblick. Der Innenhof der Anlage ist tagsüber frei zugänglich (Führungen stündlich Mai bis Okt. Sa 13–16 Uhr, So und Feiertage 11–16 Uhr, zusätzlich während der bayerischen Pfingst- und Sommerferien Mo bis Fr 13–16 Uhr, Erwachsene 2 €, Kinder 1 €).

UNTERWEGS IM ALTMÜHLTAL / FRÄNK. SEENLAND

Umwehrung eines römischen Militärlagers mit vier Toren, vier Eck- und acht Zwischentürmen sowie Teile der Innengebäude freigelegt. Besonders eindrucksvoll präsentiert sich das rekonstruierte Nordtor.

ESSEN & TRINKEN

Speisen mit Flair
Hotel Restaurant Ellinger Tor
Ellinger Straße 7, Weißenburg
Tel.: 0 91 41 / 8 64 60
www.ellingertor.de
Das in zwei über 500 Jahre alten Fachwerkhäusern untergebrachte Hotel bietet gehobene fränkische Küche mit saisonalen Spezialitäten wie Spargel, Wild und Fisch, dazu beste Frankenweine. Tgl. geöffnet.

Urige Atmosphäre
Sigwart Bräustüberl
Luitpoldstraße 17, Weißenburg
Tel.: 0 91 41 / 16 26
www.sigwarts-braeustueberl.de
Das 1451 erbaute Traditionslokal der Brauerei Sigwart setzt auf Gemütlichkeit und klassische fränkische Küche. Massive Holzmöbel, ein Kachelofen und ein begrünter Innenhof mit Mini-Biergarten sorgen für gemütliches Ambiente.
April–Okt. tgl. geöffnet,
Nov.–März Di Ruhetag.

Ausflugslokal
Gasthaus Zum Schneck
Waldhof 1, Weißenburg-Suffersheim
Tel.: 0 91 49 / 12 19
www.gasthaus-metzgerei-zum-schneck.de

Der Familiengasthof im Schambachtal, knapp 10 km von Weißenburg entfernt, ist der ideale Ort für eine gemütliche Einkehr beim Wandern oder Radeln. Hier lässt man sich frische Braten und andere deftige fränkische Gerichte aus der hauseigenen Metzgerei schmecken.
Di und Do Ruhetag.

SPORT & FREIZEIT
Mogetissa-Therme
An der Hagenau 22b, Weißenburg
Tel.: 0 91 41 / 9 99 56
www.mogetissa-therme.de
Sept.–Mai Mo bis Fr 14–21:30 Uhr, Sa 9–21:30 Uhr, So und Feiertage 9–20 Uhr, Sauna andere Öffnungszeiten, Tageskarte Sauna & Bad Erw. 10,50 €, Kinder 4–17 J. 9 €.
In der Badelandschaft des römischen Premiumbads, das nach dem Vorbild der historischen Therme erbaut wurde, sorgen ein Entspan-

▶ *Im Römermuseum.*

MITTLERES ALTMÜHLTAL IV

nungsbecken, ein Warmsprudelbecken und ein Kneippgang für echtes Wohlbefinden. Ein Planschbecken und die 73 m lange Römerrutsche bilden das Reich der Kinder. In der Saunalandschaft und bei verschiedenen Wellnessangeboten lässt es sich herrlich entspannen.

MIT KINDERN UNTERWEGS
Limesbad
Badstraße 5, Weißenburg
Tel.: 0 91 41 / 9 97 95 80
www.sw-wug.de
Geöffnet Mitte Mai – Mitte Sept., Mai/Sept. 9 – 19 Uhr, Juni – Aug. 9 – 20 Uhr, Erwachsene 3,70 €, Kinder 4 – 17 Jahre 2,50 €.
Im Sommer lockt das moderne, solarbeheizte Bad mit Erlebnis-, Sport- und Planschbecken, einer Sprunganlage und der 70 m langen Rutsche große und kleine Wasserratten an. Direkt nebenan befindet sich ein Minigolfplatz mit 18 Bahnen.

ABENDGESTALTUNG
Bergwald-Theater
Holzgasse, Weißenburg
Tel.: 0 91 41 / 90 71 23
www.bergwaldtheater.de
Jedes Jahr von Juni bis August werden auf der städtischen Freilichtbühne am südlichen Ortsrand von Weißenburg Opern, Operetten, Musicals und Theaterstücke aufgeführt. Für romantisches Flair sorgt dabei die Lage der 1929 eingeweihten Bühne in einem aufgelassenen, von Wald umgebenen Steinbruch.

Luna-Bühne
Paradeisgasse 9, Weißenburg
Tel.: 0 91 41 / 8 74 47 00
www.lunatheater.de
Mit mehr als 100 Lesungen, Kabarett-, Comedy-, Theater- und Musikveranstaltungen im Jahr bietet die Luna-Bühne ein umfangreiches Kulturprogramm.

SERVICEINFO
Tourist-Information
Martin-Luther-Platz 3 – 5
91781 Weißenburg
Tel.: 0 91 41 / 90 71 24
www.weissenburg.info

▶ TREUCHTLINGEN
12.800 Einwohner   (S. 184, B4)

In dem bereits 899 erwähnten Erholungsort mit Heilquellen-Kurbetrieb haben Kelten, Römer und Franken im Laufe der Jahrhunderte ihre kulturellen Spuren hinterlassen. Durch den Bau der Bahnstrecke Treuchtlingen-Gunzenhausen wurde Treuchtlingen im Jahr 1869 zur Eisenbahnstadt. Heute gilt die am Übergang vom flachen Mittelfränkischen Becken zur Albhochfläche des Fränkischen Juragebirges gelegene Stadt mit ihren idyllischen Ortsteilen als Pforte des Naturparks Altmühltal. Flussabwärts schließt sich der romantischste Abschnitt des Altmühltals mit zahlreichen lohnenden Wander- und Radtouren-Möglichkeiten an.
Die Hauptsehenswürdigkeit der Stadt stellt das **Treuchtlinger Schloss** in der Altstadt dar. 1575

UNTERWEGS IM ALTMÜHLTAL / FRÄNK. SEENLAND

von einem gotischen Wasserschloss in ein repräsentatives Wohnschloss umgebaut, beherbergt es heute mehrere Institutionen: Neben der Tourist-Information sind in dem Gebäude das Informationszentrum Naturpark Altmühltal mit modernem Dokumentationsraum sowie das Posamenten-Museum untergebracht.

Das **Naturpark Informationszentrum** erwartet Besucher mit Ausstellungen zur Natur, Geologie und Siedlungsgeschichte der Region sowie mit einer Fossiliensammlung (Heinrich-Aurnhammer-Straße 3, Tel.: 0 91 42 / 96 00 60, April–Okt. Mo bis Fr 9–12 und 13–18 Uhr, Sa 9–12 und 14–17 Uhr, Nov.–März Mo bis Fr 9–12 und 13–17 Uhr, Eintritt frei).

Das **Posamenten-Museum** im zweiten Obergeschoss zeigt eine Vielzahl von Exponaten wie Spitzen, Borten und Applikationen aus der jahrhundertelangen Fabrikation der Aurnhammerschen Posamenten-Manufaktur in Treuchtlingen (Mo bis Fr 9–12 Uhr, Eintritt frei).

Die **Obere Veste** auf dem Schlossberg über der Stadt, einst Höhenburg der Treuchtlinger Ministerialen, tritt als schön restaurierte Ruine in Erscheinung. Zu sehen sind die Grundmauern des Palas, des Mauerrings und des Bergfrieds sowie die Burgzisterne. Jährlich im Juni ist das Burgareal Schauplatz des **Treuchtlinger Burgfestes**.

Weitere beachtenswerte Gebäude sind das renovierte **Rathaus** sowie die drei Gotteshäuser der Stadt: die barocke **St. Lambertus Kirche** (1733), die moderne **Kirche St. Maria** (1934) und die **Markgrafenkirche** (1757).

Ein lohnender Abstecher führt ins **Volkskundemuseum** mit seinen mehr als 22.000 Exponaten, darunter historische Möbel und Musikinstrumente (Heinrich-Aurnhammer-Str. 12, Tel.: 0 91 42 / 96 00 60, Mitte April–Mitte Okt. Mi bis Fr und So 15–18 Uhr, Führungen: Mo bis Mi 11 Uhr, Juli–Sept. zusätzlich Do 19 Uhr, Erwachsene 2 €, Kinder 0,50 €).

FOSSA CAROLINA

Unweit des Treuchtlinger Ortsteils Graben ließ Karl der Große im Jahr 793 aus strategischen Gründen einen drei km langen Graben, die **Fossa Carolina**, ausheben, der die Altmühl und die Schwäbische Rezat und somit die beiden Wasserstraßen Rhein und Donau miteinander verband. Die mittelalterliche Ingenieursleistung wurde jedoch bedingt durch Kriege, Unwetter und mangelnde Wirtschaftlichkeit wieder aufgegeben. Doch bis heute ist ein 1.300 m langes und 30 m breites Teilstück erhalten geblieben. Eine sehenswerte kleine Ausstellung in der **Hüttinger-Scheune** in Graben informiert darüber.

Ausstellung in der Hüttinger-Scheune
Karlsgrabenstraße
Treuchtlingen-Graben
Tel.: 0 91 42 / 86 17
Mai – Anf. Okt. Mi bis So 14–17 Uhr, Erwachsene 1,50 €, Kinder 1 €

MITTLERES ALTMÜHLTAL IV

ESSEN & TRINKEN
✕ *Traditionsreich*
**Gasthaus Goldenes Lamm –
Beim Schäufelewirt**
Kirchenstraße 11, Treuchtlingen
Tel.: 0 91 42 / 2 04 83 07
www.gasthaus-goldenes-lamm.de
In dem ältesten Gasthaus Treuchtlingens aus dem Jahr 1356, direkt neben der Markgrafenkirche gelegen, genießen Gäste frisch zubereitete Gerichte der fränkischen und schwäbischen Küche. Schöner, schattiger Biergarten. Mo Ruhetag.

✕ *Vielfältige Küche*
Gasthof Zum Goldenen Lamm
Marktstraße 16
Treuchtlingen-Wettelsheim
Tel.: 0 91 42 / 9 68 90
www.gasthof-zum-goldenen-lamm.de
Das im Jahr 1903 im Treuchtlinger Ortsteil Wettelsheim als Gründerzeitvilla erbaute Haus erwartet seine Gäste mit fränkischen und internationalen Gerichten in ansprechender Atmosphäre. Biergarten, Fahrradverleih und Spielplatz.

✕ *Für Feinschmecker*
Restaurant Enten Stub'n
Unterdorf 2, Treuchtlingen-Dietfurt
Tel.: 0 91 42 / 67 07
www.entenstube.de
Die Familie Fuchs hat mit viel Engagement ein altes fränkisches Bauernhaus im Ortsteil Dietfurt in ein Restaurant umgebaut, in dem sie fränkische Köstlichkeiten wie Bauernente und Hollerküchle serviert. Mo u. Di Ruhetag.

SPORT & FREIZEIT
Altmühltherme
Bürgermeister-Döbler-Allee 12
Treuchtlingen
Tel.: 0 91 42 / 9 60 20
www.altmuehltherme.de
Thermalbad Sa bis Mo und Feiertage 9 – 20 Uhr, Di bis Do 9 – 21 Uhr, Fr 9 – 22 Uhr, Tageskarte Erw. 14,50 €, Kinder 3 – 16 J. 11,60 €.
Die fünf Innen- und zwei Außenbecken der Anlage werden von zwei Thermalheilquellen in 800 m Tiefe gespeist. Während man in Thermalbad, Sauna und der Salzgrotte Entspannung findet, steht im Freibad und Wellenbad mit Wasserspielgarten und Riesenrutsche der Badespaß für Familien im Vordergrund.

Frankenboot
Dürerstraße 18, Treuchtlingen
Tel.: 0 91 42 / 46 45
www.frankenboot.de
Neben dem Verleih von Kajaks und Kanadiern organisiert der Veranstalter den Rücktransport von Booten und Personen und befördert Gepäck und Fahrräder. 2er-Kanadier und 2er-Kajak 20 €/Tag.

ABENDGESTALTUNG
Central-Kino
Goethestraße 9, Treuchtlingen
Tel.: 0 91 42 / 65 66
www.kino-treuchtlingen.de
Neben einem anspruchsvollen Kinoprogramm bietet die Einrichtung Kabarett und Filmtheater mit überregional bekannten Künstlern sowie ein Kinderprogramm.

IV UNTERWEGS IM ALTMÜHLTAL / FRÄNK. SEENLAND

SERVICEINFO
Tourist-Information
Heinrich-Aurnhammer-Straße 3
91757 Treuchtlingen
Tel.: 0 91 42 / 96 00 60
www.treuchtlingen.de

▶ PAPPENHEIM

4.020 Einwohner (S. 184, C4)

„Daran erkenn ich meine Pappenheimer" – mit diesen Worten aus „Wallensteins Tod" hat der Dichter Friedrich Schiller den kleinen, idyllisch in einer von Wäldern eingerahmten Altmühlschleife gelegenen Ort berühmt gemacht. Der Satz bezieht sich auf die Kampfkraft des Feldmarschalls Gottfried Heinrich zu Pappenheim, der auf der gleichnamigen Höhenburg residierte. Seine Truppen galten im Dreißigjährigen Krieg als ritterliche Kämpfer und Draufgänger.

Heute ist die Festungsanlage über den Dächern der historischen Altstadt, die zu den bedeutendsten mittelalterlichen Burgen Bayerns gehört, die Hauptattraktion des geschichtsträchtigen Luftkurortes an der Altmühl.

Burg Pappenheim

Das erstmals 802 erwähnte Wahrzeichen Pappenheims diente über Jahrhunderte hinweg als **Stammburg** des einst mächtigen Geschlechts der Pappenheimer, die 800 Jahre lang als Reichserbmarschälle eine wichtige Rolle im Heiligen Römischen Reich spielten. Besucher lockt die zweihöfige, über drei Hektar große Burganlage, bestehend aus einer Vor- und einer Hauptburg, mit herrlichen Ausblicken und den zahlreichen Sehenswürdigkeiten: 1,5 km lange mittelalterliche Mauern mit Wehranlagen, ein gewaltiger staufischer **Bergfried**, zwei **historische Ausstellungen**, eine **Folterkammer**, die **Burgkapelle**, ein **Natur- und Jagdmuseum**, ein historischer **Kräutergarten** mit über 750 Arten sowie ein **Botanischer Garten** mit heimischen Pflanzen in

▶ Burg Pappenheim aus der Luft.

über 1.300 Arten. Die historischen Säle werden für Feiern und als Standesamt genutzt. Nach einer Besichtigung lädt die Burgschänke im romantischen Innenhof zur Einkehr ein.

Zahlreiche Veranstaltungen wie das weithin bekannte T**ag- und Nacht Ritterturnier** mit Mittelaltermarkt (letztes Juni-Wochenende), der Sammlermarkt „Antikes und Kurioses" (letztes September-Wochenende) oder der stimmungsvolle **Weihnachtsmarkt** (1. und 2. Adventswochenende) auf der nur mit Fackeln beleuchteten Burg machen die Festung zu einem überaus lohnenden Ausflugsziel (Grafschaft Pappenheim, Tel.: 0 91 43 / 83 89-0, www.grafschaft-pappenheim.de, Mai – Sept. tgl. 10 – 18 Uhr, April und Okt. tgl. 10 – 17 Uhr, Führungen Sa und So 11:30 Uhr, Erwachsene 4 €, Kinder ab 6 Jahre 3 €, mit Führung 2 € Aufpreis/Person).

Altstadt

Am Fuße der Burg erstreckt sich das weitgehend von der Altmühl umschlossene mittelalterliche Stadtzentrum Pappenheims. Stattliche **Bürgerhäuser** der ehemaligen Residenzstadt, die weitgehend erhaltene Stadtmauer und die **Schlösser** der Grafen zu Pappenheim verbinden sich zu einer malerischen Gesamtkomposition aus romanischen und barocken Stilelementen. Das dreiflügelige **Neue Schloss** im klassizistischen Stil wurde nach den Plänen von Leo von Klenze von 1818 – 1822 gebaut. Hier ist die gräfliche Verwaltung untergebracht. Das **Alte Schloss** (17. – 18. Jh.), ein Renaissancebau mit imponierender Schauseite, dient noch heute der gräflichen Familie als Wohnsitz. Neben dem Alten Schloss steht die **ev.-luth. Stadtkirche Pappenheim**, die mit reichem Interieur von der Spätgotik bis zum Barock ausgestattet ist. In ihr befinden sich die historischen Grabmäler des gräflichen Hauses. Das älteste Bauwerk der Stadt und eines der ältesten ganz Frankens stellt die auf karolingische Zeit zurückgehende **St. Gallus-Kirche** dar, deren mittelalterliche Atmosphäre jeden gefangen nimmt. Als ein sehr stiller Ort mit ganz eigenem Charakter gilt die auf spätgotische bis barocke Zeit zurückgehende **Klosterkirche**, die sich im Eigentum der gräflichen Familie befindet und nur im Rahmen einer Führung zu besichtigen ist. Die **Katholische Kirche** hingegen stellt eines der seltenen neoromanischen Ensembles dar.

WEIDENKIRCHE

Im Jahr 2007 entstand in Pappenheim eine Naturkirche der besonderen Art – die **Weidenkirche**. Die evangelische Landjugend errichtete direkt am Altmühltal-Radweg ein 30 m langes, mit Sisal umwickeltes Rankgerüst aus Stahlrohren und pflanzte daran 300 Weidensetzlinge. Die lebendige, grüne Kirche, die nun von Jahr zu Jahr weiterwächst, ist ein für jedermann offenes Gotteshaus.

IV UNTERWEGS IM ALTMÜHLTAL / FRÄNK. SEENLAND

KNEIPPANLAGE

Mitten im Zentrum Pappenheims, direkt an der Altmühlbrücke gelegen, bietet Pappenheim seinen Besuchern eine neue, großzügig angelegte Quellwasser-Kneippmöglichkeit mit Wasser aus dem Brunnmühlbach.

ESSEN & TRINKEN

Idyllische Lage
Gasthof Zum Hollerstein
Zimmern 32, Pappenheim
Tel.: 0 91 43 / 7 53
www.hollerstein.de
Familiär geführtes Haus mit schönem Biergarten und Bootsverleih direkt an der Altmühl. Serviert werden fränkische Spezialitäten aus eigener Landwirtschaft. Mi Ruhetag.

Gehobene Küche
Hotel-Gasthof Zur Sonne
Deisingerstraße 20, Pappenheim
Tel.: 0 91 43 / 83 78 37
www.sonne-pappenheim.de
Innovative Gerichte zaubert Küchenchef Sven Wolfgang Glück auf die Teller des Hotel-Restaurants mit eigener Metzgerei. Di Ruhetag.

Traditionsreich
Hotel Krone
Marktplatz 6, Pappenheim
Tel.: 0 91 43 / 8 38 00
www.hotel-krone-pappenheim.de
Seit 1578 verwöhnt das Haus seine Gäste in geschichtsträchtigen Räumlichkeiten und im Biergarten mit guter, hausgemachter fränkischer Küche. Im Winter Mo Ruhetag.

SPORT & FREIZEIT
Freibad
Schützenstraße 18, Pappenheim
Tel.: 0 91 43 / 6 06 95
Mai/Sept. 13–20 Uhr, Juni 10–20 Uhr, Juli–Aug. 9–20:15 Uhr, Erwachsene 2 €, Kinder 1,50 €.
Freizeitanlage mit solarbeheiztem Schwimmer-, Nichtschwimmer- und Planschbecken sowie 60 m-Großrutsche und weiteren Attraktionen.

Bootsverleih im Altmühltal
Zum Hollerstein in Zimmern
Tel.: 0 91 43 / 7 53
www.hollerstein.de
Ernst Gruber in Geislohe
Tel.: 0 91 49 / 12 71 oder Mobil: 01 60 / 95 53 16 63
www.bootsverleih-gruber.de
Zur Zimmerer Mühle in Zimmern
Tel.: 0 91 43 / 4 32
www.bootsverleih-zimmern.de
Otto Schöppl in Zimmern
Tel.: 0 91 43 / 14 01 oder Mobil: 0174 / 2 45 97 88
www.bootsverleih-altmuehl.de

▶ *Das Alte Schloss.*

MITTLERES ALTMÜHLTAL IV

Zweirad Schleussinger
Bahnhofstraße 7, Pappenheim
Tel.: 0 91 43 / 8 55 77
www.schleussinger.de
Der Zweirad-Meisterbetrieb verleiht Trekkingräder für 6 €/Tag und E-Bikes für 25 €/Tag.

SERVICEINFO
Tourist-Information
Deisingerstraße 1
91788 Pappenheim
Tel.: 0 91 43 / 6 06 66
www.pappenheim.de

▶ SOLNHOFEN
1.700 Einwohner   (S. 184, C4)

„Die Welt in Stein" – mit diesem Slogan wirbt der beschaulich in einer weiten Schleife der Altmühl gelegene Ort, dessen Häuser sich zu beiden Seiten der Altmühl an den Hang schmiegen, zu Recht. Die zu 98 Prozent aus reinem Kalk bestehenden Solnhofener Plattenkalke haben Solnhofen als einzigartige Fossillagerstätte und Lieferant von Steinen für die Lithographie, den Steindruck, weltbekannt gemacht. Die Gemeinde ist nicht nur „steinreich", sie besitzt mit den **Zwölf Aposteln** auch eine der wohl schönsten Felsformationen im Naturpark Altmühltal.

Sehenswertes in Solnhofen
Die beiden Hauptattraktionen des Ortes sind zweifelsohne die **Sola-Basilika** und das Museum Solnhofen. Mit ihren nachgewiesenen Überresten von fünf Kirchenbauten ab 600 n. Chr. gehört die 1783 abgebrochene, frei zugängliche Basilika zu den ganz wenigen karolingischen Baudenkmälern, die in Deutschland erhalten sind. Hier befindet sich die Krypta und die Grabkammer des heiligen Sola.

Im **Museum Solnhofen** im Rathaus treffen die Besucher mit zwei Originalexemplaren des **Urvogels Archaeopteryx** auf die bekanntesten Fossilien der Welt. Der Dinosaurier stammt aus der Jurazeit vor etwa 150 Mio. Jahren, als das sogenannte Solnhofen-Archipel, ein „Inselreich" aus blauen Lagunen und Korallenriffen, die Region bedeckte. Die modern gestaltete Einrichtung beherbergt eine umfassende Darstellung der jurazeitlichen Lebewelt (Bahnhof-

> ### DIE ZWÖLF APOSTEL !TIPP
>
> Zwischen Solnhofen und Eßlingen liegt die eindrucksvolle Fels-Formation der Zwölf Apostel, die heute zu den 100 schönsten Geotopen Bayerns zählt. Die Türme aus dolomitischem Schwammkalk, der einst als Riffkalk im tropischen Jurameer gebildet wurde, schwerer verwittert und deshalb im Lauf der Zeit aus dem umgebenden Gestein heraus präpariert wurde, ragen mehr oder weniger senkrecht am Talhang empor. Sie sind umgeben von artenreichen Kalkmagerrasen und lichten Wacholder-Kiefernwäldern. Ab und zu entdeckt man Schafherden, die als naturfreundliche Landschaftspfleger die geschützten Flächen vor der Verbuschung bewahren.

IV UNTERWEGS IM ALTMÜHLTAL / FRÄNK. SEENLAND

straße 8, Tel.: 0 91 45 / 83 20 20, Ende März–Okt. tgl. 9–17 Uhr, Nov.–Ende März So 13–16 Uhr, Erwachsene 3,50 €, Kinder 2,50 €).

ESSEN & TRINKEN
Kulturgaststätte
Theater-Gasthaus Alte Schule
Ferd.-Arauner-Str. 28, Solnhofen
Tel.. 0 91 45 / 64 22
www.gasthaus-alte-schule.de
In dem gemütlichen Biergarten des Gasthauses werden vegetarische Speisen, fränkische Brotzeiten und hausgemachte Gerichte serviert. Nov.– März Mi Ruhetag. Im Obergeschoss des Gasthofs finden regelmäßig Kleinkunst-, Theater- und Kabarettveranstaltungen sowie Lesungen und Konzerte statt.

Familiär
Gasthof Zum verkauften Großvater
Pappenheimer Straße 5, Solnhofen
Tel.: 0 91 45 / 8 31 10
www.adler-solnhofen.de
Leckere fränkische, deutsche und internationale Speisen lässt man sich in der stilvoll eingerichteten Gaststube oder im schönen Biergarten schmecken. Tgl. geöffnet.

Historisches Gemäuer
Gasthaus Dreizehnter Apostel
Eßlingen 1, Solnhofen-Eßlingen
Tel.: 0 91 45 / 83 67 60
www.dreizehnter-apostel.de
Im Solnhofener Ortsteil Eßlingen wurde ein altes Jurahaus liebevoll renoviert und in ein kleines, gemütliches Gasthaus mit fränkischer Küche verwandelt. Mit Biergarten, Bootsanlegestelle und -verleih. Mo Ruhetag, Ende Okt.–Ende März geschlossen.

SPORT & FREIZEIT
Outdoorzentrum Aktiv-Mühle
Eßlinger Str. 3, Solnhofen
Tel.: 0 91 45 / 83 68 18
www.lemmingtours.de
Auf dem Naturcampingplatz des Augsburger Reiseveranstalters Lemmingtours kann man nicht nur Kanus ausleihen (mit Rückholservice), sondern auch ein- bis mehrtägige geführte Kanutouren sowie Kajak- und Kletterkurse buchen.
2er-Kanu 28 €/Tag.

MIT KINDERN UNTERWEGS
Hobbysteinbruch Solnhofen-Langenaltheim
Untere Haardt
Solnhofen-Langenaltheim
Infos bei der Touristikinformation Solnhofen (siehe unter Serviceinfo) April bis Okt. tgl. 9–17 Uhr, Erwachsene 3 €, Kinder 1,50 €, Eintritt und Ausleihe von Hammer und Meißel im Museum Solnhofen, bei der Gemeinde Langenaltheim oder im Gasthaus Zum Ochsen, Obere Hauptstraße 4 in Langenaltheim. Im Hobbysteinbruch „Urvogelfundstelle Solnhofen-Langenaltheim" kann man mit Hammer und Meißel auf Mineralien- und Fossilienjagd gehen. Führungen durch den Steinbruch werden von April–Okt. jeden Mi um 13:30 Uhr angeboten (Erwachsene 5,50 €, Kinder 3,50 €).

MITTLERES ALTMÜHLTAL IV

SERVICEINFO
Touristikinformation Solnhofen
Bahnhofstraße 8
91807 Solnhofen
Tel.: 0 91 45 / 83 20 20
www.solnhofen.de

▶ DOLLNSTEIN
2.800 Einwohner (S. 184, C4)

Bei Dollnstein – einem beliebten Ausgangspunkt für Wanderer, Radler, Kletterer und Bootsfahrer – endet das romantisch-enge Tal der Ur-Altmühl. Die Altmühl fließt nun im deutlich breiteren Tal der Ur-Donau dahin, die einst von Süden aus dem Wellheimer Trockental kam und bei Dollnstein nach Osten abknickte.

Sehenswertes in Dollnstein

Von der **Burg**, die einst auf dem Felsrücken inmitten des Dollnsteiner Talkessels thronte, sind nur die Vorburg an der Altmühl mit dem Burgtor und den früheren Burgstallungen und -scheunen sowie die in weiten Teilen intakte Ringmauer aus dem 14. Jh., die den mittelalterlichen Ortskern von Dollnstein umschließt, erhalten. In den denkmalgeschützten, sanierten Bauten der Vorburg entsteht derzeit das **Altmühlzentrum Burg Dollnstein** mit einem **Info-Zentrum zur Kulturgeschichte** des Altmühltals sowie einer Schatzkammer mit dem 2007 entdeckten **Dollnsteiner Silberschatz**. Das Zentrum wird voraussichtlich Ende Mai 2012 eröffnet. Der alte, mittelalterlich strukturierte Ortskern Dollnsteins wird noch von einigen typischen Jurahäusern geprägt. Besonders schöne Wacholderheiden erstrecken sich am Talhang nördlich der Altmühl vom Kalvarienberg bis zum Burgsteinfelsen und am Osthang des Urdonautals.

Ausflug nach Wellheim

Von Dollnstein zieht sich das **Wellheimer Trockental** – zwei Millionen Jahre lang das Bett der Ur-Donau – durch die Juralandschaft der Frankenalb nach Süden. Die landschaftlich reizvollen, von Riffdolomiten durchsetzten Talflankenheiden gehören zu den schmetterlingsreichsten Biotopflächen Deutschlands. Namensgeber sowie touristisches und kulturelles Zentrum des Tals ist der Erholungs-

▶ *Ausblick auf Dollnstein.*

ort Wellheim mit seinem attraktiv gestalteten Marktplatz, über dem eine mächtige, mittelalterliche **Burgruine** mit gut erhaltenem Bergfried aufragt.

Ausflug nach Mörnsheim

Westlich von Dollnstein lohnt der geschichtsträchtige Urlaubsort Mörnsheim im landschaftlich reizvollen Gailachtal, einem von der Gailach durchflossenen, kleinen Seitental des Altmühltals, einen Besuch. Auf dem Schlossberg über Mörnsheim thront die sanierte Ruine der gleichnamigen Burg, schmucke Jura-Häuser zieren den Ort. Besonders ins Auge sticht der wuchtige Kastenhof (1612) mit Staffelgiebeln und Wappen der Eichstätter Bischöfe. Bei Wanderern und Radfahrern sind vor allem die bewaldeten Berghänge, Wacholderheiden und Hochebenen rund um Mörnsheim beliebt.

ESSEN & TRINKEN

Direkt am Fluss
Gasthof-Pension Zur Post
Marktplatz 3, Dollnstein
Tel.: 0 84 22 / 15 15
www.gasthofzurpost-dollnstein.de
Mit seiner schönen Sonnenterrasse an der Altmühl lädt der Gasthof zur gemütlichen Einkehr ein. Auf der Speisekarte finden sich frisch zubereitete, bayerische Gerichte. Mo Ruhetag.

In ehemaliger Schmiede
Gasthof Zum Kirchenschmied
Papst-Viktor-Straße 21, Dollnstein
Tel.: 0 84 22 / 15 12
www.zum-kirchenschmied.de

▶ *Mystische Stimmung am Burgsteinfelsen.*

MITTLERES ALTMÜHLTAL

Mitten im historischen Zentrum von Dollnstein stärkt man sich bei frisch zubereiteten, gutbürgerlichen und saisonalen Speisen. Mit kleinem, gemütlichem Biergarten.
Di Ruhetag.

Traditionsreich
Bayerischer Hof
Reichenaustraße 1, Dollnstein
Tel.: 0 84 22 / 2 89
www.bayerischerhof-dollnstein.de
Wer gute bayerische und fränkische Küche schätzt, ist in dem seit 1712 familiär geführten Haus richtig. Terrasse und ansprechend renovierte Räumlichkeiten. Mi Ruhetag.

Zentrale Lage
Gasthof Zum Brunnen
Brunnenplatz 1
91804 Mörnsheim
Tel.: 0 91 45 / 71 27
www.gasthof-zum-brunnen.de
Im historischen Zentrum von Mörnsheim kehrt man in den ansprechend eingerichteten Stuben oder auf der schönen Terrasse des Hauses ein und lässt sich von regionalen, bayerischen und fränkischen Gerichten verwöhnen. Mi Ruhetag.

SPORT & FREIZEIT
Fahrrad-Paradies
Papst-Viktor-Straße 6, Dollnstein
Tel.: 0 84 22 / 98 76 54
www.rehm-r.de
Tgl. 9–12 Uhr und 13:30–18 Uhr, 2er-Kajak oder 2er-Kanadier 25 €/Tag (samstags plus 10 %), Kinderrad 4 €, Damen- bzw. Herrenrad 8 €/Tag.
Sowohl Fahrräder als auch Kajaks und Kanadier kann man im Fahrrad-Paradies ausleihen. Mit Transport- und Rückholservice.

Fossiliensteinbruch Mühlheim
Mobil: 01 60 / 91 42 91 82
www.besuchersteinbruch.de
April bis Anf. Nov. tgl. 10–16 Uhr, Erwachsene 5 €, Kinder 3 €, Werkzeugverleih 0,50 €/Person.
Im 3.500 m² großen Besuchersteinbruch südwestlich von Mühlheim (knapp 10 km westlich von Dollnstein) kann man mit Hammer und Meißel und etwas Glück schöne Fossilien wie Ammoniten, versteinerte Pflanzen und Fische in den sogenannten „Mörnsheimer Schichten" aufspüren.

SERVICEINFO
Tourist-Information
Unterer Burghof 5
91759 Dollnstein
Tel.: 0 84 22 / 15 02
www.dollnstein-info.de

ALTMÜHLTALER LAMMAUFTRIEB

Alljährlich im Mai findet in Mörnsheim ein Wochenende lang der **Altmühltaler Lammauftrieb** statt. Traditionell werden dabei mehr als 1.000 Schafe, Lämmer und Ziegen über die Gailachbrücke und durch die engen Gassen des Marktes auf die Wacholderheiden am Kohlberg getrieben. Begleitet wird das Ereignis von zahlreichen Veranstaltungen wie dem Schäfer- und Handwerkermarkt.

UNTERWEGS IM ALTMÜHLTAL / FRÄNK. SEENLAND

▶ EICHSTÄTT

13.800 Einwohner (S. 185, D4)

Die Barock-, Bischofs- und Universitätsstadt an der Altmühl bildet den kulturellen und touristischen Hauptort des Naturparks Altmühltal. Hier befindet sich in der ehemaligen **Klosterkirche Notre Dame** auch das Informations- und Umweltzentrum des Naturparks. Das reizvolle Stadtbild – ein Ensemble aus italienischem Flair und barocken Prachtbauten – geht auf italienische Baumeister wie Maurizio Pedetti zurück. Prachtvolle Kulturschätze, kunstvoll gestaltete Plätze, romantische Gassen und zahlreiche Cafés, Biergärten und Gasthöfe laden zum Bummeln, Entdecken und Verweilen ein.

Die beiden dominierenden Bauwerke der lebhaften Stadt sind der mächtige **Dom** und die auf dem **Stadtberg** thronende **Willibaldsburg**. Die Geschichte Eichstätts begann im Jahr 741 mit dem Bau des ersten Doms durch Bischof Willibald und setzte sich mit der Errichtung der Stadtmauer und der Willibaldsburg durch die Fürstbischöfe fort. Auch heute noch wird die Stadt vom Domkapitel geprägt.

Eichstätter Dom

Der Eichstätter Dom – ein herausragendes Exemplar katholischer Kirchenbaukunst und eines der bedeutendsten mittelalterlichen Baudenkmäler Bayerns – zählt zu den Schmuckstücken der Stadt. In seiner äußeren Gestalt vereinen sich unterschiedliche Kirchenbaustile vom gotischen des Ostchores (14. Jh.) bis hin zum barocken der Westfassade.

Eindrucksvoll ist auch das imposante Geläut: Mit insgesamt 18 Glocken gehört der Dom zu den glockenreichsten Gotteshäusern Deutschlands – die schwerste wiegt stolze 500 kg. Im Inneren der Kathedralkirche erwartet den Besucher eine überwältigende Vielzahl an kostbaren Kunstschätzen.

Allein 30 Altäre reihen sich hier nebeneinander. Als besonders herausragendes Werk gilt der prachtvolle **Pappenheimer Altar** (um 1495). Vollständig aus heimischem Kalkstein gearbeitet, stellt er virtuos-detailreich vor dem Hintergrund mittelalterlicher Stadtbilder die Kreuzigungsszene dar.

Bekannt ist ebenso das **Willibald-Denkmal** (16. Jh.), ein barocker Grabaltar zu Ehren des Bistumsgründers. Zur kostbaren Ausstattung gehört auch das sogenannte **Mortuarium** auf der Südseite des Doms – die 1498 eingeweihte Grablege des Eichstätter Domkapitels. Vom Kreuzgang aus erreicht man das **Domschatz- und Diözesanmuseum**. Es zeigt eine Vielzahl von Exponaten und Dokumenten der Eichstätter Bistumsgeschichte (Residenzplatz 7, Tel.: 0 84 21 / 5 07 42, www.dioezesanmuseum-eichstaett.de, April – Anf. Nov. Mi bis Fr 10:30 – 17 Uhr, Sa, So und an Feiertagen 10 – 17 Uhr, Erwachsene 3 €, Kinder 1,50 €).

MITTLERES ALTMÜHLTAL IV

▶ *Der Residenzplatz in Eichstätt.*

Altstadt

Bei einem Rundgang durch die Altstadt gefallen weitere Bauwerke kirchlicher und weltlicher Macht. Mit dem **Residenzplatz** im Zentrum schufen die berühmten Hofbaumeister Gabriel de Gabrieli und Maurizio Pedetti im 18. Jh. ein in Süddeutschland einzigartiges barockes Platzensemble. Um den Platz, dessen Mitte der Marienbrunnen mit der gleichnamigen Säule ziert, reihen sich historische Gebäude wie die ehemalige Fürstbischöfliche **Kanzlei** und der **Getreidekasten**. Den Höhenpunkt des Platzes stellt die ehemalige **fürstbischöfliche Residenz** dar. Der große barocke Dreiflügelbau besitzt einen prächtigen Rokoko-Spiegelsaal mit kostbarem Stuckmarmor. Östlich des Residenzplatzes liegt der **Leonrodplatz** mit der ehemaligen **Domdechantei** (1765). Beherrscht wird der Platz von der mächtigen **Schutzengelkirche** (1739). Folgt man vom Leonrodplatz der Ostenstraße, so gelangt man zur barocken fürstbischöflichen **Sommerresidenz**. Neben der Residenz (1735) umfasst die Anlage einen frei zugänglichen Hofgarten. Als besonders beachtenswerter Raum der Sommerresidenz gilt der Holzersaal mit seinen prächtigen Deckengemälden.

Über die Kapuzinergasse kommt man stadtauswärts zur **Kapuzinerkirche** (17. Jh.) mit dem gleichnamigen Kloster. Das schlichte Gotteshaus im Barockstil birgt in einem Anbau die am besten erhaltene Nachbildung des Heiligen Grabes von Jerusalem (um 1166) aus romanischer Zeit in Deutschland. Entlang des Stadtrands erreicht man die mehr als 900 Jahre alte

UNTERWEGS IM ALTMÜHLTAL / FRÄNK. SEENLAND

Benediktinerinnenabtei des **Klosters St. Walburg**. Neben der reich ausgestatteten, barocken Abteikirche lohnt der Besuch der Gruftkapelle mit den sterblichen Überresten der Heiligen. Die Weststraße verbindet die Abtei mit dem **Marktplatz**, der früher das Zentrum der Eichstätter Bürgerstadt war. Auf dem Platz bilden der **Willibaldsbrunnen** und das 1444 errichtete, neubarocke **Rathaus** ein reizvolles Ensemble.

Willibaldsburg

Westlich der Altstadt thront auf einem lang gezogenen Bergsporn die **Willibaldsburg**. Nachdem die Festung im Jahr 1681 einem Blitzschlag zum Opfer gefallen war, verlagerten die Bischöfe ihr Domizil in die Stadt und weite Teile der Burg verfielen oder wurden abgerissen. Nach umfangreichen Restaurierungsarbeiten präsentiert sich heute der dreiflügelige, im Stil der Hochrenaissance errichtete **Gemmingenbau** mit seinen beiden Ecktürmen (ab 1609) als am besten erhalten. Der Nordflügel beherbergt das attraktiv gestaltete **Jura-Museum**. Der Schwerpunkt des Naturkundemuseums liegt auf der Ausstellung von Fossilien aus dem Solnhofener Plattenkalk. Das beachtenswerteste Exponat der Sammlung ist ein Original des Urvogels Archaeopteryx. Außerdem gibt es große Aquarien u. a. mit „lebenden Fossilien" wie Nautilus und Knochenhecht zu bestaunen (Burgstraße 19, Tel.: 0 84 21 / 29 56, www.jura-museum.de, April – Sept. Di bis So 9 – 18 Uhr, Okt. bis März Di – So 10 – 16 Uhr, Erwachsene 4,50 €, Kinder 3,50 €). Den Südflügel hat dagegen das **Museum für Ur- und Frühgeschichte** in Besitz genommen (Ingolstädter Straße 32, Tel.: 0 84 21 / 8 94 50, www.museumfuerurundfruehgeschichte.de, Öffnungszeiten und Preise wie Jura-Museum).

EXOTISCHE GEWÄCHSE

Einst zählte der Bastionsgarten des Eichstätter Fürstbischofs auf der Willibaldsburg, der **Hortus Eystettensis**, zu den bedeutendsten Gärten Europas. Nach 400 Jahren wurde die im Dreißigjährigen Krieg zerstörte Anlage 1998 zu neuem Leben erweckt. Auf der 1.500 m² großen Schmiedebastion lassen sich nun wieder exotische und bedrohte Pflanzen bestaunen. Neben den Pflanzen machen auch das besondere Ambiente der Anlage sowie der herrliche Ausblick den Besuch zum Erlebnis.

Hortus Eystettensis
Burgstraße 19
85072 Eichstätt-Willibaldsburg
Tel.: 0 84 21 / 47 30
www.schloesser.bayern.de
Mitte April – Mitte Okt. Di bis So 9 – 18 Uhr, Eintritt frei

ESSEN & TRINKEN
✕ *Exquisite Küche*
Restaurant Domherrnhof
Domplatz 5, 85072 Eichstätt
Tel.: 0 84 21 / 61 26
www.domherrnhof.de

MITTLERES ALTMÜHLTAL IV

Mit Blick auf den Dom lässt man sich in den reizvollen barocken Räumen des Restaurants, das drei Kochlöffel im Guide Michelin innehat, von modernen, leichten Gerichten kulinarisch verwöhnen. Umfangreiche Weinkarte. Mo Ruhetag.

Mit Ausblick
Café-Restaurant Burgschänke
Burgstraße 19
85072 Eichstätt
Tel.: 0 84 21 / 8 04 44
www.burgschaenke.net
Über den Dächern der Stadt stärkt man sich im Biergarten auf dem Gelände der Willibaldsburg bei Brotzeiten, hausgemachten Kuchen und gutbürgerlichen Speisen. Mo Ruhetag, Jan. und Feb. geschlossen.

Zentrale Lage
Gasthof Krone
Domplatz 3, 85072 Eichstätt
Tel.: 0 84 21 / 44 06
www.krone-eichstaett.de
Wer hervorragende bayerische Küche schätzt, ist im traditionsreichen Schmankerlwirtshaus in der Eichstätter Altstadt bestens aufgehoben. Mit Biergarten. Mi Ruhetag.

Gediegenes Ambiente
Hotel-Landgasthof Pröll
Am Haselberg 1
85072 Eichstätt-Landershofen
Tel.: 0 84 22 / 9 88 30
www.landgasthof-proell.de
Etwa 3 km außerhalb der Stadt befindet sich im Ortsteil Landershofen das Hotel mit ansprechend ein-

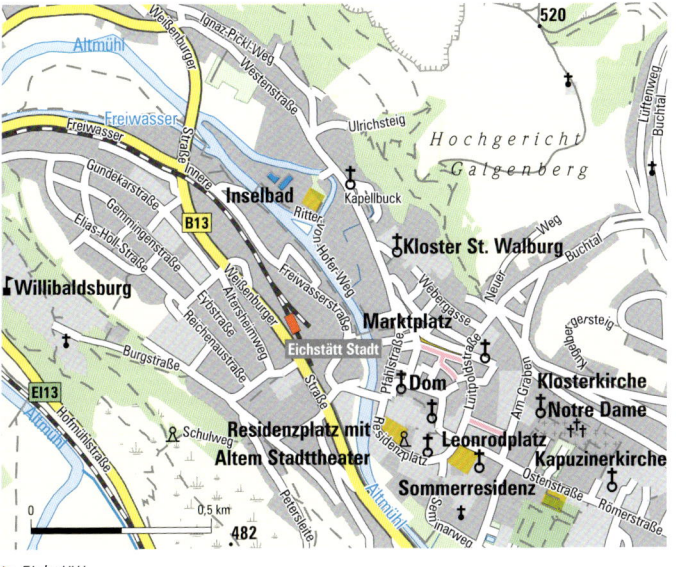

▶ *Eichstätt.*

gerichtetem Restaurant und Café. Gereicht werden bayerische und internationale Speisen, Kartoffelgerichte in der Kartoffelstube sowie hausgemachte Kuchen und Torten aus der hauseigenen Konditorei. Di Ruhetag.

⇔✕ *Idyllische Lage*
Waldgasthof Zum Geländer***
Geländer 1
85132 Geländer bei Eichstätt
Tel.: 0 84 21 / 67 61
www.waldgasthof-gelaender.de
Das Hotel-Restaurant erwartet seine Gäste mit fränkischen Schmankerln, Altmühltaler Lamm und jagdfrischem Wild. Idyllischer Biergarten mit Terrasse. Geschmackvolle Gästezimmer. Im Sommer täglich geöffnet.

SPORT & FREIZEIT
Fossiliensteinbruch und Museum Bergér
Hobby-Geologen können am Blumenberg oberhalb von Eichstätt auf „Fossilienjagd" gehen. Auf einem Lehrpfad erfährt man Spannendes zur Geschichte des Steinabbaus am Steinbruch. Zudem ist im Sommer von 11–16 Uhr ein Fachmann vor Ort, der Fragen zu Funden beantwortet. Am Kiosk kann Werkzeug ausgeliehen werden (Kinderdorfstraße, 85072 Eichstätt-Blumenberg, Mobil: 01 50 / 7 73 05 98 06, April bis Okt. tgl. 10–17 Uhr, Erwachsene 2 €, Kinder 1 €, Werkzeug-Verleih 1,50 €). Unweit des Steinbruchs befindet sich im Gut Harthof das dazugehörige **Museum Bergér**, in dem Tausende von präparierten Fossilien des leidenschaftlichen Sammlers Fritz Bergérs ausgestellt sind. Zudem erfährt man alles über die Entstehung der Fossilien und der Plattenkalke (Harthof 1, 85072 Eichstätt, Tel.: 0 84 21 / 46 63, www.museum-berger.de, Palmsonntag – Sept. Mo bis Fr 13:30–17 Uhr, Sa, So und Feiertage 10–17 Uhr; Juli – Ende der bayerischen Sommerferien werktags schon ab 10 Uhr, Sa geschlossen, Erwachsene 2 €, Kinder 0,50 €). Empfehlenswert: Zuerst das Museum besuchen, um anschließend als „erfahrener Spezialist" im Steinbruch selbst sein Glück zu versuchen.

Inselbad
Wasserwiese 4
85072 Eichstätt
Tel.: 0 84 21 / 60 05 80
www.stadtwerke-eichstaett.de/inselbad
Mitte Mai bis Sept. täglich 8–20 Uhr, Erwachsene 3,50 €, Kinder 6–15 Jahre 2 €.
Modernes Familien-Freibad an der Altmühl mit Erlebnisbecken, Strömungskanal und Massageliegen, Sportbecken, 60 m-Rutsche und schönem Kinderbereich.

Kanuuh
Am Graben 22, 85072 Eichstätt
Tel.: 0 84 21 / 93 58 55
www.kanuuh.de
Geführte Bootstouren auf der

Entdecken – Staunen – Verstehen

Bewundern und bestaunen Sie die Vielfalt unserer heimischen Tierwelt im Museum im historischen Jurastadel.

Hier sind die Kleinen immer in Bewegung

Hier fühlen sich die Kleinen wohl. Auf unserem großzügig angelegten Spielplatz können sich die Kinder nach Herzenslust austoben.

Natur erleben

Lassen Sie sich faszinieren von der Begegnung mit Rehen und Wildschweinen in ihrem natürlichen Lebensraum in unserem Gehege – erleben Sie die Natur hautnah.

Waldgasthof zum Geländer ***

85132 Geländer bei Eichstätt | Tel. (0 84 21) 67 61 | Fax (0 84 21) 26 14
www.waldgasthof-gelaender.de | info@waldgasthof-gelaender.de
Navigation: *Ort:* 85132 Schernfeld – *Straße:* Geländer 1

Radweg Titting-Dollnstein mit Verbindung Anlautertal-Altmühltal · Radweg Geländer-Eichstätt

IV UNTERWEGS IM ALTMÜHLTAL / FRÄNK. SEENLAND

Altmühl und Verleih von Kanus und Fahrrädern für individuelle Touren. 1er-Kajak 18 €, 3er-Kanadier 30 €, MTB 10–16 €, Tourenrad 8 €, jeweils pro Tag.

MIT KINDERN UNTERWEGS
Haflingerhof
Untere Au 8
85072 Eichstätt-Landershofen
Tel.: 0 84 21 / 34 20
www.haflingerhof-guenthner.de
Im Sommer ist der Haflingerhof der Familie Günthner im Eichstätter Ortsteil Landershofen mit 25 Pferden und Ponys ein beliebtes Ausflugsziel für die ganze Familie. Kinder können hier reiten, Hasen, Ziegen und Meerschweinchen streicheln und sich auf dem Spielplatz austoben. Ponyreiten halbe Std. 7 €.

ABENDGESTALTUNG
Altes Stadttheater
Residenzplatz 17, 85072 Eichstätt
Tel.: 0 84 21 / 9 77 50
www.asthe.de
Das Städtische Haus ist regelmäßig Veranstaltungsort für Kino-, Tanz- und Theatervorstellungen, Kunstausstellungen, Konzerte etc.

Dasda
Mondscheinweg 9, 85072 Eichstätt
Tel.: 0 84 21 / 37 68
www.discothekdasda.de
Die Rockdisco mit schönem Biergarten ist über die Stadtgrenzen hinaus für gute Musik und zahlreiche Veranstaltungen bekannt. Große Cocktailauswahl zu fairen Preisen.

SERVICEINFOS
Tourist-Information
Domplatz 8
85072 Eichstätt
Tel.: 0 84 21 / 6 00 14 00
www.eichstaett.info

Informations- und Umweltzentrum Naturpark Altmühltal
Notre Dame 1
85072 Eichstätt
Tel.: 0 84 21 / 9 87 60
www.naturpark-altmuehltal.de

▶ WALTING
2.400 Einwohner (S. 185, D4)

Eingebettet in die idyllischen Hügel des Altmühltals und umgeben von dichten Waldgürteln reihen sich die kleinen Dörfer der Gemeinde Walting an der Altmühl aneinander. Wo sich heute im Ortsteil Pfünz malerisch eine vierbogige Steinbrücke über die Altmühl spannt, unterhielten bereits die Römer einen Flussübergang. Zahlreiche Wander- und Radwege sowie gemütliche Gasthöfe machen die Gemeinde zu einem guten Stützpunkt für Naturfreunde.

Sehenswertes in Pfünz
Im Jahr 1710 ließ der Eichstätter Fürstbischof in Pfünz ein **Sommerschloss** mit großem ummauertem Hofgarten und Schlosskapelle errichten. Das Schloss dient heute als Diözesanjugendhaus. Die 1728 barockisierte Kirche **St. Nikolaus** (16. Jh.) birgt in ihrem Inneren eines der wertvollsten geschnitzten Kruzifixe (um 1430) des Altmühltals.

MITTLERES ALTMÜHLTAL IV

GUNGOLDINGER WACHOLDERHEIDE

TIPP

Eine der schönsten Wacholderheiden des Altmühltals und zugleich die größte Bayerns findet man auf dem Bergsporn, den die Altmühl zwischen den Waltinger Ortsteilen Pfalzpaint und Böhming umfließt. Das rund 70 Hektar große **Naturschutzgebiet** beheimatet zahlreiche gefährdete Tier- und Pflanzenarten. Seltene Orchideenarten gedeihen hier genauso wie Deutscher Enzian, Silberdistel und Küchenschelle. Außerdem bietet die Heidelandschaft mit ihrer Vielzahl an Kleinlebensräumen seltenen Schmetterlings- und Heuschreckenarten wie der Rotflügeligen Schnarr- und der Blauflügeligen Ödlandschrecke ideale Bedingungen. Auch der Neuntöter, ein Vogel der seine Beute auf Dornen aufspießt, fühlt sich hier wohl.

Oberhalb des Ortes trifft man auf das unter Kaiser Domitian erbaute **Römerkastell Vetonianis**. Besonders beeindruckt die Rekonstruktion der Porta Praetoria – des Nordtors – und des Nordwestturms mit dem dazwischenliegenden Wehrgang.

ESSEN & TRINKEN

Gehobene Küche

Landgasthof Moierhof
Leonhardistraße 11
85137 Walting
Tel.: 0 84 26 / 9 87 80
www.gut-moierhof.de
In dem 300 Jahre alten Moierhof verbirgt sich heute ein stattlicher Restaurant-, Hotel- und Tagungskomplex. Hier zaubert Fernsehkoch Gregor Wittmann bayerische und internationale Spezialitäten auf den Teller. Hauseigene Hofbrennerei. Tgl. geöffnet.

Hausmannskost

Gasthaus Bauer
Dorfstraße 15
85137 Walting-Rieshofen
Tel.: 0 84 26 / 2 66
www.gasthof-bauer-rieshofen.de
Im Biergarten des traditionsreichen Betriebs im Ortsteil Rieshofen lässt man sich frisch zubereitete Brotzeiten und regionale Gerichte aus Produkten der eigenen Landwirtschaft und Käserei schmecken. Di Ruhetag.

Historisches Gemäuer

Landgasthof Zum Alten Wirt
St. Marienstraße 4
85137 Walting-Gungolding
Tel.: 0 84 65 / 17 35 30
www.zum-alten-wirt.com
Das in einem geschmackvoll renovierten Jurahaus untergebrachte Hotel mit idyllischem Biergarten bewirtet seine Gäste mit bayerischen, regionalen und saisonalen Spezialitäten. Tgl. geöffnet.

SERVICEINFO

Tourist-Information
Pfahlstraße 17
85072 Eichstätt
Tel.: 0 84 21 / 9 74 00
www.walting.de

IV UNTERWEGS IM ALTMÜHLTAL / FRÄNK. SEENLAND

AUSFLUG NACH INGOLSTADT

Die Geschichte der Universitäts- und Festungsstadt Ingolstadt beginnt ca. 800 n. Chr. Dank der günstigen Lage an der Donau hat sich die Siedlung im Mittelalter schnell zu einem bedeutenden Knotenpunkt und Handelsort entwickelt. Bekannt ist die Donaustadt heute vor allem für die vier Ringe auf der Motorhaube – Audi. Für Audifans ist ein Besuch im **Audi museum mobile** also unabdingbar (Ettinger Straße 60, Tel.: 08 00 / 2 83 44 44, www.audi.de/forum, täglich 9–18 Uhr, Erwachsene 4 €, ermäßigt 2 €, Kinder bis 6 Jahre frei). Ingolstadt hat aber noch viel mehr zu bieten. Vor allem die **historische Altstadt**, welche man auf dem ausgeschilderten Ingolstädter Altstadtrundgang erkunden kann, ist ein kulturelles Juwel im Süden Deutschlands. Die zahlreichen mittelalterlichen Festungsanlagen, wie der „Turm Triva", der „Taschenturm" und die „Batterie 94" prägen das Stadtbild. Unbedingt sehenswert sind außerdem das **spätgotische Liebfrauenmünster** mit Hochaltar und kostbaren Glasfenstern sowie das Kreuztor aus dem 14. Jh., das als Wahrzeichen der Stadt gilt. Der Rathausplatz mit „Altem Rathaus" lädt zum Verweilen ein. Darüber hinaus erwecken die St. Moritz-Kirche von 1234, das „Neue Schloss" aus dem frühen 15. Jh. und die „Hohe Schule", in der ab 1472 die Universität untergebracht war, eine längst vergangene Zeit wieder zum Leben. Die Spurensuche geht weiter im **Stadtmuseum mit Europäischem Donaumuseum und Spielzeugmuseum** (Auf der Schanz 45, Tel.: 08 41 / 3 05 18 80, www.ingolstadt.de/stadtmuseum, Di bis Fr 9–17 Uhr, Sa und So 10–17 Uhr, Erwachsene 3 €, ermäßigt 1,50 €, bei Sonderausstellungen zusätzlich 1,50 €).

ESSEN & TRINKEN

✕ *Fondue- und Grillspezialitäten*
Chalize
Proviantstraße 5a, 85049 Ingolstadt
Tel.: 08 41 / 3 70 92 70
www.chalice-ingolstadt.de
In angenehmer Atmosphäre werden verschiedene Fonduespezialitäten und Leckereien vom Grill gereicht. Mit Außensitzplätzen und Cocktail-Bar. Täglich geöffnet.

✕ *Gutbürgerliche Küche*
Schanzer Rutschn
Kanalstraße 1a, 85049 Ingolstadt
Tel.: 08 41 / 3 79 17 33
www.schanzer-rutschn.de
Eine Rutsche führt in die urigen Kellergewölbe des ehemaligen Brauereistadels. Beim Ritteressen und dem „Volksknedldog" (Knödelessen) sind Spaß und gute Laune garantiert. Täglich geöffnet.

SPORT & FREIZEIT
Donautherme Wonnemar
Südliche Ringstr. 63, 85049 Ingolstadt
Tel.: 08 41 / 3 79 11 14
www.wonnemar.de/ingolstadt
Okt.–April So bis Do 10–22 Uhr, Fr und Sa 10–23 Uhr, Mai–Sept. So bis Do 10–21 Uhr, Fr und Sa 10–22 Uhr, Tageskarte Erwachsene 22,50 €, Kinder 4–15 Jahre 18,50 €.
Im Sauna- und Wellnessbereich kann man entspannt den Tag verbringen, während das Erlebnisbad jede Menge Attraktionen und viel Spaß verspricht.

...Tor zum Altmühltal

- **Automobile Erlebniswelten**
  Audi Forum Ingolstadt mit Audi museum mobile und Werksführungen

- **Kultureller Hochgenuss**
  Außergewöhnliche Museen, mitreißende Konzerte und Theateraufführungen

- **Vielseitige Shoppingerlebnisse**
  Historische Altstadt, Westpark Shoppingcenter und Ingolstadt Village

- **Wohlfühl-Wellnessoase**
  Wohlfühlbad Donautherme Wonnemar mit Wellness und Fitness

Tourist Information Ingolstadt
Rathausplatz 2, 85049 Ingolstadt
Tel. 0841/305-3030, Fax 0841/305-3029
info@ingolstadt-tourismus.de, www.ingolstadt-tourismus.de

IV UNTERWEGS IM ALTMÜHLTAL / FRÄNK. SEENLAND

▶ KIPFENBERG

5.700 Einwohner (S. 185, E4)

Der von bewaldeten Höhen umgebene, äußerst beliebte Ferienort an der Altmühl liegt genau im Herzen Bayerns. In Kipfenberg befindet sich nicht nur der **geographische Mittelpunkt** des Freistaates, vor 2.000 Jahren führte auch der römische **Limes** genau durch den Ortskern. Noch heute sind die Römer in Kipfenberg präsent, sei es beim alljährlichen **Limesfest** im August oder in Form von Bodendenkmälern.

Sehenswertes in Kipfenberg

Seit dem 12. Jh. thront über dem Ort die mittelalterliche **Burg Kipfenberg**, von der nur noch der weithin sichtbare Bergfried, der Hexenturm und die Burgkapelle erhalten sind. Während sich die Hauptburg in Privatbesitz befindet, ist das Wirtschaftsgebäude der Burg öffentlich zugänglich. Es beheimatet das **Römer- und Bajuwaren Museum** mit integriertem **Limes-Info-Point** (Burg Kipfenberg, Tel.: 0 84 65 / 90 57 07, www.bajuwaren-kipfenberg.de, Juni – Aug. tgl. 10 – 18 Uhr, Nov. – März Sa, So und an Feiertagen 10 – 16 Uhr, April/Mai sowie Sept./Okt. tgl. 10 – 16 Uhr, Erwachsene 3,50 €, ermäßigt 1,50 €).

Im Zentrum von Kipfenberg lädt der ringsum von Gasthöfen, Hotels und Cafés flankierte **Marktplatz** mit dem Rathaus und dem Fasenicklbrunnen zum Verweilen ein.

Sehenswert präsentiert sich auch die barocke **Pfarrkirche Mariä Himmelfahrt** (1624). Das zweite bemerkenswerte Gotteshaus, die **Kirche St. Martin** aus dem 15. Jh., steht im

▶ *Die Burg Kipfenberg.*

MITTLERES ALTMÜHLTAL

direkt an Kipfenberg anschließenden Ortsteil Grösdorf malerisch am Hang.
Etwa 500 m westlich des Ortsteils Böhming erinnert noch heute ein rechteckiger Wall eines **Numeruskastells** an die ehemalige Präsenz der Römer.

Abstecher nach Arnsberg

Der Ort an der Einmündung des Schambachtals ins Altmühltal wird von einem 120 m hohen Felsmassiv aus Dolomitgestein beherrscht, auf dem die **Burgruine Arnsberg** thront. Der burggekrönte Fels bildet zusammen mit der Altmühl im Vordergrund ein besonders reizvolles Ensemble. Zwischen der Burg und dem Ort liegt die weithin sichtbare **Wallfahrtskirche St. Sebastian** (1770). Den Ort selbst schmücken das romantische **Kipfenberger Tor** sowie zahlreiche, denkmalgeschützte Jura-Häuser.

ESSEN & TRINKEN

Zentrale Lage

Gasthof Zum Limes
Marktplatz 8, Kipfenberg
Tel.: 0 84 65 / 6 31
www.gasthof-limes.de
Der denkmalgeschützte Gasthof im Zentrum Kipfenbergs verwöhnt seine Gäste mit bodenständiger Küche, saisonalen Schmankerln und hausgemachten Kuchenspezialitäten. Gemütliche Räumlichkeiten und schöner Biergarten. Historisches Ritteressen im Kellergewölbe.
Mo Ruhetag.

FASENICKL

Der im Raum Kipfenberg/Kinding beheimatete **Fasenickl** gehört zu den bekanntesten Figuren der Fränkischen Fastnacht. In der „fünften Jahreszeit" zieht er mit seiner „Goassl" schnalzend durch die Gassen, um Dämonen und den Winter auszutreiben. Zu einem echten Fasenickl gehören neben dem rotkarierten Kostüm eine kunstvoll aus Lindenholz geschnitzte Maske und ein kleiner Glockenbaum mit bunten Hahnenfedern und Bändern auf dem Kopf. Wertvolle Kostüme und Masken bekommt man im **Fastnachts-Museum Fasenickl** im Torwärterhaus zu Gesicht.

Fastnachts-Museum Fasenickl
Torbäckgäßchen 1, Kipfenberg
Tel.: 0 84 21 / 90 57 16
www.fasenickl.de
für Gruppen nach Vereinbarung,
Erwachsene 2 €, Kinder 1 €.

Im Grünen

Gasthof-Hotel Zur Linde
Bachweg 2, Kipfenberg-Schambach
Tel.: 0 84 65 / 9 41 50
www.zur-linde-schambachtal.de
Auf der Speisekarte des Familienbetriebs im idyllischen Schambachtal stehen bodenständige bayerische Gerichte und leckere Fischspezialitäten aus heimischen Gewässern.
Mi Ruhetag.

Idyllische Lage

Landgasthof Zum Raben
Schloßleite 1, Kipfenberg-Arnsberg
Tel.: 0 84 65 / 9 40 40
www.zum-raben.de
Zwischen den Naturdenkmälern

IV UNTERWEGS IM ALTMÜHLTAL / FRÄNK. SEENLAND

Arnsberger Leite und Gungoldinger Wacholderheide liegt das Hotel mit schönem Restaurant im Landhausstil und Sonnenterrasse oberhalb der Altmühl. Für das leibliche Wohl sorgen frische, bayerisch-fränkische Schmankerl. Tgl. geöffnet.

Vielfältige Küche
Gasthof Römer-Castell
Wirtsstraße 9, Kipfenberg-Böhming
Tel.: 0 84 65 / 9 41 90
www.roemer-castell.de
Das Haus im Ortsteil Böhming steht inmitten herrlicher Natur und ist bekannt für seine Altmühltaler Lammspezialitäten, seine Wild- und Forellengerichte sowie seine römische Küche. Mo Ruhetag.

Ausgezeichnete Küche
Landhotel Geyer
Alte Hauptstraße 10
Kipfenberg-Pfahldorf
Tel.: 0 84 65 / 1 73 06 30
www.landhotel-geyer.de
2010 wurde das Vier-Sterne-Hotel zu den 95 besten bayerischen Hotels gewählt, dementsprechend niveauvoll präsentiert sich die Speisenauswahl: Oberbayerische Schmankerln finden sich hier genauso wie leichte Fitness-Kost und regionale Lammspezialitäten. Tgl. geöffnet.

SPORT & FREIZEIT
Terrassenfreibad
Pfahldorfer Straße 8, Kipfenberg
Tel.: 0 84 65 / 90 69 24
Mai bis Sept. tgl. 9–19:30, Erwachsene 2 €, Kinder 1 €.

Das am Hang gelegene, beheizte Bad im Westen von Kipfenberg verfügt über eine schöne Liegewiese mit herrlichem Blick ins Altmühltal.

kanuuh.de Bootsverleih
Försterstraße, Kipfenberg
Tel.: 0 84 21 / 21 10
www.kanuuh.de
Geführte Kurz- und Tagestouren auf der Altmühl sowie Vermietung von Booten für individuelle Paddeltouren. Zudem gibt es die Möglichkeit, Fahrräder auszuleihen.

SERVICEINFO
Tourist-Information
Marktplatz 2 (Rathaus)
85110 Kipfenberg
Tel.: 0 84 65 / 94 10 40
www.kipfenberg.de

▶ KINDING
2.500 Einwohner (S. 185, E3)

Verkehrstechnisch durch die A9 und den neuen ICE-Regionalbahnhof Kinding/Altmühltal bestens erschlossen, bietet die Marktgemeinde, die im Jahr 2000 ihre 1.100-jährige Geschichte feierte, einen schnellen Zugang zum Altmühltal. Eine stolze Wehrkirche, idyllische Ortsteile mit guter Gastronomie, das wunderschöne **Anlautertal** als beliebtes Wandergebiet, die Nähe zum mittelalterlichen Städtchen Greding und das großzügig angelegte **Freizeitzentrum Kratzmühle** mit dem gleichnamigen Badesee machen Kinding zu einer attraktiven Adresse im Mittleren Altmühltal.

MITTLERES ALTMÜHLTAL IV

Kirchenburg

Im alten Ortszentrum von Kinding dominiert die **Wehrkirche Mariä Geburt** mit ihrer blendend weißen, südländisch anmutenden Fassade das Bild. Nachdem ihre Kirche durch eine Fehde zerstört worden war, funktionierten die Bewohner von Kinding Mitte des 14. Jh. die Burg kurzerhand in eine Kirche mit Befestigungsring, ummauertem Friedhof und Wehrgang um. Auf der besonders gefährdeten Talseite errichteten sie nach hinten offene Wehrtürme, ebenfalls zur Verstärkung des teilweise heute noch erhaltenen Wehrgangs diente die **Fünf-Wunden-Kapelle**.

ESSEN & TRINKEN

Zentrale Lage
Hotel-Gasthof Krone
Marktplatz 14, Kinding
Tel.: 0 84 67 / 80 10 30
www.krone-kinding.de
Das alteingesessene Haus mitten in Kinding ist für seine gute bayerische Küche bekannt. Neben Forellen aus dem eigenen Becken kommen hausgemachte Nudeln und saisonale Spezialitäten auf den Tisch. Mit Wintergarten, Ofenstüberl, Kinderspielplatz und Biergarten.
Tgl. geöffnet.

Traditionsreich
Hotel-Gasthof Zum Bräu
Rumburgstraße 1, Kinding-Enkering
Tel.: 0 84 67 / 85 00
www.hotel-zum-braeu.de
Stilvoll renoviert präsentiert sich der familiär geführte Gasthof im Ortsteil Enkering seinen Gästen. Serviert werden regionale und internationale Spezialitäten sowie Brotzeiten.
Tgl. geöffnet.

SERVICEINFO
Tourist-Information
Kipfenberger Straße 4
85125 Kinding
Tel.: 0 84 67 / 8 40 10
www.kinding.de

AUSFLUG NACH GREDING

Ein fast vollständig erhaltener Mauerring aus dem 14. Jh. mit drei Toren und 21 Wehrtürmen umschließt weiträumig das mittelalterliche Städtchen Greding im Schwarzachtal. Innerhalb der Mauern erwartet die Besucher ein reizvolles Ensemble aus malerischen Gassen und Plätzen und eine gepflegte Gastronomie. Besonderes historisches Flair versprüht der großzügig angelegte **Marktplatz** mit dem fürstbischöflichen Schloss und Jägerhaus, der Stadtpfarrkirche St. Jakob sowie dem barocken Rathaus.
Das kunsthistorisch bedeutendste Bauwerk und zugleich das Wahrzeichen der Stadt findet man auf einer Anhöhe am Fuß des Kalvarienberges. Hier steht die dreischiffige, romanische **Basilika St. Martin** mit spätgotischem Hochaltar aus der Zeit um 1480. Sehenswert ist außerdem die Friedhofskapelle St. Michael, eine romanische Anlage mit mittelalterlichem Karner bzw. Beinhaus im Untergeschoss. Mehr als 2.500 Totenschädel und Gebeine von Verstorbenen fanden hier, aufeinander geschichtet, ihre letzte Ruhe.

UNTERWEGS IM ALTMÜHLTAL / FRÄNK. SEENLAND

▶ BEILNGRIES

8.700 Einwohner (S. 185, E3)

Schon in der Jungsteinzeit war der von bewaldeten Hügeln umgebene Talkessel an der Einmündung der Sulz in die Altmühl besiedelt. Heute erstreckt sich hier zwischen Altmühl und Main-Donau-Kanal die **Bierstadt** Beilngries, eines der touristischen, wirtschaftlichen und kulturellen Zentren im Altmühltal. Unterhalb des prächtigen **Schlosses Hirschberg** genießt man in der mauerumwehrten **Altstadt** mit ihren gotischen und barocken Bauwerken und Türmen das mittelalterliche Ambiente sowie das umfassende gastronomische Angebot, die Bierkultur in den zahlreichen Biergärten und das vielfältige Kulturprogramm.

Altstadt

Neun malerische, gut erhaltene Wehrtürme sowie Teilstücke der verbliebenen **Stadtmauer** fügen sich in einem Rund um die Altstadt. Die städtische Wehranlage geht auf die Zeit um 1400 zurück, als die Beilngrieser Bischöfe die Stadt zu ihrem Verwaltungssitz kürten und sie befestigen ließen. Innerhalb der Mauern gestaltet sich ein Rundgang äußerst lohnend, gibt es doch zahlreiche Sehenswürdigkeiten zu entdecken. Im Zentrum steht das mächtige Gebäude des ehemaligen **fürstbischöflichen Getreidekastens**, in dem heute das Haus des Gastes untergebracht ist. Unweit des Speicherhauses zieht die **Stadtpfarrkirche St. Walburga** – das Wahrzeichen der Stadt – mit ihren weithin sichtbaren, bunt glasierten Turmhelmen auf den beiden 52 m hohen Kirchtürmen die Blicke auf sich. Neben der Kirche prägt das **Kaiserbeckhaus** (16. Jh.), ein prächtiges, gotisches Bürgerhaus mit reicher Giebelgliederung und Blendarkaden, das Straßenbild. Ebenfalls sehenswert ist das barocke **Rathaus** (1742) gegenüber der Kirche. Im Nordwesten, etwas außerhalb des Mauerrings, prägt die **Frauenkirche** das Stadtbild. Das Gotteshaus im Stil des Rokoko gilt als bedeutendster Sakralbau der Stadt. Neben der Kirche befindet sich die ehemalige **Klosterkirche** der Franziskaner.

Museen

Zu dem umfangreichen Kulturprogramm der Stadt gehören auch anschauliche und informative Museen. Unter dem Dach des ehemaligen Franziskanerklosters hat das **Spielzeugmuseum Anno Dazumal** mit nostalgischen Spielwaren seine Heimat gefunden (Hauptstraße 49, Tel.: 0 84 61 / 83 18, www.museen-anno-dazumal.de, April – Okt. Mo bis Fr 14 – 16 Uhr, Sa 14 – 18 Uhr, So und Feiertage 10 – 18 Uhr, Nov. – März Mi 14 – 16 Uhr, Sa, So und Feiertage 13 – 17 Uhr, Erwachsene 3 €, Kinder 1,50 €).
Erfrischung an heißen Sommertagen verspricht das **Felsenkellerlabyrinth** der Privatbrauerei Prinstner im Hirschberg aus dem Jahr 1450. Das unterirdische **Brauereimuseum** mit

MITTLERES ALTMÜHLTAL IV

▶ Blick auf Beilngries.

seinen 1.000 m² Ausstellungsfläche und insgesamt 350 m Gängen, die in mühevoller Handarbeit in den Fels getrieben wurden, um Lagerraum für das Bier zu gewinnen, bringt Besuchern mithilfe historischer Brauereigeräte und -maschinen die traditionelle Herstellung und die Geschichte des Bieres näher (Bräuhausstraße 36, Tel.: 0 84 61 / 10 33, Führungen: Ostersonntag und Mai – Okt. So 10:30 Uhr, im Aug. zusätzlich Do 10:30 Uhr, Erw. 4 €, Kinder 8–15 Jahre 2,50 €). Das Brauereimuseum im Felsenkellerlabyrinth gehört zum Altmühltaler Abenteuerpark (siehe unter Sport & Freizeit).

Schloss Hirschberg

Oberhalb der Stadt liegt mit dem **Schloss Hirschberg** ein Juwel des Rokoko. Ab dem 14. Jh. bauten die Fürstbischöfe die alte Burg des Grafen von Hirschberg zu ihrer Sommerresidenz aus und schufen damit neben der Eichstätter Willibaldsburg die größte Burganlage im Altmühltal. Von der alten Grafenburg (erbaut 1170–1305) sind heute noch die beiden hoch aufragenden **Bergfriede** sowie große Teile der **Ringmauern** und der romanischen **Burgkapelle** erhalten. Im Inneren trifft man auf prunkvoll geschmückte Säle – besonders eindrucksvoll präsentieren sich der **Vortrags-**, der **Ritter-** und der **Kaisersaal**. Da das Schloss als Exerzitien- und Bildungshaus dient, ist eine Besichtigung nur im Rahmen einer Führung möglich. Der Schlosshof ist jederzeit frei zugänglich (Hirschberg 70, Tel.: 0 84 61 / 6 42 10, www.bistumshaus-hirschberg.de, Führungstermine können bei der Tourist-Info erfragt werden).

ESSEN & TRINKEN
⇌✕ *Gehobene Küche*
Hotel-Gasthof Fuchsbräu
Hauptstraße 23, Beilngries
Tel.: 0 84 61 / 65 20
www.fuchsbraeu.de
In den ansprechend renovierten Gaststuben und im gemütlichen Biergarten lässt sich in gediegener

IV UNTERWEGS IM ALTMÜHLTAL / FRÄNK. SEENLAND

FREIZEITZENTRUM KRATZMÜHLSEE

Zwischen den Ortsteilen Unteremmendorf und Pfraundorf wurde die Altmühl zu einem Badesee aufgestaut und ein 37 Hektar großes, attraktives Freizeitzentrum mit gepflegten Liegewiesen geschaffen. Der Kratzmühlsee lädt zum Baden und Angeln ein. Umkleidekabinen und Duschräume sowie ein großer Parkplatz stehen zur Verfügung. Am Nordende des Sees gibt es einen **Minigolfplatz** mit Bootsverleih (Am Kratzmühlsee, Kinding-Pfraundorf, Tel.: 0 84 61 / 71 91, Mai bis Aug. tgl. 10 –19:30 Uhr, März/April sowie Sept./Okt. tgl. außer Do 10 –17 Uhr, Erwachsene 2,50 €, ermäßigt 2 €). Gegenüber befindet sich beim Altmühlwehr das lohnenswerte **Technik-Museum Anno Dazumal** mit allerlei historischen Gerätschaften.

Freizeitzentrum Kratzmühlsee
Mühlweg 1, Kinding-Pfraundorf
Tel.: 0 84 61 / 83 18
www.museen-anno-dazumal.de
April – Okt. Mi und Sa 14 – 18 Uhr, So und Feiertage 10 – 18 Uhr, Erwachsene 3 €, Kinder 1,50 €).

ESSEN & TRINKEN

✕ *Idyllische Lage*
Seeestaurant-Café Kratzmühlsee
Am See 1, Kinding-Kratzmühle
Tel.: 0 84 61 / 71 91
www.seecafe-kratzmuehlsee.de
Am Ufer des Kratzmühlsees kann man es sich auf der schönen Sonnenterrasse oder im Wintergarten bei hausgemachten Kuchen und Torten sowie fränkischen und bayerischen Gerichten gutgehen lassen. Do Ruhetag.

Atmosphäre speisen. Angeboten werden bayerische und internationale Spezialitäten. Tgl. geöffnet.

↩✕ *Bodenständig*
Hotel-Gasthof Goldener Hahn
Hauptstraße 44, Beilngries
Tel.: 0 84 61 / 6 41 30
www.schattenhofer.com
In der traditionsreichen Brauereigaststätte der Schattenhofer Bräu stehen neben selbstgebrauten Bieren regionale Fleisch- und Fischgerichte sowie leckere Mehlspeisen auf der Speisekarte. Tgl. geöffnet.

SPORT & FREIZEIT
Altmühlgolf Beilngries
Ottmaringer Tal 1, Beilngries
Tel.: 0 84 61 / 6 06 33 33
www.altmuehlgolf.de
Der 18-Loch-Golfplatz liegt harmonisch eingebettet im Ottmaringer Tal. Greenfee (9 Spielbahnen) ab 18 €.

Swin-Golf
Forststraße 22
Beilngries-Paulushofen
Tel.: 0 84 61 / 70 53 34
www.swingolf-gerneth.de
Mai – Sept. Di bis Sa ab 14 Uhr, So und Feiertage ab 10 Uhr, Okt. – April Mi, Fr und Sa ab 14 Uhr, So und Feiertage ab 10 Uhr, geöffnet bis zum Einbruch der Dunkelheit, Erw. 9 €, Kinder bis 16 Jahre 4 €. Die 18-Loch-Anlage mit Café und

Spielplatz ist der ideale Ort für einen Swin-Golftag mit der ganzen Familie. Gespielt wird mit weicheren Bällen, die Kosten sind deutlich niedriger als beim traditionellen Golf. Ebenfalls auf dem Gelände ausprobieren kann man Frisbee- und Naturminigolf.

Bootsverleih Babiel
An der Altmühl 2 A, Beilngries
Tel.: 0 84 61 / 49 92 89
www.bootsverleih-babiel.de
Das ruhige Gewässer der Altmühl eignet sich hervorragend für entspannte Paddeltouren. Bei Martina Babiel können Kajaks und Canadier ausgeliehen werden. Zweier-Kajak 25 €/Tag zzgl. Rücktransportkosten.

Freibad
An der Altmühl 22, Beilngries
Tel.: 0 84 61 / 72 12
Mitte Mai – Anf. Sept. tgl. 9–19 Uhr, Erw. 2 €, Kinder 6–16 J. 1 €.
An heißen Sommertagen sorgt das direkt an der Altmühl gelegene Bad mit 50 m-Schwimmerbecken, Rutsche, Planschbecken, Kinderspielplatz, Beachvolleyballplätzen und Kiosk für Erfrischung.

Zweirad-Huber
Ingolstädter Straße 21, Beilngries
Tel.: 0 84 61 / 60 50 47
www.zweirad-huber.de
Das Zweirad-Geschäft vermietet Kinder-, Jugend- und Tourenräder sowie Mountainbikes stunden-, tage- oder wochenweise. MTB und Tourenrad 8 €/Tag.

MIT KINDERN UNTERWEGS
Altmühltaler Abenteuerpark
Bräuhausstr. 36, Beilngries
Tel.: 0 84 61 / 60 29 90
www.altmuehltaler-abenteuerpark.de
Mitte Juni bis Mitte Sept. täglich 10–19 Uhr bzw. im Juli Mo – Fr ab 12:30 Uhr, Mitte Sept. – Okt. nur am Wochenende: Sept. 10–19 Uhr, Okt. 12–18 Uhr, Mitte April – Mitte Juni nur am Wochenende und während der Schulferien, Erwachsene 22,50 €, Kinder 8–15 Jahre 16 €.
Allerlei Spaß und Nervenkitzel erleben Kinder und Erwachsene im Naturerlebnis- und Waldhochseilgarten am bewaldeten Hang unterhalb von Schloss Hirschberg. In luftiger Höhe warten sieben verschiedene Hindernisparcours darauf, bewältigt zu werden. Seit 2011 sorgt der Flyingfox Parcours, eine 600 m lange Strecke mit Seilbahnen, für zusätzliche Action. Mit Walderlebnispfad sowie angeschlossenem Gourmetrestaurant und Pizzeria.

Fisch- und Naturlehrpfad
Auf dem 1,5 km langen Lehrpfad entlang des Sulzparks erhält man viele Informationen zu den in der Sulz und Umgebung beheimateten Fischen, Pflanzen, Fledermäusen und Vögeln.

SERVICEINFO
Tourist-Information Beilngries
Hauptstraße 14
92339 Beilngries
Tel.: 0 84 61 / 84 35
www.beilngries.de

UNTERWEGS IM ALTMÜHLTAL / FRÄNK. SEENLAND

SCHIFFSAUSFLUG NACH BERCHING

Einen lohnenden Ausflug stellt die **Bootsfahrt** von Beilngries auf dem Main-Donau-Kanal zur Kleinstadt Berching im Sulztal dar. Die MS Walhalla verkehrt von Mai bis Mitte Okt. täglich außer Mo und Fr, Abfahrt in Beilngries ist um 10:15, 12:45 und 15:15 Uhr. Die Bootsfahrt dauert eine Stunde (Tel.: 0 94 41 / 32 01, www.personenschiffahrt.de, einfache Fahrt Erw. 6,90 €, Kinder 6–16 J. 3,45 €). Das Schiff legt direkt an der Berchinger Altstadt an, wo man sich sofort aufmachen kann, das Kleinod des Mittelalters mit seiner 1.100-jährigen Geschichte zu entdecken. Kaum eine andere Stadt in Bayern konnte sich ein derart geschlossenes mittelalterliches Stadtbild bewahren. Besonders eindrucksvoll zeigt sich die 500 Jahre alte, vollständig erhaltene und teilweise begehbare **Wehrmauer**. Vier **Stadttore** und dreizehn Türme – davon besonders sehenswert der **Chinesen-**, der **Pulver-** und der **Neumarkter Torturm** – umgeben das historische Zentrum der denkmalgeschützten Kleinstadt im Sulztal. In der Mitte des liebenswerten Altstadt-Ensembles mit seinen engen, von stattlichen Bürger- und Handwerkerhäusern gesäumten Gassen liegt der neu gestaltete, von schmucken Fachwerkhäusern flankierte **Marktplatz**. Alljährlich im Februar findet hier der berühmte **Berchinger Rossmarkt** statt (siehe Feste & Feiern). Sehenswert sind außerdem die barocke **St. Lorenz Kirche** sowie das **Museum Berching mit Gluckausstellung.** Das Museum erinnert mit einer modernen Multimedia-Schau an den Komponisten Christoph Willibald Gluck (An der Johannesbrücke, 92334 Berching, Tel.: 0 84 62 / 95 27 90, Mai – Okt. Di bis Fr 13:30–16:30, Sa, So 10–12 Uhr und 13–16:30 Uhr, Eintritt frei).

ESSEN & TRINKEN

Historisches Gemäuer

Gasthof Alte Wegscheid
Wegscheid 1
92334 Berching-Pollanten
Tel.: 0 84 62 / 95 25 08
www.altewegscheid.de
Mit dem Motto „Bei uns ist alles anders" bewirbt die Familie Strachowitz ihre Erlebnisgastronomie im Berchinger Ortsteil Pollanten. Man sitzt im urigen Innenhof, in der urgemütlichen Gaststube oder im romantischen Kellergewölbe und genießt hausgemachte Kuchen und bayerische Gerichte.
Di Ruhetag.

Museum Lothar Fischer

**5 MUSEEN
1 TICKET**

33,3% Ersparnis gegenüber dem Kauf von Einzeltickets

- Museum Lothar Fischer
- Stadtmuseum
- Museum für historische Maybach-Fahrzeuge
- Brauerei-Museum
- Bayr. Metzgerei- und Weißwurstmuseum

STARKE STADT
STARKE KULTUR

www.neumarkt.de

IV UNTERWEGS IM ALTMÜHLTAL / FRÄNK. SEENLAND

AUSFLUG NACH NEUMARKT IN DER OBERPFALZ

Neumarkt in der Oberpfalz (41.000 Einwohner), zwischen Nürnberg und Regensburg gelegen, bietet mit seinem mittelalterlichen Altstadtkern, den stolzen Bürgerhäusern und seiner reizvollen Umgebung viele Möglichkeiten für einen angenehmen Aufenthalt. Im Zentrum bilden das spätgotische Rathaus, die St. Johanneskirche sowie der Residenzplatz mit dem Pfalzgrafenschloss, dem Historischen Reitstadel und der Hofkirche „Zu Unserer Lieben Frau" ein beeindruckendes Ensemble. Gleich fünf Museen zeigen Neumarkts kulturelle Vielfalt. Im **Stadtmuseum** begibt sich der Besucher auf eine Zeitreise in die Vergangenheit (Adolf-Kolping-Straße 4, Tel.: 0 91 81 / 24 01, Mi bis Fr und So 14–17 Uhr, Feb. geschlossen, Erwachsene 2 €, Kinder 1 €).

Dem berühmtesten Sohn der Stadt wurde mit dem **Museum Lothar Fischer** ein Denkmal gesetzt. Es zeigt über 450 bedeutende Skulpturen des Bildhauers aus unterschiedlichen Materialien und Schaffensphasen (Weiherstraße 7a, Tel.: 0 91 81 / 51 03 48, www.museum-lothar-fischer.de, April–Sept. Mi bis Fr 14–18 Uhr, Sa/So 11–18 Uhr, Okt.–März Mi bis Fr 14–17 Uhr, Sa/So 11–17 Uhr, Erwachsene 3 €.).

Das **Museum für historische Maybach-Fahrzeuge** gibt einen umfassenden Überblick über die Geschichte und Produkte von Karl und Wilhelm Maybach. Diese weltweit einzigartige Ausstellung präsentiert neben Kurzfilmen, Motoren und Getrieben auch 20 historische Maybach-Fahrzeuge (Holzgartenstraße 8, Tel.: 0 91 81 / 4 87 71 00, www.automuseum-maybach.de, Di bis So 10–17 Uhr, Erwachsene 9 €).

Wer sich darüber informieren möchte, wie die Produktion in einer Metzgerei des 19. Jh. abgelaufen ist, der sollte dem ersten **Bayerischen Metzgerei- und Weißwurstmuseum** einen Besuch abstatten (Bahnhofstraße 21, Tel.: 0 91 81 / 90 74 26, www.hotel-wittmann.de, Öffnungszeiten nach Voranmeldung, Eintritt 4 €).

Zwischen den Fundamenten der etwa 800 Jahre alten inneren und äußeren Stadtmauer der Neumarkter Altstadt verbergen sich die Räumlichkeiten des **Brauereimuseums.** Eine umfangreiche Sammlung aus Briefen, Urkunden, historischen Werkzeugen und Geräten zeigt die Geschichte des Braubetriebes Gloßner in der 14. Generation (Schwesterhausgasse 8–16, Tel.: 0 91 81 / 2 34-30, www.glossner.de, Mo bis Fr 9–18 Uhr, So 9–13 Uhr, Eintritt frei).

Im Anschluss an die Besichtigung der zahlreichen Museen, lockt der erholsame Besuch des ehemaligen **Landesgartenschaugeländes,** in dem es mit dem Duft- und Heilkräutergarten, dem Labyrinth, der Minigolfanlage und dem Monsterspielplatz einiges zu entdecken gibt.

Ein weiteres beliebtes Ausflugsziel oberhalb der Stadt ist die **Burgruine Wolfstein,** von der man einen reizvollen Ausblick auf Neumarkt und seine Umgebung hat.

Eines der vielen Veranstaltungs-Highlights im Jahresverlauf sind die **Neumarkter Schmankerlwochen** im Oktober, an denen die teilnehmenden Gastronomen in Abhängigkeit vom Motto regionale, mediterrane oder auch exotische Köstlichkeiten anbieten.

MITTLERES ALTMÜHLTAL IV

SPORT & FREIZEIT
Golf-Dorado Neumarkt
Rathausplatz 1
92318 Neumarkt i. d. OPf.
Tel.: 0 91 81 / 2 55 -1 27
www.golfdorado.info
Mit fünf attraktiven Golfplätzen, sei es die 9-Loch-Akademie-Anlage oder der 18-Loch-Meisterschaftsplatz, ist Neumarkt ein wahres Dorado für die Fans dieses Sports. Zwei Plätze gehören zu den Top 20 Deutschlands.

Zeugenbergrunde
Über 500 km Wanderwege warten auf ihre Entdeckung. Besonders attraktiv ist der zertifizierte Qualitätswanderweg Zeugenbergrunde (www.zeugenbergrunde.de). Dieser 48,3 km lange Rundweg beginnt an der Kirche in Loderbach und führt ein Mal um Neumarkt herum. Er bietet dabei beeindruckende Ausblicke bei 1.670 Höhenmetern.

▶ *Am Rathausplatz in Neumarkt.*

MIT KINDERN UNTERWEGS
Wölpiland
Eggenstraße 17a
92318 Neumarkt i. d. OPf.
Tel.: 0 91 81 / 2 65 13 10
www.woelpiland.de
Mo bis Fr 14–19 Uhr, Sa/So, Feiertage und Ferien 10–19 Uhr, Erwachsene 2,90 €, Kinder ab 3 Jahren 5,90 €.
Spieldschungel auf über 3.000 m² mit Hüpfburgen, Trampolinanlage, Indoorspielplatz sowie zahlreichen Hindernissen zum Klettern und Rutschen. Das Außengelände verfügt u. a. über einen Abenteuerspielplatz und ein Weidenlabyrinth. Familienfreundliche Gastronomiepreise.

Jura-Zoo
Sulzbürger Str. 46
92318 Neumarkt i. d. OPf.
Tel.: 0 91 81 / 18 87
www.jura-zoo.de
Winterzeit: Di bis So 10–16 Uhr, Sommerzeit tgl. 10–18 Uhr, Dez.–Anfang März geschlossen, Erwachsene 5 €, Kinder 2,50 €.
Ein beliebtes Ausflugsziel ist der einzige Zoo in der Oberpfalz, in dem über 300 Tiere leben. Dazu zählen Kleinraubkatzen, Papageien, Affen, Flamingos u. v. m. Im Streichelzoo können die Besucher mit den Zwergziegen auf Tuchfühlung gehen.

SERVICEINFO
Tourist-Information
Neumarkt i. d. OPf.
Rathausplatz 1 (in der Rathauspassage)
92318 Neumarkt i .d. OPf.
Tel.: 0 91 81 / 2 55-1 25
www.neumarkt.de

IV UNTERWEGS IM ALTMÜHLTAL / FRÄNK. SEENLAND

Unteres Altmühltal
Endspurt zur Donau

Auf den letzten rund 35 km zwischen Dietfurt und der Mündung in die Donau, auf denen die Altmühl zum Main-Donau-Kanal ausgebaut wurde, gibt es für Besucher nicht nur Höhlen, Burgen und Schlösser, sondern auch romantische Orte zu entdecken. Auf keinen Fall sollte man hier den Ausflug zum herrlichen Donaudurchbruch verpassen.

▶ DIETFURT AN DER ALTMÜHL

6.000 Einwohner (S. 186, C3)

Die Stadt in einem weiten Talkessel am Schnittpunkt von sieben Tälern ist nicht nur als „7-Täler-Stadt", sondern wegen ihres Faschingsbrauches weithin auch als „Bayrisch China" bekannt. Am „Unsinnigen Donnerstag" strömen Besucher aus nah und fern nach Dietfurt, um den chinesischen Festumzug mitzuverfolgen. Doch auch außerhalb der Fastnachtszeit lohnt ein Besuch der Stadt, in der Wasser in Form von Quellen, Flüssen und Kanälen eine große Rolle spielt. Im Stadtbereich fließen die Altmühl, die Weiße und die Wissinger Laber sowie der Mühlbach zusammen. Außerdem liegt Dietfurt an zwei Kanälen – dem alten Ludwig-Kanal und dem neuen Main-Donau-Kanal.

Altstadt

Noch heute umgeben Teile der **Stadtmauer** sowie sechs der zehn ehemaligen Wehrtürme die Altstadt. Als Wahrzeichen Dietfurts gilt der mit Treppengiebeln versehene **Goggerturm**. Beim Spaziergang durch den Stadtkern mit seinen einladenden Gasthöfen, Cafés und Läden präsentiert

UNTERES ALTMÜHLTAL IV

sich der **Marktplatz** als besonders reizvolles Ensemble. In der Mitte des Platzes zieht das im 15. Jh. errichtete **Rathaus** mit zierlichem Glockenturm und Stufengiebeln die Aufmerksamkeit auf sich. Die Fassaden und Giebel der umliegenden, stattlichen Bürgerhäuser sowie der **Chinesenbrunnen** und das **Drachenbad** tragen zum ansprechenden Gesamtbild bei. Mehrere Gotteshäuser, unter anderem die barockisierte **Stadtpfarrkirche St. Ägidius,** lohnen es, einen Blick in ihr Inneres zu werfen. Ein idyllisches Ensemble und zugleich einen Ort der Stille bildet das 1658 gegründete **Franziskanerkloster** mit Klostergarten, Klostergebäude und Brunnen. Im Gotteshaus des Klosters finden jedes Jahr zur Fastenzeit die sogenannten **Dietfurter Ölbergspiele** statt. Dabei wird in der Franziskanerkirche das Geschehen am Ölberg mit beweglicher Kulisse und beweglichen Holzfiguren nachgespielt. Ebenfalls sehenswert ist die **Gottesackerkirche St. Sebald** aus dem Jahr 1736. Neben seinen historischen Bauten hat Dietfurt auch interessante Museen zu bieten. Das **Museum im Hollerhaus** – ein ehemaliges Jura-Bauernhaus – beherbergt das vor- und frühgeschichtliche Museum der Stadt mit archäologischen Funden (Pfarrgasse 6, Tel.: 0 84 61 / 91 45, im April an den Wochenenden, Mai–Okt. Mi und Sa 14–18, So u. Feiertage 14–17 Uhr, Erwachsene 2 €, ermäßigt 1 €).

Archäologiepark Altmühltal – Entdeckungsreise in die Vergangenheit

Im Jahr 2008 wurde mit dem rund 600.000 € teuren Archäologiepark Altmühltal die größte Anlage dieser Art in Bayern eröffnet. Sie erstreckt sich auf rund 40 km zwischen Dietfurt und Kelheim entlang des Altmühltal-Radwegs und besteht

▶ *Der Chinesenbrunnen.*

UNTERWEGS IM ALTMÜHLTAL / FRÄNK. SEENLAND

aus 18 erlebnisreichen Wegstationen mit Audio-Guide-Säulen, die sich am besten zu Fuß im Rahmen einer Wanderung oder mit dem Fahrrad entdecken lassen. Zu sehen gibt es insgesamt 15 Rekonstruktionen historischer Bauwerke, wie beispielsweise Grabhügel, einen Opferaltar, ein Gehöft aus der Eisenzeit oder einen keltischen Schmelzofen. Besonders imposant wirkt der Nachbau des 35 m langen Stadttors von Alkimoennis, einst die größte Keltensiedlung Deutschlands. Die Rekonstruktionen gehen auf Funde und Ausgrabungen während des Baus des Main-Donau-Kanals zwischen 1976 und 1991 zurück.

MÜHLENMUSEUM

In dem eindrucksvollen Museum mit seinen vier Etagen kann man die letzte betriebene **Mühle im Altmühltal** in Aktion erleben. Die 540 Jahre alte Anlage wird durch die Wasserkraft der Weißen Laaber über 53 Lederriemen angetrieben. Dank der Mühle besaß das Dietfurter Franziskanerkloster bereits ab 1897 – und damit zwei Jahre vor der Landeshauptstadt München – elektrischen Strom.

Altmühltaler Mühlenmuseum
Hauptstraße 51
Dietfurt
Tel.: 0 84 64 / 2 09
www.altmuehltalermuehle.de
Tgl. 8–20 Uhr, 35-minütige Führungen bei laufender Mühle tgl. 10, 14 und 16 Uhr, Erwachsene 4 €, Kinder 2 €.

Ausflug nach Breitenbrunn

Von Dietfurt gelangt man durch das idyllische Tal der Wissinger Laber in den 1.100 Jahre alten Markt Breitenbrunn. Der beliebte Urlaubsort mit seinem malerischen Marktplatz ist ein guter Ausgangspunkt für Wanderungen oder Radtouren inmitten herrlicher Natur – als besonders reizvoll gilt das Tal der Weißen Laber. Die 1386 erbaute **Kirche St. Sebastian** oberhalb des Ortes kann auf eine lange Tradition als Wallfahrtskirche zurückblicken. Jährlich im September findet im Ort das **Tilly-Fest** zu Ehren des Feldherrn Tilly statt, der hier einst die **Burg Breitenegg** bewohnte. Heute sind von der ehemaligen Festung, die auf einem ins Laabertal vorspringenden Geländesporn oberhalb des Ortes thront, nur noch eine Ruine mit etwa 12 m hohem Bergfried sowie Teile der Ringmauer vorhanden. Die Anlage befindet sich in Privatbesitz und ist nur von außen zu besichtigen.

ESSEN & TRINKEN

Juwel im Altmühltal
Gasthof Stirzer
Hauptstraße 45, Dietfurt
Tel.: 0 84 61 / 86 58
www.stirzer.de
In dem 500 Jahre alten Jurahaus mit Brauhaus und liebevoll renovierter Gaststube fühlt man sich ins 17. Jh. zurückversetzt. Geboten wird eine täglich wechselnde Speisekarte mit regionalen Spezialitäten. In der Saison tgl. geöffnet.

UNTERES ALTMÜHLTAL IV

Idyllische Lage
Hotel-Landgasthof Zum Wolfsberg
Riedenburger Straße 1
Dietfurt-Mühlbach
Tel.: 0 84 64 / 60 17 26
www.zum-wolfsberg.com
Das renovierte Traditionshaus im Ortsteil Mühlbach empfängt seine Gäste mit gemütlichen Stuben, einer Sonnenterrasse sowie einem großen, überdachten Biergarten unter Kastanienbäumen. Auf der Speisekarte stehen regionale Gerichte. Im Sommer Mi, Do und Fr Grillabend. Tgl. geöffnet.

Mit Ausblick
Café im Holzhaus
Grögling 3, Dietfurt-Grögling
Tel.: 0 84 64 / 60 67 59
Im Biergarten des Cafés im Ortsteil Grögling sitzt man direkt an der Altmühl und genießt nicht nur den herrlichen Sonnenuntergang, sondern auch hausgemachte Kuchen, Torten und Brotzeiten. April – Okt. Mo Ruhetag, Nov. – März Do bis So geöffnet.

SPORT & FREIZEIT
7-Täler-Freibad
Am Weinberg, Dietfurt
Tel.: 0 84 64 / 4 73
Mai bis Sept. Mo 12 – 20 Uhr, Di bis So 9 – 20 Uhr, Erwachsene 2,50 €, Kinder 1 €.
Im Sommer bietet das beheizte Freibad in schöner Südhanglage mit Blick über das Altmühltal Badevergnügen für Groß und Klein. Mit Grillanlage und Sonnenterrasse.

▶ *Die Ölbergandacht in der Fastenzeit.*

Der sonnige Altmühltaler
Wildenstein 16, Dietfurt
Mobil: 01 70 / 3 42 19 23
www.der-sonnige-altmuehltaler.de
Neben dem Verleih von Booten werden hier auch geführte Ein- und Mehrtages-Bootstouren auf der Altmühl, Abenteuer-Touren für Kinder ab zehn Jahren mit Lagerfeuer, Schatzsuche, Bogenschießen etc. sowie Paddelkurse für Anfänger angeboten. Große Bootstour (4,5 – 7 Std.): Erwachsene 19 €, Kinder 6 – 14 Jahre 11 €.

SERVICEINFO
Tourist-Information
Hauptstraße 26
92345 Dietfurt a. d. Altmühl
Tel.: 0 84 64 / 64 00 19
www.dietfurt.de

UNTERWEGS IM ALTMÜHLTAL / FRÄNK. SEENLAND

▶ RIEDENBURG

5.600 Einwohner (S. 187, D3)

Drei Festungen – die Burgen Rabenstein, Tachenstein und Rosenburg – wachen über die „Drei-Burgen-Stadt" Riedenburg, die landschaftlich reizvoll in einer tief eingeschnittenen Schleife des Altmühltals liegt. Wirtschaftlichen Aufschwung erfuhr der Ort, als er um 1846 eine bedeutende Schleusenstation am damals neu gebauten Ludwig-Kanal wurde. Heute stellt der Schiffstourismus auf dem Main-Donau-Kanal ein wichtiges Standbein der Stadt dar. Riedenburg erstreckt sich über beide Kanalufer: Während am Ostufer der Altmühl bzw. des Kanals das neue Riedenburg mit großen kommunalen Einrichtungen wie Hallenbad und Schulen entstanden ist, befindet sich am Westufer der alte Ortskern mit dem renovierten Rathausplatz und der 1939 erbauten Stadtpfarrkirche St. Johannes.

Burgenvielfalt

Die bekannteste der drei Burgen bzw. Ruinen und zugleich Wahrzeichen der Stadt ist die **Rosenburg**, die weithin sichtbar über Riedenburg thront. Die ausgedehnte Anlage entstand um 1200 als zweite Burg oberhalb der Stadt. Aus dieser Zeit sind noch der Bergfried und Teile der Umfassungsmauer erhalten. Die heutigen zwei großen Wohntrakte entstanden bei Umbauten in den Jahren 1556 – 1558. Im Zweiten Weltkrieg diente die Festung als Versuchsanstalt für V-Waffen, nach Kriegsende hielten die Amerikaner hier u. a. die beiden prominenten Generäle Keitel und Jodl gefangen. Heute zieht die An-

▶ Blick auf Riedenburg.

UNTERES ALTMÜHLTAL IV

lage jedes Jahr zahlreiche Besucher an, die im historischen **Burgkeller** zu Speis und Trank einkehren oder die eindrucksvollen Greifvogel-Flugvorführungen des **Falkenhofs** besuchen (siehe unter Sport & Freizeit). Während die Rosenburg noch gut erhalten ist, findet man von den **Burgen Tachenstein** und **Rabenstein** seit dem 16. Jh. nur noch Ruinen. Erreichbar ist die nur teilweise zugängliche Burg Rabenstein, deren Besuch sich aber wegen des schönen Talblicks dennoch lohnt, über ausgeschilderte Fußwege von der Rosenburg und vom Marktplatz aus. Ein weiterer Fußweg führt von der Rosenburg hinüber zur Ruine Tachenstein, von der noch der Stumpf des Bergfrieds sowie Teile der Ringmauer zu sehen sind. Alle drei Burgen verbindet der „**Drei-Burgen-Steig**" mit Start auf dem Marktplatz.

Museen

Neben den drei Burgen lassen sich in Riedenburg drei interessante Museen entdecken, von denen das Kristallmuseum sicherlich ein besonderes Highlight darstellt. Das **Klingende Museum** veranschaulicht auf zwei Etagen mit mehr als 550 Exponaten die 150-jährige Entwicklungsgeschichte der Audio-Technik (Mühlstraße 3, Tel.: 0 94 42 / 90 50 80, www.audio-creativ.de, täglich 9–12 und 14–18 Uhr, Mi und Sa Nachmittag geschlossen, Erwachsene 2,50 €, Kinder 4–13 Jahre 1,50 €).

FUNKELNDE STEINE — TIPP

In die faszinierende Welt glitzernder Kristalle und Mineralien taucht man im **Kristallmuseum** ein. Neben einer umfangreichen Sammlung von Edelsteinen erwartet die Besucher in den Schauräumen die größte Bergkristallgruppe der Welt. Der 7,8 Tonnen schwere und 3 x 2 m große Koloss wurde 1981 in Westarkansas (USA) geborgen.

Kristallmuseum
Bergkristallstraße 1, Riedenburg
Tel.: 0 94 42 / 18 11
www.kristallmuseum-riedenburg.de,
März bis Okt. tgl. 9–18 Uhr, sonst nach Vereinbarung, Erwachsene 3,50 €, Kinder 2,30 €.

3.500 verschiedene Arten von Schnecken und Muscheln aus allen Weltmeeren kann man dagegen im Meeresmuseum Ozeania bestaunen (Bruckstraße 4, Tel.: 0 94 46 / 5 61, www.meeresmuseum-ozeania.de, April - Okt. täglich außer Mi 13–18 Uhr, sonst nach Vereinbarung, Erwachsene 2,50 €, Kinder 1,50 €).

Burg Prunn

Südöstlich von Riedenburg thront die Burg Prunn auf einem gewaltigen, fast senkrecht abfallenden Jurafelsen hoch über dem Altmühltal. Die größtenteils noch romanische Anlage gilt als eine der schönsten und besterhaltenen Ritterburgen Süddeutschlands. Nach 1300 gelangte die Burg in den Besitz der „Fraunberger zu Prunn",

UNTERWEGS IM ALTMÜHLTAL / FRÄNK. SEENLAND

deren riesiges Wappen – ein Schimmel auf rotem Grund – noch heute die Außenseite der Festung ziert. Im 14. Jh. galt die Burg als kulturelles Zentrum für Minnesang und mittelhochdeutsche Dichtung. Ihr heutiges Aussehen erhielt die Anlage mit dem mächtigen, 31 m hohen **Bergfried** ab 1672 durch den Jesuitenorden, der sie im Renaissance- und Barockstil schlossartig ausbauen ließ. Seit 1946 befindet sich die Festung im Besitz der Bayerischen Schlösserverwaltung. Um in die Anlage zu gelangen, überquert man zunächst auf einer Holzbrücke den 9 m tiefen Halsgraben an der Nordseite. Vom **Burghof** mit Ziehbrunnen bietet sich ein herrlicher Ausblick über das Tal und die bewaldeten Höhen. Bei der Führung durch die Innenräume entdeckt man kostbare Fresken, Bilder, Teppiche und Möbel aus dem 16. und 17. Jh., Rüstungen, kostbare Schnitzfiguren und vieles mehr. Auch die Nachbildung des **„Prunner Codex"**, eine Handschrift des Nibelungenliedes, die in der Burg gefunden wurde, ist ausgestellt (Tel. 0 94 42 / 33 23, www.schloesser.bayern.de, April – Okt. tgl. 9–18 Uhr, Nov. – März täglich außer Mo 10–16 Uhr, Erwachsene 4,50 €, Kinder 3,50 €).

Durchs Schambachtal nach Altmannstein

Von Riedenburg zieht sich das Untere Schambachtal, eines der schönsten Seitentäler der Altmühl, mit Wacholderheiden und Felsformationen nach Süden. Landschaftlich besonders attraktiv präsentiert sich das **Landschaftsschutzgebiet Kreutberg**. Etwa auf halber Strecke nach Altmannstein, dem kulturellen und touristischen Zentrum des Tals, erhebt sich auf einem Felsvorsprung über dem Ort **Hexenagger** das gleichnamige, von einem Mauerring mit vier Türmen umgebene Barockschloss. Im Jahresverlauf finden hier zahlreiche Veranstaltungen statt (Schloßbergstraße 6, 93336 Altmannstein-Hexenagger, Tel.: 0 94 42 / 91 83 10, www.schloss-hexenagger.de). Im Ort Hexenagger lohnt die als Museum anschaulich eingerichtete **Waffen-, Huf- und Hammerschmiede Huber** einen Besuch (Schambachweg 3, 93336 Altmannstein, Tel.: 0 94 42 /

▶ Burg Prunn.

UNTERES ALTMÜHLTAL IV

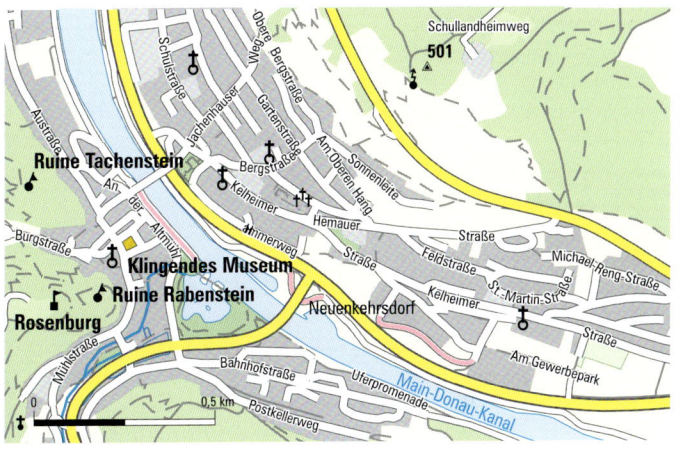

▶ Riedenburg.

13 86, April bis Okt. tgl. 8–12 Uhr und 13–18 Uhr, Erwachsene 2,50 €, Kinder 1,50 €).

ESSEN & TRINKEN

Zentrale Lage
Hotel-Gasthof Zur Post
Am Marktplatz 3, Riedenburg
Tel.: 0 94 42 / 90 52 53
www.zurpostgasthof.de
Das Haus am Marktplatz lockt Gäste mit bayerischen Fisch- und Fleischgerichten sowie vegetarischen Speisen. Tgl. geöffnet.

Urig
Fasslwirtschaft
Bergkristallstraße 1, Riedenburg
Tel.: 0 94 42 / 9 00 30
www.fasslwirtschaft.de
In den gemütlichen Biergarten, in dem man in alten Bierfässern sitzen kann, kehrt man gerne ein, um deftige bayerische Gerichte, hausgemachte Kuchen und eine der 42 Biersorten zu kosten. Mit Spielplatz. Tgl. geöffnet.

Mitten im Grünen
Landgasthof Kastlhof
Pillhausen 1
Riedenburg-Pillhausen
Tel.: 0 94 47 / 6 98
www.kastlhof.de
Direkt am Radwanderweg liegt im Ortsteil Pillhausen der Familienbetrieb mit schöner Terrasse. Auf den Teller kommen bayerische Hausmannskost, leckere Süßspeisen und deftige Brotzeiten. Tgl. geöffnet.

Idyllische Lage
Gasthaus Zum Himmelreich
Thanner Straße 1
Riedenburg-Deising
Tel.: 0 94 42 / 12 15
www.gasthaus-himmelreich.de
Gemütlich eingerichtete Stuben

und ein großer Biergarten laden im Ortsteil Deising zur Einkehr bei Kaffee und Kuchen und deftigen Brotzeiten ein. Mit Spielplatz. Di Ruhetag.

SPORT & FREIZEIT
Freizeitsee St. Agatha
Etwa 3 km von Riedenburg entfernt, lädt im Ortsteil Haidhof der künstlich angelegte See mit großer Liegewiese, Sanitäreinrichtungen und Kiosk zum Baden und Entspannen ein.

Altmühlbob
St. Agatha 6, Riedenburg-Haidhof
Tel.: 0 94 42 / 90 60 06
www.altmuehlbob.com
April bis Okt. 10–17:30 Uhr, Erwachsene 2,10 €, Kinder bis 14 Jahre 1,80 €.
Auf der 1.000 m langen, modernen Anlage gegenüber des St. Agatha-Badesees saust man auf spurgeführten Komfort-Schlitten den Berg hinab. Weitere Attraktionen sind eine Wasserkanone, Fahrten mit dem Quad sowie ein Streichelzoo.

Falkenhof Schloss Rosenburg
Riedenburg
Tel.: 0 94 42 / 27 52
www.falkenhofrosenburg.de
Mitte März – Mitte Okt. Di bis So 9–17 Uhr, Flugvorführungen um 11 und 15 Uhr, Erwachsene 7 €, Kinder 5–15 Jahre 4 €.
Auf der Rosenburg kann man bei eindrucksvollen Flugvorführungen die Flugkünste frei fliegender Greifvögel wie Falken, Adler und Milane bestaunen.

MIT KINDERN UNTERWEGS
Bauernhof-Museum
Echendorf 11, Riedenburg
Tel.: 0 94 42 / 20 57
www.ferienhof.net
Täglich 8–17 Uhr, Erwachsene 3 €, Kinder 2 €.
Im Bauernhof-Museum auf dem Riedenburger Erlebnis-Bauernhof erhält man einen Einblick in die Entwicklung der Landwirtschaft: von der beschwerlichen Handarbeit mit dem Dreschflegel über den Einsatz von Ochsen- und Pferdestärken bis hin zu den „modernen" Gas- und Dieselmotoren der 1920er und 1930er Jahre.

Eselwandern
Obereggersberg 18
Riedenburg-Obereggersberg
Tel.: 0 94 42 / 9 18 70
www.schloss-eggersberg.eu
Ein besonderes Erlebnis für Kinder ist es, auf dem Rücken zahmer Eselinnen über Felder und Wiesen getragen zu werden. Ausgangspunkt der Touren ist das malerisch über dem Altmühltal gelegene Schloss Eggersberg. Termin nach Absprache, 40 Minuten 15,00 €.

SERVICEINFO
Tourist-Information
Marktplatz 1
93339 Riedenburg
Tel.: 0 94 42 / 90 50 00
www.riedenburg.de

UNTERES ALTMÜHLTAL IV

▶ ESSING

1.000 Einwohner (S. 187, D4)

Essing – einer der schönsten Flecken im Altmühltal – bietet alles, was das Tal so liebenswert macht und was Besucher des Naturparks besonders schätzen. Die stattlichen Häuser des malerischen Ortes ducken sich unter hoch aufragenden Felsen, auf denen die Ruine der Burg Randeck wacht, und ein ruhiger Seitenarm der Altmühl erstreckt sich parallel zum Kanal dahin. Zwischen Essing und der Schellnecker Wand ist zudem ein kurzer Abschnitt des historischen Ludwig-Kanals samt Schleuse und Staustufe erhalten.

Sehenswertes rund um Essing

Ein einmalig schönes Ensemble und eines der beliebtesten Fotomotive im Altmühltal stellt die Alte Essinger Holzbrücke über die Altmühl – die „**Bruck**" – mit dem zweigeschossigen **Bruckturm** und der auf schroffen Felsen thronenden **Burg Randeck** dar. Die 46 m lange Holzbrücke ist ein historisches Denkmal, das Bauweise und Erscheinungsbild über die Jahrhunderte hinweg bewahren konnte. Sehenswert ist auch die **Kirche St. Martin** in Altessing mit ihren bemerkenswerten Renaissancearbeiten. Am nördlichen Ortsausgang von Essing überspannt die zweitlängste Holzbrücke Europas den Main-Donau-Kanal. Die liebevoll „**Tatzelwurmbrücke**" genannte, kunstvoll geschwungene Konstruktion aus verleimten Holzbalken mit einer Gesamtlänge von 193 m wurde nach siebenjähriger Planungs- und Entwicklungsphase im Jahr 1987 realisiert.

Burg Randeck

Oberhalb von Essing thront in aussichtsreicher Lage in 514 m ü. NN die Ruine der Burg Randeck – eine der ältesten Burgen Bayerns, deren Ursprünge sich bis zur Jahrtausendwende zurückverfolgen lassen. Der 36 m hohe Bergfried und die verbliebenen Grundmauern lassen noch recht gut die einstigen Aus-

EINDRUCKSVOLLE UNTERWELT

Das **Große Schulerloch**, das vom Parkplatz im Essinger Ortsteil Oberau auf einem Fußweg in etwa 15 Minuten erreicht werden kann, dehnt sich mehr als 400 m ins Berginnere aus. Die weitverzweigte Tropfsteinhöhle im Korallenkalk des Weißen Jura diente bereits Neandertalern und eiszeitlichen Tieren als Unterschlupf. Besucher erwarten in dem unterirdischen Gangsystem eindrucksvolle Tropfsteinbildungen wie die „Spirale" oder der „Turm zu Babel" und mächtige Säle wie der 723 m² große „Tempelraum":

Großes Schulerloch
Oberau 1, Essing
Tel.: 0 94 41 / 32 77
www.schulerloch.de
Anf. April – Anf. Nov. täglich ab 10 Uhr geöffnet, Führungen jede halbe Stunde, Mitte Juni – Mitte Sept. letzte Führung um 17 Uhr, sonst 16:30 bzw. 16 Uhr, Erwachsene 4 €, Kinder 4–13 Jahre 2,50 €.

UNTERWEGS IM ALTMÜHLTAL / FRÄNK. SEENLAND

maße der Festungsanlage erkennen (Tel.: 0 94 47 / 32 20, April bis Okt. tgl. 9:30–18 Uhr, Erwachsene 1 €, Kinder 0,50 €).

ESSEN & TRINKEN

Gehobene Küche
Hotel-Gasthof Schneider
Altmühlgasse 10, Essing
Tel.: 0 94 47 / 9 18 00
www.brauereigasthof-schneider.de
In den geschmackvoll eingerichteten Räumen des Brauereigasthofs genießt man hauseigene Biere und bodenständige Küche mit regionalen Zutaten wie Altmühltaler Lamm, Wild und Forellen. Tgl. geöffnet.

Idyllische Lage
Hotel-Restaurant Essinger Hof
Weihermühle 4, Essing
Tel.: 0 94 47 / 99 10 50
www.essinger-hof.de
Im herrlichen Biergarten des Drei-Sterne-Hauses lässt man sich unter alten Walnussbäumen traditionell bayerische, saisonale und internationale Gerichte schmecken. Wöchentlich Grillabend. Tgl. geöffnet.

Traditionsreich
Felsenwastlwirt
Unterer Markt 19, Essing
Tel.: 0 94 47 / 3 62
www.gasthof-felsenwastlwirt.de
An einer steil aufragenden Felswand gelegen, lockt der gemütliche Gasthof mit einer großen Sonnenterrasse, gutbürgerlicher, bayerischer Küche und einer großen Auswahl an Brotzeiten. Mitte März – Ende Okt. tgl. geöffnet, Nov. – Mitte März Di Ruhetag.

▶ Schwungvoll führt die Tatzelwurmbrücke über den Main-Donau-Kanal.

Mit Ausblick
Ritterschänke Burg Randeck
Randeck 9, Essing
Tel.: 0 94 47 / 3 77
www.ritterschaenke-burg-randeck.de
Über den Dächern von Essing sitzt man auf der großen Freiterrasse und lässt sich von bayerischen Schmankerln sowie Wild-, Lamm- und Forellengerichten verwöhnen. Do Schlachtschüssel.
Tgl. geöffnet.

Am Altmühltal-Radweg
Gasthof Ehrl
Schellnecker Straße 29
Essing-Altessing
Tel.: 0 94 47 / 2 44
www.gasthof-ehrl.de
Die familiär geführte Dorfwirtschaft im Ortsteil Altessing bietet deftige bayerische Gerichte und Brotzeiten. Schöner, schattiger Biergarten. Tgl. geöffnet.

UNTERES ALTMÜHLTAL IV

SERVICEINFO
Tourist-Information
Marktplatz 1
93343 Essing
Tel.: 0 94 47 / 9 2 00 93
www.marktessing.de

▶ KELHEIM
15.500 Einwohner (S. 187, E4)

Zu Füßen des Michelsberges erstreckt sich die Kreisstadt des gleichnamigen Landkreises an der Mündung der Altmühl bzw. des Main-Donau-Kanals in die Donau. Mit ihren zahlreichen Sehenswürdigkeiten, traditionsreichen Brauereien, Cafés und Gaststätten, dem Vier-Sterne-Hotel Wittelsbacher Hof sowie der Schifffahrt auf der Donau und der Altmühl stellt die Donaustadt den touristischen Mittelpunkt im Unteren Altmühltal dar.

Zu den Topzielen für Besucher zählen die monumentale **Befreiungshalle** auf dem Michelsberg, der wildromantische **Donaudurchbruch** im Naturschutzgebiet Weltenburger Enge sowie das uralte **Kloster Weltenburg**.

Die Ursprünge Kelheims gehen bis ins 5. Jh. v. Chr. zurück, als die Kelten auf dem Michelsberg ihre stadtähnliche Siedlung Alkimoennis gründeten. Die Siedlung fungierte einst als wichtiges Gewerbe- und Handelszentrum eines riesigen Reiches. Im 11. Jh. gelangte Kelheim in den Besitz der Wittelsbacher und diente bis 1231 als herzogliche Residenzstadt. Trotz der Verlegung des Regierungssitzes nach Landshut entwickelte sich die Stadt an dem bedeutenden Donauübergang in der Folgezeit zu einem wichtigen Warenumschlagplatz.

▶ *Die Befreiungshalle in Kelheim.*

IV UNTERWEGS IM ALTMÜHLTAL / FRÄNK. SEENLAND

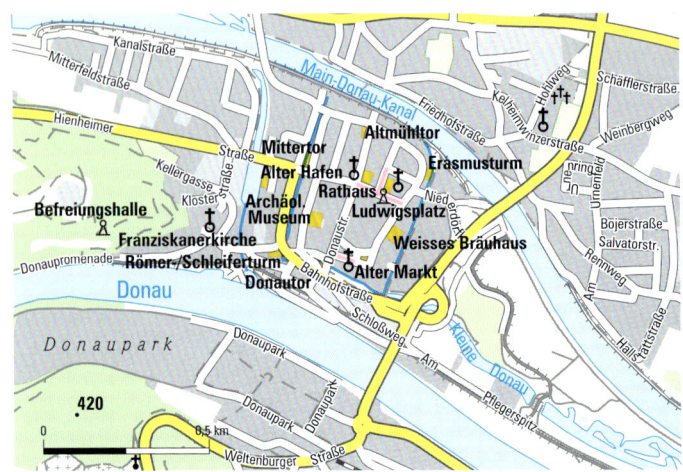

▶ Kelheim.

Sehenswertes in Kelheim

Von der **mittelalterlichen Stadtbefestigung** Kelheims sind drei **Tortürme** erhalten geblieben. Das **Donautor** mit seinem dekorativen Wehrerker, das man, von der Donau kommend, durchschreitet, stammt aus dem 13. Jh. Vom Donautor führt die Donaustraße zum **Ludwigsplatz**, dem Zentrum der von den Wittelsbachern planmäßig angelegten Stadt. Rechter Hand liegt der von verwinkelten Altstadtgassen umgebene **Alte Markt**, der ursprüngliche Siedlungskern Kelheims mit der zierlichen Spitalkirche aus dem Jahr 1231. Nicht weit vom Gotteshaus entfernt trifft man in der Emil-Ott-Straße auf das **Weisse Bräuhaus**, die älteste Weißbierbrauerei Bayerns aus dem Jahr 1607. Heute befindet sich das Brauhaus der weithin bekannten „Schneider Weisse" im Besitz der Privatbrauerei Georg Schneider & Sohn. Am Kreuzungspunkt der vier Hauptstraßen ziert das **Rathaus** mit seiner stilvoll restaurierten Fassade das Stadtzentrum. Ein Schmuckstück ist auch die vor dem Doppelbau grazil aufragende Mariensäule aus dem 17. Jh. Von dort aus gelangt man über den angrenzenden Ludwigsplatz, auf dem Straßencafés für mediterranes Flair sorgen, zur Kirche Mariä Himmelfahrt aus dem 15. Jh. Ein Blick ins Innere des überwiegend neugotisch ausgestatteten Sakralbaus lohnt wegen der zahlreichen Bilder und Grabsteine aus der Zeit ab 1500 und wegen des aus Kelheimer Marmor gemeißelten Hochaltars. Ebenfalls zum historischen Zentrum gehören das **Altmühltor** (13. Jh.) am Nordrand und das **Mittertor**

UNTERES ALTMÜHLTAL IV

(14. Jh.) am Westrand der Altstadt. Unweit des Altmühltors stößt man auf den **Erasmusturm**, bis 1803 der Kirchturm der Erasmuskirche. In der Ledderergasse lockt das mit dem Europäischen Museums-Sonderpreis ausgezeichnete **Archäologische Museum** im spätgotischen Herzogkasten (Ledderergasse 11, Tel.: 0 94 41 / 1 04 09, www.archaeologisches-museum-kelheim.de, April – Anf. Nov. Di bis So 10–17 Uhr, Erwachsene 3 €, Kinder 6–14 Jahre 1,50 €).
Südlich des Museums fällt der **Römer- bzw. Schleiferturm** mit dem Kriegerdenkmal auf. Schräg gegenüber steht der **Stadtknechtturm**, ebenfalls ein Befestigungsturm der Stadtmauer. Westlich der Altstadt und jenseits des **Alten Hafens** am Ludwig-Kanal bilden die spätgotische **Franziskanerkirche** (15. Jh.) und die romanische **Michaelskirche** (12. Jh.) ein harmonisches Ensemble.

Befreiungshalle

Auf dem hoch aufragenden Michelsberg erhebt sich das 1863 eingeweihte Wahrzeichen Kelheims. Der vom Bayernkönig Ludwig I. in Auftrag gegebene Monumentalbau erinnert an die Befreiungskriege gegen Napoleon in den Jahren 1813 – 1815. Zusammen mit dem Fundament und der breiten Freitreppe erreicht die Rotunde eine Höhe von 60 m, der Durchmesser am Sockel misst stolze 66 m. Das 7 m hohe Eingangstor sowie die bronzenen Schilde der überlebensgroßen Siegesgöttinnen wurden aus erbeuteten französischen Kanonen gegossen. Die 48 m hohe **Kuppelhalle** schmückt ein Bodenbelag aus vierfarbigem Marmor, die Wände sind ebenfalls mit Marmor verkleidet, die eindrucksvolle Kuppel zieren reiche Ornamente. Auf einem rundumlaufenden Sockel thronen vor 18 Wandnischen 34 Siegesgöttinnen aus weißem Carraramarmor, welche die 34 deutschen Staaten Mitte des 19. Jh. symbolisieren. Im Obergeschoss befindet sich die **Säulengalerie** mit den Namen der während der Kriege erbeuteten Festungen. Von der Galerie gelangt man über eine Wendeltreppe hinauf zur Aussichtsplattform in luftiger Höhe, die bei klarer Sicht einen herrlichen Ausblick bietet (Befreiungshallestraße 3, Tel.: 0 94 41 / 6 82 07 10, www.schloesser.bayern.de, Mitte März bis Okt. 9–18 Uhr, Nov. bis Mitte März 9–16 Uhr, Erwachsene 3,50 €, Kinder frei).

Donaudurchbruch und Kloster Weltenburg

Ein besonderes Erlebnis im Naturpark Altmühltal ist die Schifffahrt von Kelheim durch den wildromantischen Donaudurchbruch zum weltberühmten Kloster Weltenburg (siehe unter Sport & Freizeit). Während man bequem auf der Donau dahingleitet, kann man die herrliche Naturlandschaft der **Weltenburger Enge** mit ihren

UNTERWEGS IM ALTMÜHLTAL / FRÄNK. SEENLAND

steil aus dem Wasser aufragenden Felswänden auf sich wirken lassen. An der Stelle, an der sich das enge Durchbruchstal zum ersten Mal öffnet, liegt auf einer malerischen Landzunge das **Kloster Weltenburg**. Die um 610 n. Chr. gegründete Anlage ist das älteste Kloster Bayerns. Einen Rekord hält auch die um 1050 erstmals erwähnte hauseigene Brauerei, gilt sie doch als älteste **Klosterschenke** der Welt. Die heutige barocke Klosteranlage stammt aus der Zeit von 1716 – 1739. Eines der bedeutendsten Bauwerke des europäischen Barock bildet die von den Künstlerbrüdern Asam geschaffene **Abteikirche**. Das außen recht schlicht gehaltene Gotteshaus überrascht im Inneren mit einer grandiosen Ausstattung im Stil des bayerischen Hochbarock. Nach dem Besuch der Kirche bietet sich der weithin beliebte und bekannte Biergarten der Klosterbrauerei für eine ordentliche Brotzeit an (siehe Tippkasten).

KLOSTERSCHENKE

Einer der schönsten Biergärten Bayerns inmitten der barocken Klosteranlage, frische Spezialitäten aus eigener Konditorei und Metzgerei und das dunkle Weltenburger Klosterbier machen die Schenke zum beliebten Ausflugsziel. Tgl. geöffnet.

Klosterschenke Weltenburg
Asamstraße 32, Kelheim
Tel.: 0 94 41 / 6 75 70
www.klosterschenke-weltenburg.de

ESSEN & TRINKEN
Traditionsreich
Gaststätte Weisses Bräuhaus
Emil-Ott-Straße 3, Kelheim
Tel.: 0 94 41 / 34 80
www.weisses-brauhaus-kelheim.de
Das bayerisch-rustikal eingerichtete Restaurant der 1607 gegründeten Brauerei Schneider mit wunderschönem Biergarten serviert hauseigene Weißbierspezialitäten, bayerische Gerichte und deftige Brotzeiten. Tgl. geöffnet.

Zentrale Lage
Gasthof Weißes Lamm
Ludwigstraße 12, Kelheim
Tel.: 0 94 41 / 2 00 90
www.weisses-lamm-kelheim.de
Der alteingesessene Betrieb in der Kelheimer Altstadt empfängt seine Gäste in gemütlich eingerichteten Räumen mit bayerischen, regionalen und saisonalen Spezialitäten wie Spanferkel und Wildbret. Schöner Biergarten im Hof. Sonntagabend Ruhetag.

SPORT & FREIZEIT
Keldorado
Rennweg 60, Kelheim
Tel.: 0 94 41 / 22 67
www.keldorado-kelheim.de
Winter: Mo bis Fr 9 – 21 Uhr, Sa, So und Feiertage 9 – 20 Uhr, Tageskarte Erwachsene 7 €, Kinder 7 – 18 Jahre 3,50 €; Sommer: tgl. 9 – 20:30 Uhr, Erw. 5 €, Kinder 3 €. Jede Menge Wasserspaß und Entspannung erwartet die Besucher des Erlebnisbades mit Innen- und

UNTERES ALTMÜHLTAL IV

Außen-Warmbecken, 86 m langer Rutsche und Wellnessbereich mit Sauna und Dampfbad.

Altmühltal-Personenschifffahrt
Kelheim
Tel.: 0 94 41 / 58 58
www.schiffahrt-kelheim.de
Von der Anlegestelle Kelheim/Altmühltal fahren die Schiffe zwischen Ende April und Mitte Okt. über Essing, Prunn und Riedenburg nach Dietfurt (einfache Fahrt Kelheim – Dietfurt Erw. 14,60 €, Kinder halber Preis). Von Mitte März bis 1. Nov. kann man sich von der Anlegestelle Kelheim/Donau durch den Donaudurchbruch zum Kloster Weltenburg befördern lassen (einfache Fahrt Erwachsene 5 €, Kinder 6 – 16 Jahre 4,40 €). Außerdem gibt es Sonderveranstaltungen wie Tanzfahrten mit Musik oder sonntags den Schlemmer-Brunch.

ABENDGESTALTUNG
Kino-Center
Benefiziatengasse 1, Kelheim
Tel.: 0 94 41 / 47 47
www.kinocenter-kelheim.com
Mittwoch ist Filmkunsttag, an dem wechselnde Independentfilme gezeigt werden.

SERVICEINFO
Tourist-Information
Ludwigsplatz 1
93309 Kelheim
Tel.: 0 94 41 / 70 12 34
www.kelheim.de

▶ *Schifffahrt durch den Donaudurchbruch.*

WANDERN IM ALTMÜHLTAL / TOUR 1

1 Zur Vogelinsel im Altmühlsee

TOURINFO KOMPAKT

Anspruch:	Länge:	Dauer:	Höhendifferenz:
leicht	9,5 km	2:15 Std.	57 m

Während dieser Wanderung am Altmühlsee besichtigen wir die Vogelschutzinsel mit ihrer Aussichtsplattform und besuchen danach Muhr am See mit seinem Schloss.

Ausrüstung: Feste Wanderschuhe, Sonnenschutz und Verpflegung.

Anfahrt mit dem Auto: A6 bis Ansbach, weiter auf B13 nach Gunzenhausen.

Anfahrt mit Bus & Bahn: Mit dem Zug nach Gunzenhausen.

Ausgangspunkt: Bahnhofsplatz Gunzenhausen
49° 7′ 9″ N 10° 45′ 13″ O

Einkehr: Zahlreiche Einkehrmöglichkeiten in Gunzenhausen.
Unsere Empfehlung:
Leuchtturm Wirtshaus & Brauerei · Ansbacher Straße 9 · 91710 Gunzenhausen · Tel.: 0 98 31 / 8 80 96 96 · www.leuchtturm-gunzenhausen.de, moderne fränkische Küche in Brauhausatmosphäre, Biere aus eigener Herstellung, Di Ruhetag.

Wir starten am 🅢 Bahnhofsplatz in Gunzenhausen. Von dort wenden wir uns direkt nach rechts, die Rotkreuz-Markierung beachtend, in die Ansbacher Straße. Durch eine Unterführung geht es auf die andere Seite der Bahngleise, dort gehen wir immer geradeaus unter der B466 hindurch. Gleich dahinter überschreitet man den Altmühlüberleiter und wandert nach links in die Wassergasse. Nach den letzten Häusern von Schlungenhof wenden wir uns nach rechts auf einen Feldweg, der am Ufer eines Altmühlsee-Seitenarmes entlangführt. Man wandert stetig am Ufer entlang und passiert rechter Hand den **Seegasthof am Altmühlsee** ❶. Wir bleiben weiter auf dem Weg, der uns zwischen See und Altmühl direkt zu einem **Bootsanlegeplatz** ❷ führt. Zu unserer Linken sehen wir nun die ersten Ausläufer der Vogelinsel. Nach einer Weile nutzt man den kleinen Pfad, um auf den begehbaren Teil der **Vogelinsel** ❸ zu kommen. Der Weg bringt uns zu einer hölzernen **Aussichtsplattform** ❹ mit schönem Blick über das Naturschutzgebiet. Anschließend geht es wieder auf das Festland. Wir wandern ein kleines Stück auf dem bekannten Weg zurück, um auf der Fichtestraße nach links die Altmühl zu überschreiten. Die Straße führt

FRÄNKISCHES SEENLAND / GUNZENHAUSEN

uns direkt nach Muhr am See, wo man sich in der Straße Zur Ramlach links hält. Schließlich endet sie an einer T-Kreuzung. Hier biegen wir nach rechts in die Straße Judenhof ein und schwenken nach einer Weile in die Kirchenstraße nach links ab. Diese führt uns zur evangelischen **St. Johannis-Kirche** ❺. Anschließend wenden wir uns nach rechts in die Schlossstraße. Bei der Gabelung halten wir uns links für einen Abstecher zum **Schloss Altenmuhr** ❻, einem ehemaligen Wasserschloss. Danach geht man auf der Schlossstraße und via Kirchenstraße in die Bahnhofstraße und gelangt so zum Zielpunkt, dem Bahnhof von Muhr am See. Die Regionalbahn bringt uns zurück nach Gunzenhausen.

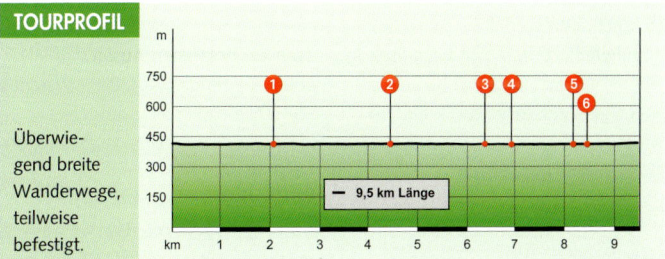

TOURPROFIL

Überwiegend breite Wanderwege, teilweise befestigt.

— 9,5 km Länge

WANDERN IM ALTMÜHLTAL / TOUR 2

2 Um den Kleinen Brombachsee

TOURINFO KOMPAKT

Anspruch:	Länge:	Dauer:	Höhendifferenz:
mittel	11,9 km	3:15 Std.	120 m

Von Langlau geht es am Ufer des Kleinen Brombachsees entlang zum Großen Brombachsee und anschließend über Absberg wieder zurück zum Ausgangspunkt.

Ausrüstung: Feste Wanderschuhe, Sonnenschutz, ausreichend Getränke.

Anfahrt mit dem Auto: B13 nach Gunzeshausen, weiter nach Langlau.

Anfahrt mit Bus & Bahn: Mit dem Zug nach Langlau.

Ausgangspunkt: Bahnhof in Langlau
49° 7′ 9″ N 10° 51′ 34″ O

Einkehr: Einkehrmöglichkeit auf halber Strecke in Absberg:
Seeblick Stüberl · Grausenbuck 23 · 91720 Absberg · Tel.: 0 91 75 / 18 32 · www.seeblick-stüberl.de, direkt am Kleinen Brombachsee gelegen, durchgehend warme Küche, fränkische Spezialitäten, täglich geöffnet.

Ausgangspunkt unserer Tour ist der ⓈBahnhof in Langlau. Von der Bahnhofstraße biegen wir nach rechts in die Seestraße ein, folgen ihr und halten uns an der nächsten Gabelung links. Bald ist der Kleine Brombachsee erreicht. Dort wendet man sich nach rechts, geht am Uferweg entlang, um den Beutelmühlgraben zu durchqueren. Der Weg verläuft dann weiter in Ufernähe, dabei passiert man eine Halbinsel, die als **Naturschutzgebiet** ❶ ausgewiesen ist. Anschließend kommen wir zum **Damm** ❷, durch den der Kleine Brombachsee vom Großen Brombachsee getrennt wird. Auf diesem wandern wir zur anderen Seite hinüber und genießen den Blick über die Gewässer. Am Ufer angekommen, wenden wir uns nach links. Man kommt an einem Badestrand und an der Seemeisterstelle vorbei. Unsere Wanderung setzen wir in Ufernähe fort, halten uns an der Gabelung rechts und erreichen schließlich den Marktplatz mit dem **Schloss Absberg** ❸. Es handelt sich dabei um eine dreiflügelige Barockanlage. Am Schloss befindet sich auch die ehemalige Schlosskapelle und heutige katholische Pfarrkirche St. Ottilia sowie die evangelische Pfarrkirche. Vom Marktplatz biegen wir in die Bischof-Ehrenfried-Straße ein und folgen dem Wegweiser zum See, wo uns ein Pfad das letzte Stück über Stufen führt. Weiter geht

FRÄNKISCHES SEENLAND / LANGLAU

es rechts des Sportplatzes entlang. Nun passiert man das Seeblick-Stüberl und erreicht wieder den Kleinen Brombachsee. Dort wandern wir geradeaus über die Brücke und folgen dem Weg über die Halbinsel. Der Uferweg führt uns anschließend zu einem anderen Weg, der parallel zur Fahrstraße verläuft. Hier passieren wir zu unserer Rechten nach kurzer Zeit den Müßighof mit Hofladen und Bauernhofmuseum.

Man folgt weiter dem Weg und kommt dann am **Badestrand** ❹ vorbei. Wir wandern weiterhin parallel zur Straße und überqueren den Altmühlüberleiter. Anschließend biegt man nach links ab und kommt zur Freizeitanlage Langlau, wo sich eine Segelschule, ein Fahrrad- und Tretbootverleih sowie eine Minigolfanlage befinden. Zurück zum Ausgangspunkt der Tour gehen wir auf bereits bekanntem Weg.

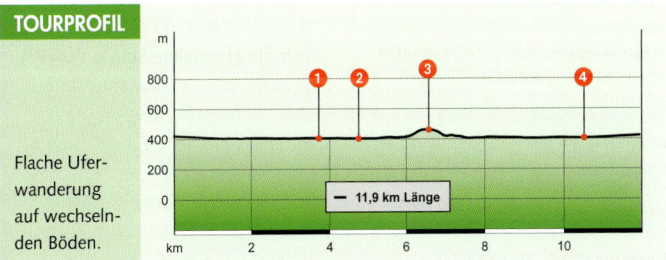

TOURPROFIL

Flache Uferwanderung auf wechselnden Böden.

— 11,9 km Länge

WANDERN IM ALTMÜHLTAL / TOUR 3

3 Von Spalt zur Burg Wernfels

TOURINFO KOMPAKT

Anspruch:	Länge:	Dauer:	Höhendifferenz:
mittel	11,9 km	3:30 Std.	299 m

Unsere Tour führt uns durch die Hopfenfelder von Spalt zur Burg Wernfels. Im beschaulichen Tal der Fränkischen Rezat geht es zurück.

Ausrüstung: Feste Wanderschuhe, Sonnenschutz, ausreichend Getränke und Proviant.

Anfahrt mit dem Auto: A6 bis Ausfahrt Schwabach-West, dann auf der B466 bis Wassermungenau und auf der Staatsstraße nach Spalt.

Ausgangspunkt: Kreuzung Güsseldorfer Straße/Lange Gasse in Spalt
49° 10' 41" N 10° 55' 27" O

Einkehr: Diverse Einkehrmöglichkeiten in Spalt.
Unsere Empfehlung:
Restaurant Rotes Ross · Hauptstr. 34 · 91174 Spalt · Tel.: 0 91 75 / 4 86 · www.rotes-ross-spalt.de, regionale Spezialitäten je nach Saison, in gemütlichem Gastraum oder Ross-Saal, Mi Ruhetag.

Wir starten unsere Rundtour in der Hopfenstadt Spalt an der ⓢ Kreuzung Güsseldorfer Straße/Lange Gasse. Auf der Langen Gasse geht es immer geradeaus, dann folgt man der Drudenstraße und lässt schließlich auf dem Bärenburgweg Spalt hinter sich. Nun geht es immer geradeaus, zunächst zwischen Hopfenfeldern und Obstbaumplantagen, später in den Wald hinein. Dort gelangen wir an eine Kreuzung mit einem größeren Weg, dem wir nach links folgen, ihn aber bei der nächsten Möglichkeit rechts wieder verlassen. Es geht nun bergauf zum Bärenberg. Hier befindet sich eine keltische Ringwallanlage, die **Bärenburg** ❶. Diese umrunden wir über einen Bogen nach rechts und erreichen so auch den Gipfel des Bärenberges (456 m ü. NN). An der nächsten T-Kreuzung hält man sich rechts, wandert steil bergab und biegt an der nächsten T-Kreuzung nach links ab. Nun befinden wir uns im Tal der Fränkischen Rezat. Rechter Hand begleiten wir den Fluss ein kurzes Stück bis zur nächsten **Brücke** ❷, auf der wir die Rezat überqueren. An der Fahrstraße hinter der Brücke wenden wir uns nach rechts und gelangen so zur **Stiegelmühle** ❸, eine ehemalige Mühle, heute eine Wirtschaft. Auf der Stiegelmühler Straße geht es schließlich nach Wernfels. Die Straße Unter der Burg, die links

FRÄNKISCHES SEENLAND / SPALT

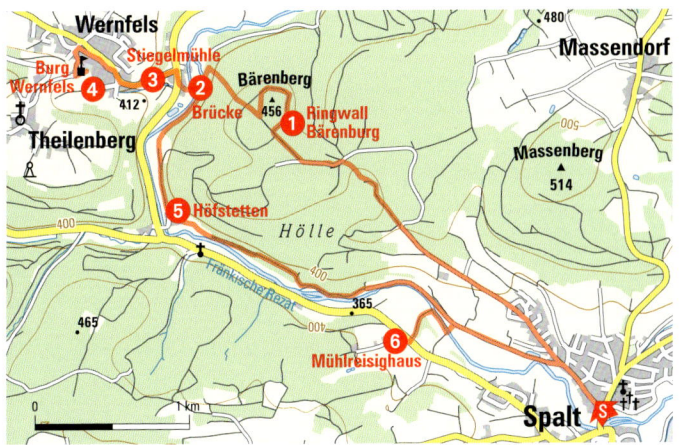

abzweigt, führt auf den Dorfplatz, dort hält man sich man ebenfalls links und biegt in den Burgweg ein, der direkt zur **Burg Wernfels** ❹ führt. Anschließend wandern wir auf dem bekannten Weg zurück zur Rezat. Jenseits des Flusses gehen wir nach rechts weiter und wandern auf dem Pfad zwischen Fluss und Waldrand nach **Höfstetten** ❺. In der kleinen Siedlung hält man sich an der einzigen Gabelung links. Auf dem Feldweg geht es nun eine ganze Weile an der Rezat entlang. Bei einem Hopfenfeld überqueren wir die Fränkische Rezat erneut für einen kleinen Abstecher. Gleich hinter der Brücke wenden wir uns nach rechts und folgen dem Pfad, der uns zur Fahrstraße führt. Diese quert man und kommt schließlich zum **Mühlreisighaus** ❻. Das historische Fachwerkhaus ist im Dachstuhl mit fünf Trockenböden für das Trocknen der Hopfenernte ausgestattet. Anschließend gehen wir zurück zur Brücke, queren die Rezat und gehen dann nach rechts weiter, bis wir wenig später wieder Spalt und unseren Ausgangspunkt erreichen.

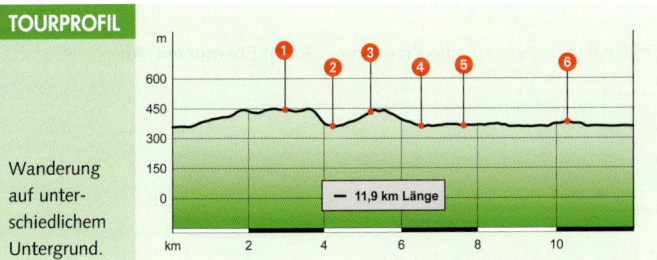

Wanderung auf unterschiedlichem Untergrund.

WANDERN IM ALTMÜHLTAL / TOUR 4

4 Von Mühlstetten zum Schloss Sandsee

TOURINFO KOMPAKT

Anspruch:	Länge:	Dauer:	Höhendifferenz:
mittel	13,1 km	4:00 Std.	198 m

Diese Wanderung führt von Mühlstetten im Tal der Schwäbischen Rezat zum Schloss Sandsee.

Ausrüstung: Feste Wanderschuhe und Getränke.

Anfahrt mit dem Auto: A6 bis Ausfahrt 57 Roth, weiter auf der B2 nach Mühlstetten.

Anfahrt mit Bus & Bahn: Mit dem Zug nach Mühlstetten.

Ausgangspunkt: Bahnhof in Mühlstetten
49° 9' 5" N 11° 0' 27" O

Einkehr: Verschiedene Einkehrmöglichkeiten am Zielpunkt in Pleinfeld.
Unsere Empfehlung:
Kastanienhof · Bahnhofstr. 1 · 91785 Pleinfeld · Tel.: 0 91 44 / 92 98 90 · www.kastanienhof-pleinfeld.de, großer Biergarten, fränkische Schmankerl und leichte deutsche Küche, wechselnde Wochenkarte, Di Ruhetag.

▶ *Die Marienkapelle in Röttenbach.*

FRÄNKISCHES SEENLAND / MÜHLSTETTEN

Die Wanderung beginnt am S Bahnhof von Mühlstetten. Dort orientieren wir uns auf der Stirner Straße nordwärts und erreichen rechts durch eine Unterführung die Bahnhofstraße. Wir kommen von der Pleinfelder Straße in die Mühlstraße, biegen an der **Marienkapelle** ❶ in die Röttenbacher Straße nach rechts ein, dann überqueren wir die Schwäbische Rezat. Bald darauf folgt man der Heidecker Straße bis zu ihrem Ende und geht auf einem Waldweg geradeaus. An der folgenden Gabelung halten wir uns rechts, kommen aus dem Wald, sehen links von uns einen **Funkturm** ❷, queren dort einen Graben, danach nehmen wir am Wegestern den rechten Abzweig. Nach einer längeren Wegstrecke verlässt man den Wald und genießt den Blick auf die Schwäbische Rezat.

In dem beschaulichen Tal erreicht man schließlich die **Heinzenmühle** ❸, dann wird der Weg zu einer asphaltierten Straße. Sobald die Straße über die Schwäbische Rezat führt, nehmen wir den Feldweg weiter geradeaus, der Fluss bleibt rechts von uns. Nach einer Weile passieren wir den Roten Graben, einen Zufluss der Schwäbischen Rezat. Wir halten uns an der darauffolgenden Gabelung links, der Weg endet an einer T-Kreuzung, an der wir nach rechts abbiegen. Kurz darauf verzweigt sich der Weg, man hält sich jetzt links, der Wald lichtet sich und die **Utzenmühle** ❹ ist erreicht.

Unser Weg führt nun zu einer Asphaltstraße. Dort wenden wir uns nach links, um bald darauf dem Waldweg zu unserer Linken zu folgen. Im Wald hält man sich an der nächsten Möglichkeit rechts, gleich darauf links. Nun quert man eine Waldschneise für Hochspannungsleitungen und trifft dann auf die B2. Wir queren die Bundesstraße, folgen weiterhin dem Forstweg, halten uns an der Gabelung rechts und biegen dann erneut nach rechts ab.

Jetzt wandern wir stets geradeaus und biegen, sobald der Weg endet, nach links in eine weitere Forstraße ein. An der folgenden Verzweigung geht es nach links weiter zum **Schloss Sandsee** ❺. Die Rundfestung wurde vermutlich erstmals

TOURPROFIL

Kurzer An- und Abstieg in der zweiten Hälfte der Tour.

13,1 km Länge

im 12. Jh. auf dem 455 m hohen Weinberg angelegt. Schloss Sandsee fiel mehrfach Kriegen und Bränden zum Opfer. Fürstbischof Marquard Schenk von Castel baute das Schloss zuletzt 1660 wieder auf. Heute wird das Schloss von Carl Friedrich Fürst von Wrede und seiner Gattin bewohnt.

Nachdem wir das Schloss von außen besichtigt haben, gehen wir auf unserem bekannten Weg zur Kreuzung zurück. An dieser wenden wir uns nun nach links. Sobald der Wald sich lichtet, hält man sich wieder links, um gleich darauf in die Bachstraße nach rechts einzubiegen. Der Bachstraße folgt man in die Röttenbacher Straße, dann leitet uns der Pleinfelder Weg nach rechts weiter zum Mühlenweg, der uns aus Mischelbach hinaus und zur B2 führt. Über eine Brücke passieren wir die B2 und wandern dann nach links auf einem Feldweg weiter. Man trifft auf einige **Fischteiche** ❻, dahinter schwenkt man an der zweiten Möglichkeit nach rechts in einen weiteren Feldweg ein. Sobald der Weg endet, wendet man sich nach links, um gleich darauf die Fahrstraße nach rechts zu queren. Rechter Hand beginnt ein Feldweg, dem wir in einem Linksknick folgen. Jetzt wandern wir am Flurgraben entlang, halten uns an den Trampelpfad, der uns zur Schwäbischen Rezat und über eine Brücke zurück nach Pleinfeld führt. Am Marktplatz kann man einkehren, ehe es mit der Regionalbahn zurück nach Mühlstetten geht.

▶ *Im Ortskern von Pleinfeld.*

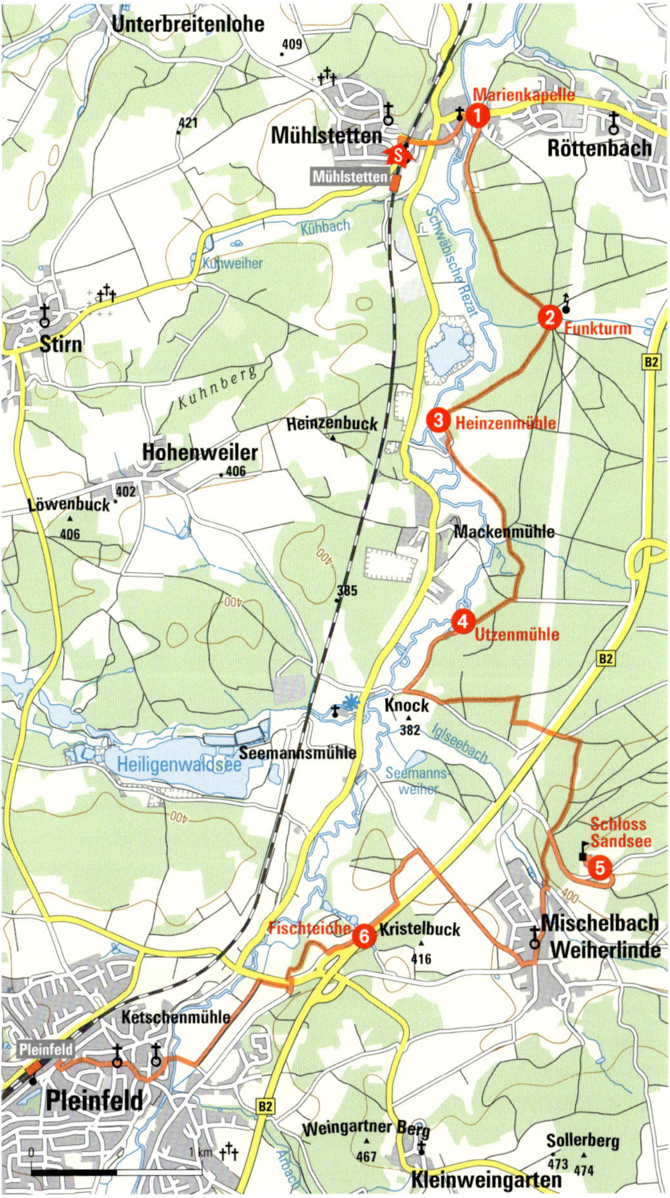
Unterbreitenlohe
409
421
Mühlstetten
Marienkapelle
Röttenbach
Mühlstetten
Kühbach
Kuhweiher
Schwäbische Rezat
Stirn
Funkturm
B2
Kuhnberg
Heinzenbuck
Heinzenmühle
Hohenweiler
406
402
Löwenbuck
406
Mackenmühle
400
385
Utzenmühle
Knock
382
Iglseebach
Seemannsmühle
Heiligenwaldsee
Seemanns-
weiher
Schloss
Sandsee
Fischteiche
Kristelbuck
416
Mischelbach
Weiherlinde
Ketschenmühle
Pleinfeld
Pleinfeld
Weingartner Berg
467
Sollerberg
473
474
Kleinweingarten
Arbach
0
1 km

WANDERN IM ALTMÜHLTAL / TOUR 5

5 Der Fischlehrpfad am Rothsee

TOURINFO KOMPAKT

Anspruch:	Länge:	Dauer:	Höhendifferenz:
schwer	13,0 km	4:00 Std.	110 m

Über den Main-Donau-Kanal wandern wir zum Rothsee und dort auf dem Fischlehrpfad am Stausee entlang. Dabei überqueren wir die beiden Dämme des Sees und gelangen entlang von malerischen kleinen Dörfern zurück zum Ausgangspunkt.

Ausrüstung: Feste Sportschuhe, Getränke und Proviant.

Anfahrt mit dem Auto: A9 Ausfahrt Allersberg und dann weiter auf Staatsstraße St 2225 nach Hilpoltstein.

Anfahrt mit Bus & Bahn: Mit dem Zug nach Allersberg, weiter mit dem Bus nach Hilpoltstein.

Ausgangspunkt: Allersberger Straße, Hilpoltstein
49° 11' 49" N 11° 11' 15" O

Einkehr: Verschiedene Gaststätten in Hilpoltstein.
Unsere Empfehlung:
Gasthof zum Hirschen · Zwingerstr. 8 · 91161 Hilpoltstein · Tel.: 0 91 74 / 12 05 · www.gasthof-zum-hirschen.de, traditionsreicher Gasthof, abwechslungsreiche fränkische Küche mit saisonalen Spezialitäten, Mo Ruhetag.

Am Ortsausgang von Hilpoltstein in der S Allersberger Straße starten wir zu dieser Wanderung. Während unserer Tour folgen wir dem Fischlehrpfad, der uns mit Hilfe diverser Schautafeln über die Tierwelt unter Wasser informiert.
Man nimmt zuerst den Wander- und Fahrradweg, der aus der Stadt zum Main-Donau-Kanal führt. Sobald der Kanal erreicht ist, folgt man der rund 171 km langen Bundesfernwasserstraße ein kleines Stück nach links, passiert die Becken der Schleuse und überquert den Kanal an der **Schleuse Eckersmühlen** ❶. Die zwischen 1980 und 1985 erbaute Schleuse ist mit 25 m Hubhöhe eine der großen Schleusen am Main-Donau-Kanal.
Nachdem wir das Bauwerk überschritten haben, folgen wir an der zweiten Möglichkeit rechts einem Feldweg, der uns direkt zum Ufer des Rothsees führt. Der künstliche See wurde geschaffen, um das wasserarme Nordbayern mit Wasser aus Südbayern zu versorgen. 30 Hektar des 2,1 km² großen Naturbadegewässers sind als Naturschutzgebiet ausgewiesen.
Am See geht man rechts, an der fol-

FRÄNKISCHES SEENLAND / HILPOLTSTEIN

▶ *Die Schleuse Eckersmühlen.*

genden Gabelung links und erreicht bald die Freizeitanlage Seezentrum Heuberg mit Bade- und Einkehrmöglichkeit. Gleich darauf passieren wir den dazugehörigen **Segelboothafen** ❷.
An der anschließenden Weggabelung halten wir uns rechts und am Ufer wenden wir uns ebenfalls nach rechts. Wer will, kann links die kleine Insel **Hasenbruck** ❸ über eine Brücke erreichen. Am Ufer geht man weiter geradeaus entlang, überquert einen Zufluss des Rothsees und wendet sich gleich darauf nach links. Ein Fußweg führt

TOURPROFIL

Flache Tour auf gut ausgebauten Wanderwegen.

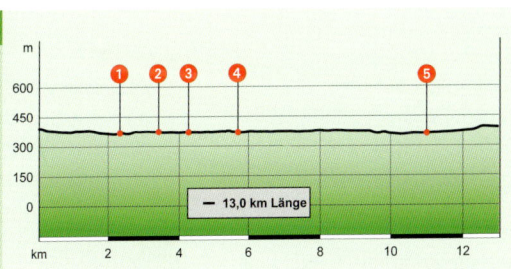

WANDERN IM ALTMÜHLTAL / TOUR 5

▶ *Kunst am Rothsee.*

uns über den **Damm** ❹, der den großen vom kleinen Rothsee trennt. Auf der anderen Seite hält man sich wieder links, sieht schon die kleine Ortschaft Zwiefelhof, passiert einen kleinen Teich und folgt einem Pfad in den Uferwald. Dort halten wir uns an der Gabelung rechts, erreichen einen Waldweg, an dem wir nach links abbiegen.

Wenig später befinden wir uns auf dem Damm des Rothsees. Der 1.700 m lange, aus Lehm- und Tonschichten aufgebaute Damm ist bis zu 45 m breit und bis zu 16 m hoch. Bald trifft man auf die bereits bekannte Kreuzung, wandert nun zurück über die Schleuse Eckersmühlen, um diesesmal nach rechts in Richtung Haimpfarrich abzubiegen. In der kleinen Ortschaft halten wir uns stets links, passieren einen Bauernhof und gehen auf den Hof **Weiherhaus** ❺ zu. Hinter dem Gehöft wandern wir nach links und zurück nach Hilpoltstein. Vor den ersten Häusern der Stadt biegt man, dem Feldweg folgend, ebenfalls nach links ab und erreicht anschließend wieder die Allersberger Straße. Wer möchte, kann noch im Anschluss die mittelalterlich geprägte Bürgerstadt Hilpoltstein mit ihrem historischen Stadtkern besuchen.

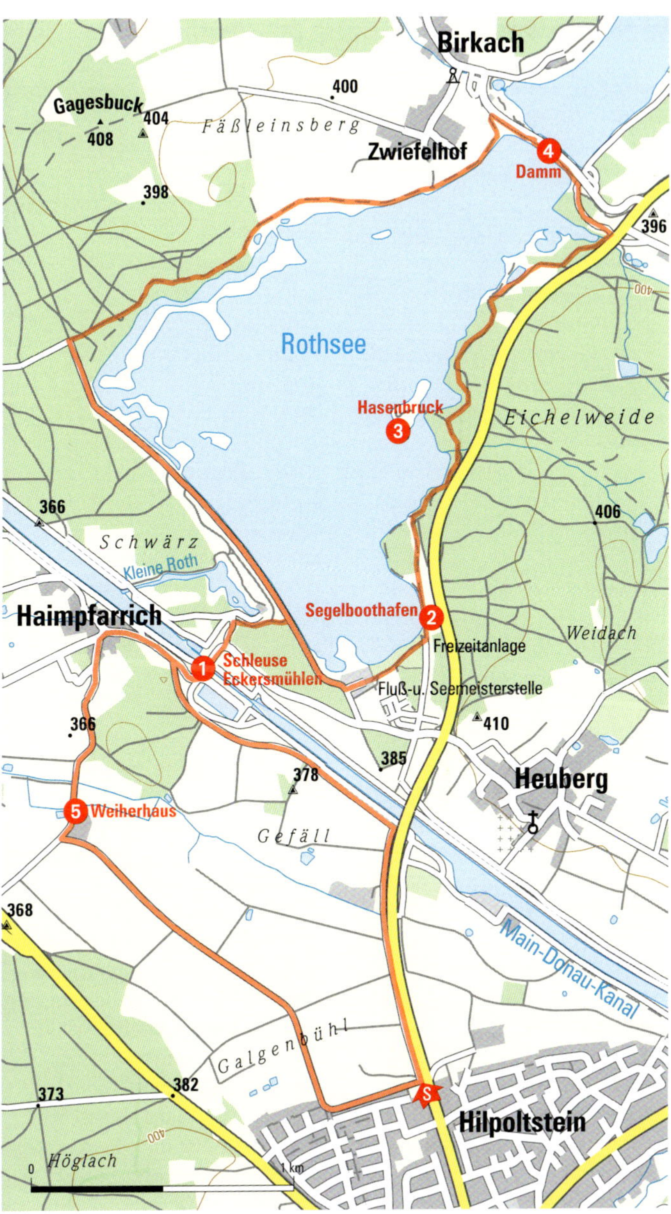
Birkach
400
Gagesbuck
404
408
Fäßleinsberg
Zwiefelhof
4
Damm
398
396
Rothsee
Hasenbruck
3
Eichelweide
366
406
Schwärz
Kleine Roth
Haimpfarrich
Segelboothafen
2
Freizeitanlage
Weidach
1
Schleuse Eckersmühlen
Fluß-u. Seemeisterstelle
366
410
385
378
Heuberg
5
Weiherhaus
Gefäll
368
Main-Donau-Kanal
Galgenbühl
382
373
S
Hilpoltstein
Höglach
0
1 km

WANDERN IM ALTMÜHLTAL / TOUR 6

6 Römerweg Via Biriciana um Weißenburg

TOURINFO KOMPAKT

Anspruch:	Länge:	Dauer:	Höhendifferenz:
schwer	27,7 km	7:30 Std.	380 m

Der Römerweg Via Biriciana folgt abschnittsweise den Spuren der Römer auf dem Limesweg. Neben den kulturellen Höhepunkten erleben wir dabei idyllische Landschaften wie die reizvollen Bereiche des Stadtwaldes von Weißenburg oder ein Naturschutzgebiet oberhalb von Niederhofen.

Ausrüstung: Feste Wanderschuhe, Getränke und Proviant.

Anfahrt mit dem Auto: A9 bis Allersberg, weiter auf Staatsstraßen über Hilpoltstein und Thalmässing nach Burgsalach.

Anfahrt mit Bus & Bahn: Mit dem Zug zum Bahnhof Weißenburg, weiter mit dem Bus nach Burgsalach.

Ausgangspunkt: Fußballplatz in Burgsalach
49° 1' 34" N 11° 5' 30" O

Einkehr: Verschiedene Gasthäuser in Weißenburg.
Unsere Empfehlung:
Gasthof Brandenburger Hof · Niederhofener Str. 18 · 91781 Weißenburg · Tel.: 0 91 41 / 97 41 00 · www.brandenburger-hof-weissenburg.de, fränkische Spezialitäten, Sa Ruhetag.

Wir beginnen unsere Tour auf dem Limesweg in **S** Burgsalach beim Sportplatz in der Burgusstraße. Zwischen Waldrand und Fußballplatz laufen wir in südlicher Richtung los, immer geradeaus bis zu einer Abzweigung, wo wir nach rechts abbiegen. Sogleich passieren wir hier Reste eines römischen **Burgus** ❶. Wenig später verlassen wir den Limesweg, biegen nach links ab und halten uns geradeaus bis zur nächsten Kreuzung. Dort wenden wir uns nach rechts und gleich darauf am Waldrand wieder rechts. Beim Ziegelstadel biegen wir links ab und laufen nun auf freier Flur bis an den Waldrand, an dem wir uns nach rechts wenden. Jetzt führt der Weg durch den Wald und immer geradeaus weiter. Bis zum **Eichelberg** ❷, den wir zu unserer Linken passieren, geht es dabei etwas bergan. Bei der Abzweigung in der Nähe der Staatsstraße nehmen wir den Waldweg nach links, der parallel zur Staatsstraße verläuft. Hier passieren wir nach wenigen Hundert Metern die historische **Wallanlage Alte Bürg** ❸ mit Gräben und Mauerresten. Unser Weg führt dann im Zickzack bergab.

MITTLERES ALTMÜHLTAL / WEISSENBURG V

▶ *Die Römischen Thermen.*

Wir überqueren die Bundesstraße und folgen dem Weg auf der anderen Seite, der uns nach Weißenburg hinabbringt. Nachdem wir den Wald hinter uns gelassen haben, gehen wir am Erlweiher entlang, überqueren wenig später die Straße und folgen dann dem Weg in Richtung Weißenburg. Bald queren wir erneut eine Bundesstraße und laufen auf der Straße Am Volkammersbach weiter. An deren Ende biegen wir nach rechts und gleich darauf nach links ab. Wenig später halten wir uns am Zebrastreifen rechts und folgen dem Weg zum Seeweiher. An diesem gehen wir nach links entlang, überqueren dann die Obere Stadtmühlgasse und laufen auf dem Seilergässchen bis zur Straße Am Kirchhof. Dieser folgen wir nach rechts und biegen an der folgenden Kreuzung nach links ab. Auf der Gunzenhauser Straße queren wir die Bahngleise und passieren nun in einer Schlaufe die **Römischen Thermen** ❹ und durchqueren das Gelände des

TOURPROFIL

Steiler Anstieg hinter Weißenburg, sonst mit wenig Auf und Ab.

rekonstruierten **Kastell Biriciana** ❺. Anschließend laufen wir auf der Straße Am Römerlager bis zur Querstraße und biegen nach links auf die Kohlstraße ab. Bei der Bahnunterführung wenden wir uns nach rechts und gehen geradeaus bis zur Kirche St. Andreas. Dahinter verbirgt sich das **Römermuseum mit dem Bayerischen Limes-Informationszentrum** ❻, wo wir einen informativen Zwischenstopp einlegen können (siehe auch Seite 66). Anschließend folgen wir der Straße geradewegs in östliche Richtung aus dem Ortskern hinaus bis zur Bundesstraße am Rande von Weißenburg. Diese überqueren wir, halten uns dann links und bei der nächsten Abzweigung rechts. Bis zum Bismarckturm am Rohrberg geht es nun steil bergauf. Wir passieren eine Kleingartenanlage und folgen dem Weg, der den Hang hinaufführt. Schließlich erreichen wir den **Bismarckturm** ❼ und wenden uns an der T-Kreuzung nach rechts. Nach wenigen Metern folgen wir dem Pfad, der geradeaus zwischen den Bäumen hindurchführt. Etwas später passieren wir das Naturfreundehaus und halten uns an der nächsten Weggabelung rechts. Nun durchqueren wir das

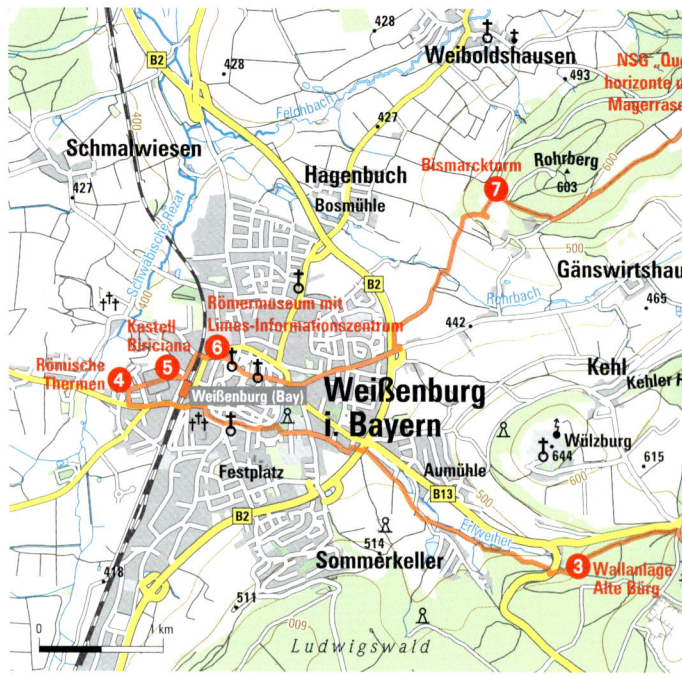

MITTLERES ALTMÜHLTAL / WEISSENBURG

Naturschutzgebiet „Quellhorizonte und Magerrasen" ❽, das sich am Albtrauf entlangzieht und geprägt ist durch ein abwechslungsreiches Nebeneinander von Magerrasen, Hecken, kleinparzellierten Feldern und Laubwäldern. An der Abzweigung nach der Rechtskurve biegen wir nach links ab und wandern nun hangparallel oberhalb von Niederhofen weiter, bis wir auf einen Weg stoßen, der von oben herabführt. Hier biegen wir nach links ab und bei dem nächsten Abzweig nach rechts. Nun befinden wir uns wieder auf dem Limesweg. Bei der T-Kreuzung wenden wir uns nach rechts und laufen nach Oberhochstatt hinab. In der Ortschaft biegen wir in die Straße namens Feldweg nach links ab, ignorieren die Abzweigung direkt hinter den letzten Häusern, aber wenden uns bei der nächsten nach rechts. An der T-Kreuzung geht es wieder nach links, wir gehen am Waldrand entlang und stoßen wenig später auf den Weg, der uns vom Beginn der Tour bekannt ist. Auf diesem gehen wir wieder zurück nach Burgsalach. Wem die gesamte Strecke zu lang ist, kann von Weißenburg auch mit dem Bus (Linie 616) nach Burgsalach zurückfahren.

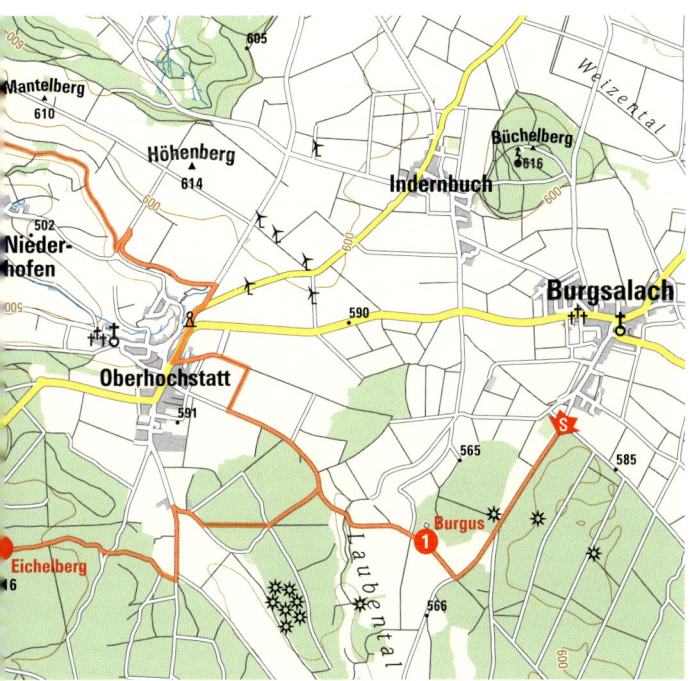

WANDERN IM ALTMÜHLTAL / TOUR 7

7 Altmühlblick rund um Treuchtlingen

TOURINFO KOMPAKT

Anspruch:	Länge:	Dauer:	Höhendifferenz:
schwer	17,0 km	5:30 Std.	314 m

Auf dem schönen Panoramarundweg, dem Schlaufenweg Nr. 6, wandern wir die Altmühl entlang, passieren eine Kriegsgräberstätte und die „Fossa Carolina" und gelangen dann über ein kleines Wäldchen zurück nach Treuchtlingen.

Ausrüstung: Feste Wanderschuhe, Sonnenschutz und Verpflegung.

Anfahrt mit dem Auto: A6 bis Ausfahrt 52 bei Ansbach, weiter über die B13 und die St2230 über Unterasbach nach Treuchtlingen.

Anfahrt mit Bus & Bahn: Mit dem Zug nach Treuchtlingen.

Ausgangspunkt: Stadthalle Treuchtlingen, Jahnstraße
48° 57' 12" N 10° 54' 45" O

Einkehr: Auf halber Strecke in Wettelsheim:
Landgasthof Zum Hirschen · An der Rohrach 46 · 91757 Wettelsheim · Tel.: 0 91 42 / 76 78 · www.zum-hirschen-wettelsheim.de, gutbürgerliche Küche, Brotzeit aus eigener Schlachtung, Biergarten, Kuchen, täglich geöffnet.

▶ *Am Karlsgraben.*

Unsere Wanderung beginnt in ⑤ Treuchtlingen an der Stadthalle. Vor der Brücke wandern wir flussaufwärts die Altmühl entlang bis zur Altmühltherme auf der anderen Flussseite. Hier biegen wir links in die Kästleinsmühlenstraße ein und laufen am **Kurpark** ❶ entlang bis zum Fuße des Nagelberges. Bei der Abzweigung wählen wir den rechten Weg und biegen gleich darauf wiederum nach rechts ab. Nun geht es den Hang hinauf. Am Waldrand wenden wir uns nach links und folgen dem Weg am Fuße des Nagelberges entlang. Schließlich passieren wir die Kriegsgräberstätte

MITTLERES ALTMÜHLTAL / TREUCHTLINGEN

▶ Im Kurpark von Treuchtlingen.

und gehen bei der ersten darauf folgenden Abzweigung links hinab zur Staatssstraße. Diese überqueren wir, gehen durch die Bahnunterführung und weiter bis zur Dorfkirche. An der Karlsgraben-Ausstellung vorbei, halten wir uns immer rechts bis zur **„Fossa Carolina"** ❷, dem Karlsgraben. Dieser gilt als Vorläufer des Main-Donau-Kanals – Karl der Große ließ ihn im 8. Jh. anlegen. Wir wandern bis zu seinem Ende immer an der Bahn entlang. Vor dem Brunnen gehen wir nach links bis zur Verbindungsstraße Graben–Grönhart, in die wir nach rechts einbiegen. Nach ca. 100 m wenden wir uns nach links und gehen auf dem Feldweg weiter. Nun geht es leicht bergan bis zum **Bubenheimer Berg** ❸. Auf dem Aussichtsplatz befinden sich Felsen aus dem Riesauswurf, einem Meteoriteneinschlag im Nördlinger Ries. Schräg links geht es dann den Hang hinunter. An der Abzweigung

TOURPROFIL

Sowohl Pfade und Forststraßen als auch auf befahrenen Straßen.

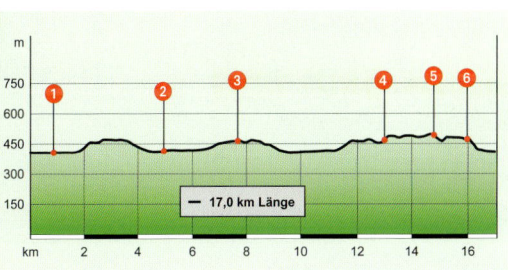

WANDERN IM ALTMÜHLTAL / TOUR 7

biegen wir nach links ab und bei der Gaststätte Altmühlgrund zweimal nach rechts. Auf der Dorfstraße laufen wir nun bis zur Brücke, queren die Altmühl und folgen dem Weg an der Straße entlang bis nach Wettelsheim. Nach der Unterführung halten wir uns an der Abzweigung rechts und gehen auf der Wehrstraße, die schließlich in die Marktstraße mündet, weiter in Richtung Ortskern. Am Ende der Marktstraße gelangen wir zum Dorfbach, wo wir nach links abbiegen. Schließlich queren wir die Rohrach, bevor wir uns nach rechts wenden, und laufen auf dem Friedhofsweg weiter in südliche Richtung. An der nächsten Abzweigung halten wir uns links und folgen der Straße bis zum Ende der Siedlung. Hier geht es erst links und dann rechts auf den Feldweg bis zum Waldrand. Auf dem ersten Waldweg marschieren wir links bis zum **Wettelsheimer Keller** ❹, der zu einer Einkehr einlädt, und folgen danach rechts dem Waldweg bis zum **Naturfreundehaus** ❺. Nach einer engen Linkskurve gehen wir auf der Straße leicht bergab und bei der ersten Möglichkeit auf einem schmalen Pfad nach rechts zwischen den Häusern hindurch bis zur Staatsstraße Treuchtlingen–Auernheim. Nachdem wir diese überquert haben, folgen wir dem Pfad weiter durch den Wald, überqueren dann die Hahnenkammstraße und gehen halblinks weiter bis zur **Treuchtlinger Burgruine** ❻ aus dem 9. Jh.

▶ *An der Treuchtlinger Burgruine.*

MITTLERES ALTMÜHLTAL / TREUCHTLINGEN

Vom Burgvorplatz führt uns ein kleiner Waldpfad nach links den Hang hinunter zur Straße Am Schlossberg. Wir gehen links bergab und am Kulturzentrum Forsthaus vorbei bis zur nächsten Querstraße. Hier biegen wir nach rechts ab, erreichen den Almtühltal-Panoramaweg und sind kurz darauf wieder zurück im Ortskern von Treuchtlingen.

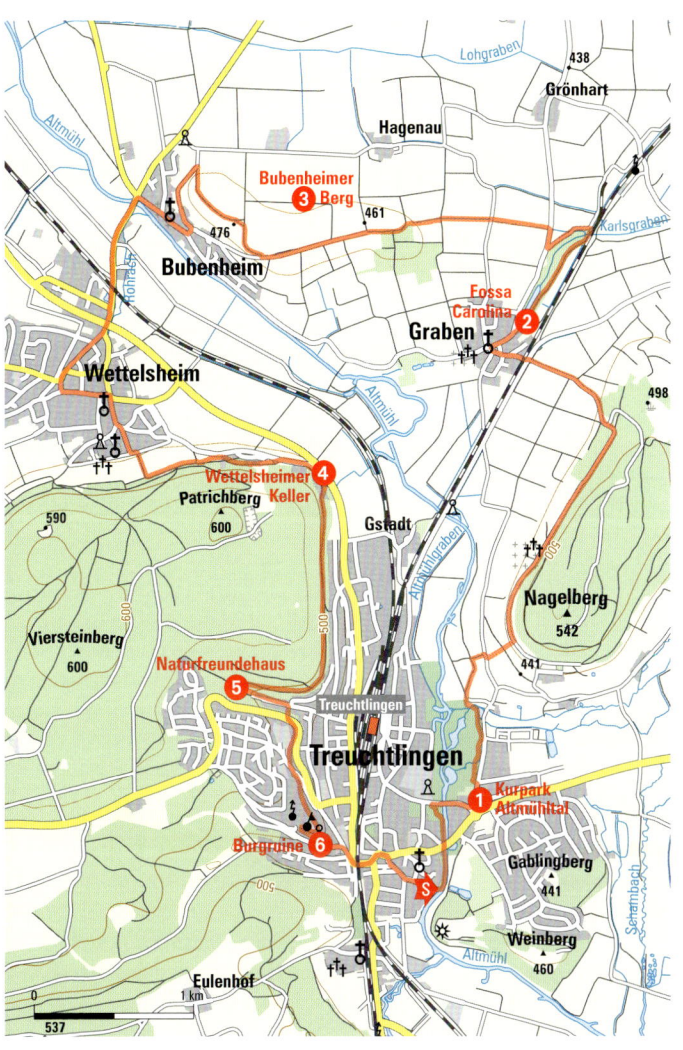

WANDERN IM ALTMÜHLTAL / TOUR 8

8 Geoweg Urdonautal

TOURINFO KOMPAKT

Anspruch:	Länge:	Dauer:	Höhendifferenz:
schwer	20,5 km	7:00 Std.	440 m

Diese abwechslungsreiche Tour verläuft zum Teil auf dem Schlaufenweg Nr. 11 des Altmühltal-Panoramaweges und ist ein wahrer „Geo-Thriller": Tropische Fossilien, hoch aufragende Felspartien, steile Hänge, gigantische Felswände und eine kleine Quelle setzen sich wie in einem Puzzle zu Bildern der Entstehung unserer Landschaft zusammen.

Ausrüstung: Feste Wanderschuhe, ausreichend Proviant und Getränke.

Anfahrt mit dem Auto: A9 bis Kinding, weiter auf Staatsstraßen über Pfahldorf und Schernfeld nach Dollnstein.

Anfahrt mit Bus & Bahn: Mit dem Zug bis zum Bahnhof Dollnstein.

Ausgangspunkt: Dollnstein Bootsausstiegsplatz
48° 52' 31" N 11° 4' 19" O

Einkehr: Restaurants in Dollnstein. Unsere Empfehlung:
Gasthof Zur Post · Marktplatz 3 · 91795 Dollnstein · Tel.: 0 84 22 / 15 15 · www.gasthofzurpost-dollnstein.de, frisch zubereitete, deftige Gerichte in gemütlicher Atmosphäre, Mo Ruhetag.

Von der 🅢 Station 1 am Bootsausstiegsplatz geht es an der Altmühl entlang nach Osten in Richtung Brücke. Dort treffen wir auf die blau-gelbe Beschilderung der Schlaufe 11, der wir über die Brücke folgen. Gleich hinter der Brücke verlassen wir den Schlaufenweg und gehen nach rechts über den Altmühlweg und die Bergstraße zur Station 2, dem Stupberg (gelb-grüner Geowegbeschilderung folgen). Ein Wiesenpfad führt am Ende der Bergstraße direkt an den Fuß des kleinen Hügels. Der Aufstieg zum Gipfel dauert zwar nur wenige Minuten, der Pfad ist jedoch sehr steil und schmal. Trittsicherheit, gutes Schuhwerk und Schwindelfreiheit sind absolut erforderlich, um diesen kleinen Abstecher sicher zu bewältigen. Vom höchsten Punkt bietet sich ein schöner Rundblick in das Altmühltal.

Vom Stupberg geht es wieder zurück zur Bergstraße. Über die Pappenheimer Straße treffen wir in der Reichenaustraße wieder auf die Markierung des Schlaufenweges und folgen dieser durch die Eisenbahnunterführung nach links in die Wellheimer Straße. In der Rechts-

MITTLERES ALTMÜHLTAL / DOLLNSTEIN

▶ *Blick ins Urdonautal.*

kurve zweigt unser Weg links in den Antoniusweg ab. Bei der **Antoniuskapelle** ❶ halten wir uns rechts und biegen in die Straße Am Gänsbuck ab. Nach wenigen Metern führt uns der Weg oberhalb der Häuserreihe den Hang hinauf. An der oberen Hangkante wandern wir vorbei an herrlichen Felsen und wacholderbestandenen **Trockenrasen** ❷ und treffen kurz hintereinander auf die Stationen 3, 4 und 5 des Geowegs. Oberhalb des Dollnsteiner Weihers führt der Pfad wieder nach unten ins Tal. An der Lichtung angekommen, verlassen wir den blau-gelb ausgeschilderten Schlaufenweg und biegen am Verkehrsschild nach rechts in den Waldweg ab. Nach wenigen Metern zeigt ein Geoweg-Wegweiser nach links: an einer Sitzgruppe vorbei erreicht man einen Wiesenpfad, der an einer Hecke entlangführt, kurz darauf einen Rechtsknick macht und das Tal durchquert. Wir passieren den Dollnsteiner Weiher mit Wanderparkplatz, überqueren die Staats-

TOURPROFIL

Anspruchsvoll mit steilen Abschnitten alpiner Prägung – Trittsicherheit erforderlich.

straße und treffen am Waldrand auf einen Feldweg, der nach links führt. Kurz darauf gelangen wir zu einem Schild, das den Weg zum Jägersteig rechts den Hang hinaufweist. Der Jägersteig führt durch das **Naturwaldreservat Beixenhart** ❸ zur Station 6. Der schmale Pfad ist nicht einfach zu begehen, erneut ist Schwindelfreiheit erforderlich. Für die Durchquerung des Beixenharts benötigen wir aufgrund des schwierigen Geländes etwa 2,5 Stunden. Bei Nässe können wir alternativ auf dem Feldweg unterhalb des Beixenharts bleiben. Auf dem Alternativweg treffen wir nach knapp einer Stunde auf das Ende des Jägersteigs, der, rechts vom Hang herunterkommend, auf den Feldweg trifft. Von dieser Stelle ist es nur noch ein kurzes Stück zum Waldrand und den **seitlichen Trockentälern** ❹ (Station 7). Vom Waldrand aus führt ein Feldweg zwischen Äckern hindurch zur Talmitte. Anschließend treffen wir auf den Urdonautal-Radweg, dem wir bis Konstein folgen. Beim Passieren des alten Konsteiner Bahnhofsgebäudes können wir deutlich erkennen, dass der Radweg auf einer alten Bahntrasse verläuft. Kurz hinter dem alten Bahnhof verlassen wir den Urdonautal-Radweg und gehen nach links in Richtung Dohlenfelsen in die gleichnamige Straße und anschließend nach rechts in die Aichaer Straße, die unmittelbar am Dohlenfelsen, der Station 8 des Geowegs, vorbei führt. Um Station 9 und 10 zu erreichen, gehen wir die Straße weiter und biegen bei der ersten Abzweigung rechts ab. Nach wenigen Metern gelangen wir zur **Schutterquelle** ❺ (Station 9), einer Karstquelle am Fuß des Galgenberges. Die Station 10 befindet sich am Aussichtspunkt des Galgenbergs bei der Gaststätte Naturfreundehaus. Hier treffen wir auch wieder auf die blau-gelbe Beschilderung des Schlaufenwegs, der wir in den Wald hinein folgen. Bald biegt der Weg nach links in Richtung Aicha ab. Wir durchqueren den Ort und gelangen an ein Waldstück. Dort trennt sich die Routenführung wieder, der Geoweg zweigt vom Schlaufenweg links ab und führt entlang des Aichaer Waldlehrpfads den Hang bergan. Nach kurzer Wegstrecke gelangen wir zu Station 11, einem **Sandgraben aus der Kreidezeit** ❻. Hinter der Station 11 wandern wir durch ein größeres Waldstück. Dabei treffen wir wieder auf den Schlaufenweg, welcher auf einer alten Römerstraße verläuft. Nach Verlassen des Waldstücks erreichen wir Station 12 mit einer Informationstafel zum Einfluss der Urdonau und der Kaltzeiten. An dieser Stelle haben wir einen fantastischen Ausblick auf den Burgsteinfelsen. Um die Station 13 zu erreichen, die wenige Meter nach Station 12 folgt, biegen wir vom Schlaufenweg nach links ab. Nach dem kurzen Abstecher geht es wieder zurück auf die Schlaufe, der wir bis zum Ausgangspunkt in Dollnstein folgen.

MITTLERES ALTMÜHLTAL / DOLLNSTEIN V

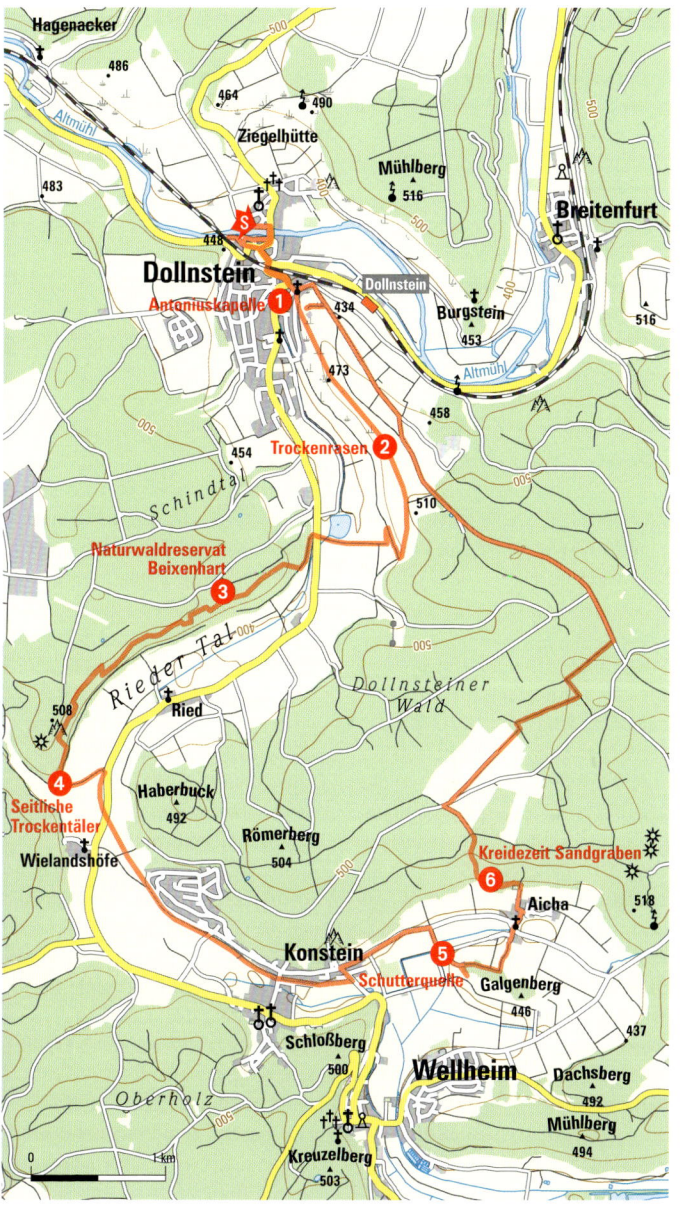

WANDERN IM ALTMÜHLTAL / TOUR 9

9 Rund um die Bischofsstadt Eichstätt

TOURINFO KOMPAKT

Anspruch:	Länge:	Dauer:	Höhendifferenz:
mittel	10,4 km	3:30 Std.	348 m

Diese aussichtsreiche Tour verläuft zu Beginn auf dem Altmühltal-Panoramaweg und führt uns dann über kleinere Anstiege und schöne Wege zu einigen bedeutenden Sehenswürdigkeiten von Eichstätt.

Ausrüstung: Festes Schuhwerk, ausreichend Getränke und Proviant.

Anfahrt mit dem Auto: A9 bis Ingolstadt, weiter auf der B13 nach Eichstätt.

Anfahrt mit Bus & Bahn: Mit der Bahn bis zum Bahnhof Eichstätt-Stadt.

Ausgangspunkt: Informationszentrum Naturpark Altmühltal in Eichstätt
48° 53′ 30″ N 11° 11′ 15″ O

Einkehr: Unsere Empfehlung am Ende der Tour:
Braugasthof Trompete · Ostenstr. 3 · 85072 Eichstätt · Tel.: 0 84 21 / 9 81 70 · www.braugasthof-trompete.de, bayerische Küche, lokales Bier, tgl. geöffnet.

Startpunkt unserer Tour ist am ⓢ Informationszentrum Naturpark Altmühltal. Wir folgen der Straße Am Graben, überqueren die Luitpoldstraße und gehen dann den „Neuen Weg" entlang. Hinter den letzten Häusern führt ein Pfad links weg, dem wir folgen. Gleich darauf zweigt der Weg nach rechts ab. Nun wandern wir durch den Wald, meist geht es bergauf, und achten dabei immer auf die Wegmarkierung des Altmühltal-Panoramawegs. Oberhalb des Altmühltals geht es in einem großen Bogen um Eichstätt, dabei genießen wir immer wieder herrliche Ausblicke. Unterhalb des Restaurants Schönblick, wo sich eine Einkehr anbietet, überqueren wir die B13 und folgen dem Pfad bergab zum Schützenhaus. Hier verlassen wir den Altmühltal-Panoramaweg und folgen ab jetzt dem Wanderweg Nr. 7. Auf der Straße Am Herzogkeller gehen wir in Richtung Ortskern, queren zunächst die Altmühl über die Schlagbrücke und anschließend die Durchgangsstraße und die Gleise. Es geht immer weiter geradeaus. Wo die Gundekarstraße einen Linksbogen beschreibt, folgen wir dem Weg direkt vor uns geradeaus weiter, der uns nun zur **Willibaldsburg** ❶ hinaufführt. Rechts hinter der Burgkapelle folgen wir anschließend dem Weg, der über Trockenrasenhänge zur **Frauenbergkapelle** ❷ führt. Zu unserer Linken

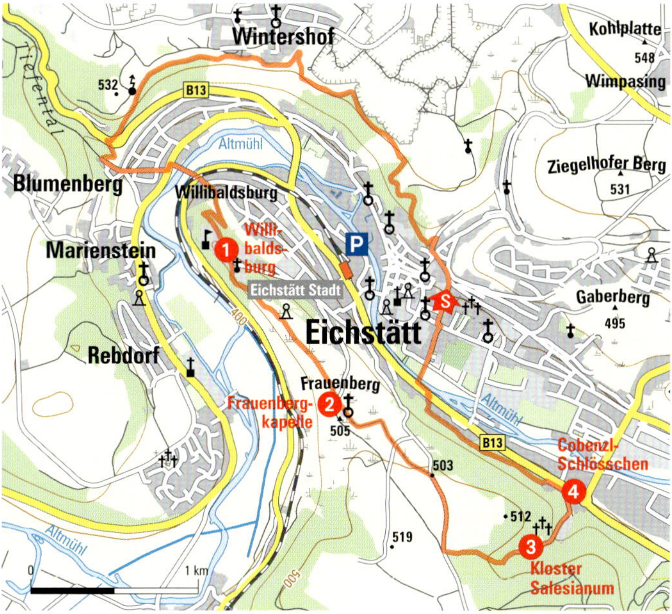

MITTLERES ALTMÜHLTAL / EICHSTÄTT

und Rechten bieten sich tolle Ausblicke über Eichstätt und Rebdorf. Links von der Kapelle führt nun ein Pfad bergab. Am Beginn des Waldes biegen wir nach links ab. Vorbei am **Kloster Salesianum** ❸ und dem **Cobenzl-Schlösschen** ❹ laufen wir nun parallel zur B13 und etwas oberhalb des Altmühltals zurück in Richtung Ortsmitte von Eichstätt. Am Ende des Weges wenden wir uns nach rechts, überqueren die Straße und die Altmühl und gehen nun weiter geradeaus. An der Ostenstraße biegen wir links und gleich darauf nach rechts ab und haben somit den Ausgangspunkt unserer Tour wieder erreicht.

TOURPROFIL

Ständig wechselnde Wegbeschaffenheit.

WANDERN IM ALTMÜHLTAL / TOUR 10

10 Ritter- und Römerweg

TOURINFO KOMPAKT			
Anspruch: schwer	Länge: 17,5 km	Dauer: 6:00 Std.	Höhendifferenz: 404 m

Auf der Schlaufe Nr. 17 des Altmühltal-Panoramaweges, dem Ritter- und Römerweg, erwarten uns herrliche Weitblicke und hautnah erlebbare Zeugnisse der römischen Geschichte rund um Titting.

Ausrüstung: Feste Wanderschuhe, Proviant und Getränke.

Anfahrt mit dem Auto: A9 bis Ausfahrt Kinding, weiter auf Staatsstraßen über Schafhausen und Altdorf nach Titting.

Anfahrt mit Bus & Bahn: Mit dem Zug bis Kinding, weiter mit dem Bus nach Titting.

Ausgangspunkt: Beim Rathaus Titting 48° 59' 50" N 11° 12' 32" O

Einkehr: Hotel und Gasthof Baumann · Am Marktplatz 31 · 85135 Titting · Tel.: 0 84 23 / 2 78 · www.baumann-gasthof.de, Fleisch- und Wurstwaren aus hauseigener Metzgerei, altbayerische Spezialitäten, Mo Ruhetag.

Startpunkt des Ritter- und Römerweges ist im S Kehrweg in Titting in der Nähe des Rathauses. Links von einem Bauernhof zweigt in nördliche Richtung ein Weg ab, dem wir folgen. Nachdem wir die Anlauter und einen kleinen Nebenfluss überquert haben, wenden wir uns auf der Staatsstraße nach links, überqueren dann die Straße und kommen so am Friedhof vorbei. Hinter dem Friedhof geht es scharf nach rechts und nach wenigen hundert Metern folgen wir dem Pfad, der nach links steil bergan auf die Wacholderheide führt. Schließlich stoßen wir auf einen Weg, der wieder hinab in den Ort führt. Wenig später erreichen wir die Straße Am Galgenberg, folgen dieser nach links und biegen an der nächsten Kreuzung wiederum nach links ab. Gleich darauf nehmen wir den Weg rechter Hand, der direkt an der Häuserzeile entlangführt. Nun wandern wir oberhalb des Anlautertals in Richtung Osten, bis wir am Waldrand auf eine Abzweigung stoßen. Dort wenden wir uns nach links und gehen bergan, zunächst am Waldrand entlang und dann im Wald immer weiter in östliche Richtung. Schließlich eröffnet sich vor uns eine markante Freifläche, hier biegen wir nach rechts in den Feldweg ein und folgen diesem zunächst in südliche, dann wieder in östliche Richtung. Beim Sport-

MITTLERES ALTMÜHLTAL / TITTING

platz gehen wir geradeaus weiter. Nun geht es oberhalb des Waldes leicht bergab, bis wir schließlich den Ortsrand von Emsing erreicht haben. Wir biegen nach links auf die Mantlacher Straße ein und wollen nun ins Tal des Morsbaches hinabsteigen. Hierzu wenden wir uns bei der ersten Möglichkeit nach rechts und am Ende des Weges nach links. Gleich darauf führt uns ein kleiner Weg nach rechts direkt zum Fluss hinab. Über eine kleine Holzbrücke queren wir den Morsbach und wandern rechter Hand ein Stück an diesem entlang. Wenig später mündet unser Weg auf einen weiteren Weg, der von links bergab führt. Wir folgen diesem bis zum nächsten Wegekreuz. Hier biegt man links ab und steigt den Hügel hinauf. Wir überqueren die Staatsstraße und halten uns danach rechts. Nun geht es oberhalb des Anlauterales immer am Waldrand entlang. Schließlich gelangen wir an eine Teerstraße, die auf die Staatsstraße nach Altdorf mündet. Wir folgen dieser bergab nach Altdorf hinein. Im Ort passieren wir die Kirche. Hinter dieser biegen wir zweimal nach

▶ *Die Burgruine Brunneck.*

rechts ab und überqueren dann die Anlauter. Gleich darauf wenden wir uns nach links und gelangen so zum **Blaubrunnen** ❶, einer Karstquelle. Von hier führt nun der Weg steil bergauf zur **Burgruine Brunneck** ❷, eine Ende des 14. Jh. von den

TOURPROFIL

Teilweise auf naturnahen, pfadigen Wegstrecken, einige Steigungen.

WANDERN IM ALTMÜHLTAL / TOUR 10

Herren von Heideck erbaute Adelsburg. Nachdem wir die Überreste der Burg erkundet haben, gehen wir durch den Wald geradeaus weiter bis zu einer T-Kreuzung. Hier halten wir uns links und folgen der Beschilderung in Richtung Süden. Unser Weg beschreibt nun einen Rechtsbogen und kurz darauf eine enge Linkskurve. Kurz darauf treffen wir auf ein Wegekreuz und gehen auf dem schmalen Pfad vor uns geradeaus weiter. An der ersten Abzweigung halten wir uns links, an der zweiten biegen wir nach rechts ab. Kurz darauf treffen wir auf den Limeswall und nacheinander auf vereinzelte Reste von **römischen Wachtürmen** ❸ und den Limesgedenkstein. Ab dem Denkmal verläuft unser Wanderweg auf einer kaum befahrenen Teerstraße. Wenig später erblicken wir den **Erkertshofener Limesturm** ❹ vor uns, einen rekonstruierten römischen Wachturm (siehe Kasten). Nachdem wir den frei zugänglichen Turm besichtigt haben, laufen wir weiter in Richtung Ortsmitte. Bei dem kleinen Weiher biegen wir nach rechts in die Ortsstraße ab und folgen ihr, bis sie am Ortsausgang einen Linksbogen macht. Dort gehen wir geradeaus weiter. Nun wandern wir für die nächsten ca. 2 km auf der Jurahochfläche immer geradeaus und genießen dabei einen freien Blick in die Umgebung. Am Waldrand folgen wir dem Weg, der direkt in den Wald und bis kurz vor Titting bergab führt. An einer kleinen Kapelle halten wir uns links und gehen an der Anlauter entlang weiter in Richtung Titting. Bei den Gewächshäusern biegen wir rechts ab und folgen der Martinsgasse in Richtung Westen. Bei der Marktstraße biegen wir nach links ab und gehen so auf unserem Weg zum Ausgangspunkt noch bei der Kirche St. Michael und der Brauerei Gutmann vorbei, die in einem **ehemaligen Wasserschloss** ❺ untergebracht ist. Über ein schmales Gässchen und die Straße Am Stock erreichen wir wieder den Kehrweg und somit den Endpunkt unserer Tour.

MITTLERES ALTMÜHLTAL / TITTING

DER LIMES

Der Limes, im Volksmund auch als Teufelsmauer bezeichnet, markierte einst die Grenzen des römischen Weltreiches. Die ehemalige römische Reichsgrenze zog sich durch ganz Deutschland und war, abgesehen von der chinesischen Mauer, das größte und mächtigste Verteidigungssystem der Welt. Denn der Limes erstreckte sich auf 500 km und war mit 900 Wachtürmen und mehr als 60 Kastellen großzügig vor Eindringlingen geschützt. Er gilt damit als größtes Bodendenkmal Mitteleuropas und wurde 2005 in die Liste des Weltkulturerbes der UNESCO eingetragen. Die Verteidigungsanlagen erlebten mehrere Entwicklungsstufen, von der mit einfachen Holztürmen besetzten Heerstraße bis zur mühsam aufgeschichteten Steinmauer mit steinernen Wachtürmen. Am Ortsausgang von Erkertshofen wurde die einzige Rekonstruktion eines steinernen Limesturmes in Bayern errichtet. Der dreigeschossige Bau wurde 1992 fertiggestellt und ist für Besucher zugänglich. Bemerkenswert ist der fehlende Zugang im Erdgeschoss: Die Wachleute gelangten wahrscheinlich nur über eine einziehbare Leiter in den Turm.

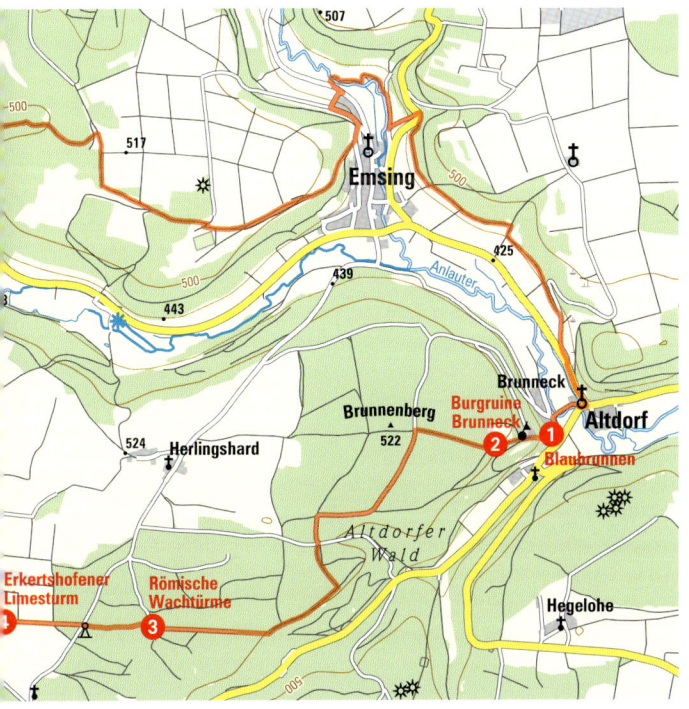

WANDERN IM ALTMÜHLTAL / TOUR 11

11 Rundweg Greding

TOURINFO KOMPAKT

Anspruch:	Länge:	Dauer:	Höhendifferenz:
mittel	11,2 km	3:30 Std.	274 m

In naturnaher Umgebung erleben wir eine abwechslungsreiche Tour um den Kalvarienberg. Beispielsweise passieren wir eine schöne alte Baumallee, eine Burgruine, viele Bildstöcke und eine Biberburg.

Ausrüstung: Feste Wanderschuhe, Sonnenschutz, Getränke und Verpflegung für unterwegs.

Anfahrt mit dem Auto: A9 bis Greding, dort links abbiegen Richtung Berching.

Anfahrt mit Bus & Bahn: Per Zug bis Hilpoltstein, mit Bus nach Greding.

Ausgangspunkt: Bergstraße in Greding
49° 2' 53" N 11° 21' 6" O

Einkehr: Gaststätten in Greding.
Unsere Empfehlung:
Gasthof Krone · Am Marktplatz 1 · 91171 Greding · Tel.: 0 84 63 / 6 52 80 · www.krone-greding.de, frische, fränkische Küche und bayerische Schmankerln, Mo Ruhetag.

Wir beginnen unser Tour an der **S** Basilika St. Martin und wandern entlang einer schönen Baumallee unterhalb des Kalvarienbergs in Richtung Westen. Nach einiger Zeit laden Ruhebänke zum Verweilen ein. Von hier öffnet sich ein wunderbarer **Blick über das Schwarzachtal** ❶. Man folgt nun in einem Rechtsbogen dem schattigen Weg bis zur Landstraße von Röckenhofen nach Greding, welche wir überqueren. Der Beschilderung folgend, erreichen wir den Ort Herrnsberg, wo im Gasthaus Schmidt eine Einkehrmöglichkeit besteht. Auf Höhe des Schulhauses überqueren wir die Dorfstraße und gelangen nach ca. 80 m auf einen schönen Waldsteig. Auf einem Abstecher von ca. 200 m nach links ins Tal können wir das Pumpenhaus, die ehemalige Wasserversorgung von Herrnsberg anhand einer Erläuterungstafel erkunden. Unser Wanderweg führt jedoch nach rechts in Richtung Greding. In der sogenannten **Burgleite** ❷ können wir noch Reste der alten Burgruine sehen. Darüber hinaus befindet sich hier eine schöne **Mariengrotte** ❸. Von einer Forststraße biegen wir nach links in das wunderschöne Agbachtal ab. Hier besteht auch die Möglichkeit die Tour abzukürzen, indem wir dem Forstweg geradeaus folgen, allerdings versäumen wir dann einen schönen Wegabschnitt. Wir

MITTLERES ALTMÜHLTAL / GREDING

durchwandern das Agbachtal am Waldrand. Ein Highlight für Naturfreunde sind die Biberburgen am Agbach. Rechter Hand passieren wir eine **Eishöhle** ❹ und erreichen, entlang einer Wasserrinne mit mehreren Quellzuflüssen, die **Fischweiher** ❺ nördlich von Greding. Hier biegen wir nach rechts ab, steigen durch einen Hohlweg einige Höhenmeter bergan und folgen auf halber Höhe einem schönen Wanderpfad nach links. Es geht an einem Marienbildstock vorbei in Richtung Greding bis zur Landstraße. Diese überqueren wir und halten uns zunächst links. Unser Wanderweg führt dann nach rechts, einige Höhenmeter quer zum Hang zur Linde hinauf. Oberhalb der Martinskirche erwartet uns eine Ruhebank, von der wir einen wunderbaren Blick auf Greding haben. Über den neu angelegten Kreuzweg steigen wir in wenigen Minuten zum Startpunkt zurück.

TOURPROFIL

Überwiegend auf schönen Waldpfaden und Wegen.

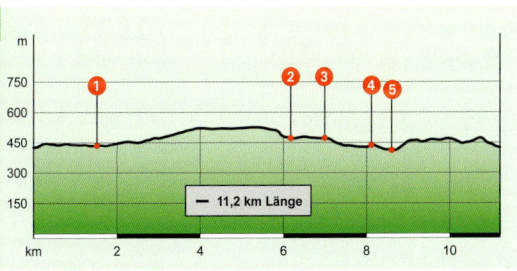

WANDERN IM ALTMÜHLTAL / TOUR 12

12 Der Mühlenweg

TOURINFO KOMPAKT

Anspruch:	Länge:	Dauer:	Höhendifferenz:
schwer	26,0 km	9:00 Std.	823 m

Der recht anspruchsvolle Schlaufenweg Nr. 16 des Altmühltal-Panoramaweges führt uns mit zahlreichen Steigungen an sprudelnden Bächen vorbei durch herrliche Wälder zum geografischen Mittelpunkt Bayerns.

Ausrüstung: Feste Wanderschuhe, Sonnenschutz, ausreichend Proviant und Getränke.

Anfahrt mit dem Auto: A9 bis Ausfahrt Kinding, weiter auf Landstraße nach Arnsberg.

Anfahrt mit Bus & Bahn: Mit dem Zug bis Eichstätt, weiter mit dem Bus.

Ausgangspunkt: Altmühlbrücke in Arnsberg
48° 55′ 40″ N 11° 22′ 28″ O

Einkehr: Unsere Empfehlung: Zum Blauen Hecht · Irlahüller Weg 2 · 85110 Kipfenberg-Grösdorf · Tel.: 0 84 65 / 10 66 · www.zumblauen hecht.de, bayerische Klassiker aus frischen Produkten der Region, Biergarten, Di Ruhetag.

Wir starten unsere Tour an der Altmühlbrücke in Arnsberg. Von hier gehen wir nach rechts, entlang eines Seitentals der Altmühl, in Richtung Schambachtal. Wir überqueren die Staatsstraße und entdecken nun rechts die erste Mühle des Schambachtals. Hinter der Häusergruppe biegen wir rechts ab und sehen zu unserer Linken die **Freitagmühle** ❶. Entlang des mit Obstbäumen gesäumten Weges wandern wir bis zum Wald und halten uns dort links. Der Weg steigt leicht an und bringt uns nach knapp 1 km zum Einstieg in den Rauchenberger Steig. Oberhalb des Schambachtals wandern wir durch dichten Wald an Felswänden vorbei, bis der Steig bei der **Lohmühle** ❷ wieder auf die Staatsstraße trifft. Gleich darauf passieren wir ein Wassertretbecken, wo wir unsere Füße abkühlen können. Vorbei am Gasthaus, der barocken Wallfahrtskirche Heilig Kreuz und der **Hintermühle** ❸ führt uns der Weg das Tal entlang. Mit etwas Glück sehen wir in den Bachwindungen auf einer eigens errichteten Plattform eine Biberfamilie.
Bei einer Lichtung biegen wir nach links ab und halten uns wenig später an der Weggabelung wiederum links. Nun geht es ein kurzes Stück am Waldrand entlang. Wir igno-

MITTLERES ALTMÜHLTAL / ARNSBERG

DIE MÜHLEN VOM SCHAMBACHTAL

Das Arnsberger Schambachtal ist ein von der Schambach gebildetes Seitental der Altmühl.

Die Schambach ist zwar nur 5 km lang, hat aber ein so starkes Gefälle, dass an den Ufern des kleinen Flusses insgesamt sechs Mühlen betrieben werden konnten. Neben dem Mahlen von Korn erfüllten einige der Mühlen noch zusätzlich andere Aufgaben. Aufgrund des waldreichen Gebiets des Schambachtals war es beispielsweise typisch, nebenher ein Sägewerk zu betreiben, wie in der Freitagmühle, die auch Forstermühle hieß. In der Lohmühle wurde die Rinde von Bäumen zur sogenannten Lohe gemahlen, die zum Gerben eingesetzt wurde. In der Hintermühle wurde zeitweise die „Wirtschaft zum siebten Himmel" betrieben.

rieren den ersten Waldweg, der nach links abzweigt, aber nehmen kurz darauf den zweiten. Bergan wandern wir durch den Wald und schließlich wieder am Waldrand entlang. Vor uns sehen wir bereits Attenzell, das wir nun ansteuern. Wir erreichen den Ort und gehen geradeaus auf der Sankt-Konrad-Straße, ehe die Hertngasse nach links abzweigt. Nachdem wir die Jurastraße überquert haben, lassen wir auf der Mojergasse den Ort hinter uns.

Hinter der Ortschaft führt nun ein Flurweg links zur **Arnthöhle** ❹. Auf dem Weg dorthin halten wir uns am Waldrand weiter geradeaus und gelangen wenig später zu der kleinen Höhle, die frei begehbar ist. Nun gehen wir durch den Wiesengrund weiter talwärts und treffen bald auf einen Forstweg. Auf diesem bleiben wir ein kurzes Stück und biegen bei der ersten Möglichkeit links ab. Hier geht es zunächst bergauf und wieder bergab. Wenig später gelangen wir an eine T-Kreuzung, halten uns dort rechts und folgen gleich darauf dem Weg, der nach links abzweigt.

Auf dem „Husarensteig" und dem „Plazottasteig" geht es nun oberhalb des Birktales immer wieder auf und ab. Die beiden Wanderpfade führen uns über Brücken und an

TOURPROFIL

Anspruchsvoller Weg auf teilweise schmalen Pfaden.

WANDERN IM ALTMÜHLTAL / TOUR 12

Steilstellen entlang durch den Wald und schließlich zum Ostabstieg des St. Michaelsbergs. Ins Tal des Birktalbaches und zum Parkplatz Birktal geht es dann steil bergab. Von dort überqueren wir den Bach und die Staatsstraße und folgen der Straße gegenüber weiter bergauf. Über einen steilen Anstieg erreichen wir die **Burg Kipfenberg** ❺, die das „Römer und Bajuwaren Museum" beherbergt. Von dort gelangen wir auf dem schmalen Pfad weiter bergauf durch den Wald zum **geografischen Mittelpunkt Bayerns** ❻.

Über die Limeshütte wandern wir auf dem Museumsweg talwärts in Richtung Westen. Kurz vor der evangelischen Kirche halten wir uns oberhalb Kipfenbergs auf einem Pfad rechts und gehen dann auf einem Waldweg zur Karstquelle **„Grüner Topf"** ❼, welche aus einem Felsen sprudelt und ein Mühlrad antreibt. Hier halten wir uns links und laufen dann bis zur Altmühlbrücke an der Staatsstraße entlang. Nun quert man die Altmühl und wandert durch Grösdorf hindurch. Am Waldrand folgen wir der Engelgrösdorfer Straße nach rechts und schlagen dann kurz hinter der Linkskurve den Pfad ein, der linker Hand steil abzweigt. Nun befinden wir uns auf dem Altmühl-Panoramaweg und folgen seiner Beschilderung bis nach Arnsberg. Nach wenigen Schritten gabelt sich der Weg auf – wir halten uns links und wandern nun oberhalb von Kipfenberg und über dem Altmühltal durch den Wald. Nach einiger Zeit geht es wieder bergab und wir stoßen auf eine Fahrstraße, die wir überqueren. Anschließend halten wir uns rechts – es geht wieder steil bergauf – und passieren dann einen **römischen Wachturm** ❽. Nach einigen Hundert Metern führt der Altmühltal-Panoramaweg auf einem Pfad linker Hand wieder bergab. Schließlich überqueren wir die Altmühl und gelangen nach Böhming. Wir gehen zunächst auf der Wirtsstraße durch die Ortschaft und folgen nach Überqueren der Durchgangsstraße dem Streuweg weiter geradeaus. Bei den letzten Häusern biegen wir rechts ab und folgen dem Weg bergauf. Den ersten Abzweig nach rechts ignorieren wir, ebenso den zweiten linker Hand und gehen weiter geradeaus. Schließlich macht der Weg einen scharfen Linksknick und so wandern wir nun oberhalb des Altmühltals auf einem waldigen Pfad in Richtung Arnsberg. Rechts zweigen immer wieder Pfade ab, die an die Felskante führen, von wo wir einen herrlichen Ausblick genießen können.

Dem Weg, auf den wir stoßen, folgen wir dann bergab und erreichen wenig später die ersten Häuser von Arnsberg. Auf der Marktstraße laufen wir in Richtung Ortskern, biegen dann nach rechts in den Altmühlring ein und haben somit den Ausgangspunkt unserer Tour an der Altmühlbrücke wieder erreicht.

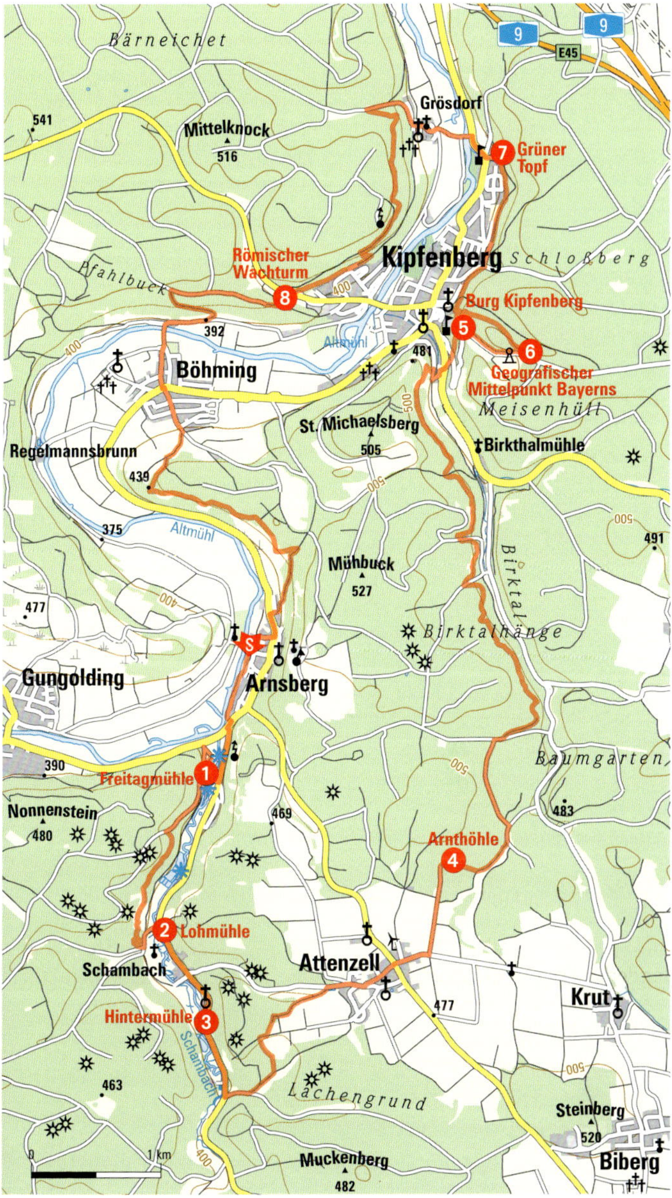

Bärneichet
541
Mittelknock
516
Grösdorf
9
E45
7 Grüner Topf
Kipfenberg
Schloßberg
Römischer Wachturm
8
400
Pfahlbuck
392
Altmühl
Burg Kipfenberg
5
481
6
Geografischer Mittelpunkt Bayerns
Meisenhüll
Böhming
St. Michaelsberg
505
Birkthalmühle
Regelmannsbrunn
439
500
375
Altmühl
491
Mühbuck
527
Birktal
477
Birktalhänge
S
Gungolding
Arnsberg
Baumgarten
390
1 Freitagmühle
Nonnenstein
480
469
483
Arnthöhle
4
2 Lohmühle
Schambach
Attenzell
Krut
477
Hintermühle 3
Schambach
Lachengrund
463
Steinberg
520
Biberg
0
1 km
Muckenberg
482

WANDERN IM ALTMÜHLTAL / TOUR 13

13 Der Sulztalwanderweg

TOURINFO KOMPAKT

Anspruch:	Länge:	Dauer:	Höhendifferenz:
schwer	23,4 km	8:00 Std.	458 m

Entlang des Main-Donau-Kanals und der Sulz führt uns die Schlaufe Nr. 22 des Altmühltal Panoramaweges über idyllische Waldwege nach Berching. Den Rückweg können wir alternativ auf dem Seeweg zurücklegen.

Ausrüstung: Feste Wanderschuhe, Sonnenschutz, ausreichend Getränke.

Anfahrt mit dem Auto: A9 bis Ausfahrt 58 bei Kinding, weiter über die St2230 nach Beilngries.

Anfahrt mit Bus & Bahn: Mit dem Zug bis Neumarkt i.d. Oberpfalz, weiter mit dem Bus nach Beilngries.

Ausgangspunkt: Haus des Gastes in Beilngries
49° 2' 5" N 11° 28' 28" O

Einkehr: Zahlreiche Einkehrmöglichkeiten in Beilngries.
Unsere Empfehlung:
Gasthof Zum Hirschen · Hirschberg 25 · 92339 Beilngries · Tel.: 0 84 61 / 5 20 · www.zumhirschen-hirschberg.de, feine regionale und saisonale Spezialitäten, Wirtsstube, großer Biergarten und hauseigenes Natur-Schwimmbad, Mo Ruhetag.

Wir beginnen unsere Tour am S Haus des Gastes in Beilngries und gehen auf der Hauptstraße geradeaus zur Neumarkter Straße, auf der wir die Sulz überqueren. Die Neumarkter Straße zweigt dann nach links ab und wir folgen ihr immer geradeaus in Richtung Main-Donau-Kanal, eine bedeutende, 171 km lange Bundeswasserstraße. Wir passieren die **Schiffsanlegestelle** und halten uns beim „Sulzauslass" links. Hier zweigt unser Weg ab und führt sanft den Berg hinauf bis zur Marienklause. Dort kommen wir in einem bewaldeten Talkessel, den ein Bächlein durchquert, an einer kleinen Marienkapelle vorbei.
Von hier aus führt uns der Weg über die Straße hinweg und dann am Wegkreuz rechts in den Buchenwald am Sichelberg. Anschließend halten wir uns zweimal links und gehen dann geradeaus. Wir treffen erneut auf ein Wegkreuz und biegen rechts ab. Beim Verlassen des Waldes haben wir einen herrlichen Blick auf Biberbach und das Kloster Plankstetten.
Wir steigen hinab in Richtung Biberbach und biegen auf der Staatstraße

MITTLERES ALTMÜHLTAL / BEILNGRIES

▶ *Das Kloster Plankstetten.*

zunächst rechts und gleich darauf links ab. Man passiert die ersten Häuser von Biberbach, überquert den Bach und hält sich anschließend links.
In der Ortsmitte von Biberbach passieren wir die **Wehrkirche St. Michael** , biegen dahinter rechts ab und bei der nächsten Kreuzung wiederum rechts in Richtung Plankstetten. Dieser Straße folgen wir für ca. 200 m und halten uns dann links. Wo die Straße gleich darauf eine Linkskurve beschreibt, gehen wir auf dem Waldweg weiter geradeaus. Er führt uns zum **Kloster Plankstetten** . Wir durchqueren den Klosterhof der Benediktinerabtei und anschließend geradewegs den Ort.
Wir bleiben auf der Talseite und wandern weiter in Richtung Berching. Im naturnahen Buchenwald überqueren wir einen kleinen Bachlauf und gehen am **Krügerloch** vorbei, einer teils natürlich,

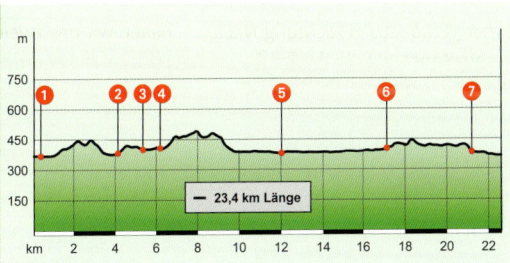

TOURPROFIL

Einige Steigungen zu Beginn, dann aber überwiegend flach.

WANDERN IM ALTMÜHLTAL / TOUR 13

teils vom Menschen geschaffenen Höhle. An der nächsten T-Kreuzung biegen wir links ab und gehen oberhalb von Eglasmühle bergan. Bei der nächsten Abzweigung wenden wir uns nach rechts und wandern geradeaus, bis wir erneut an eine T-Kreuzung gelangen. Hier biegen wir zunächst rechts und gleich darauf wieder links ab. Wir treffen auf eine asphaltierte Straße und folgen dieser rechts bergab. Zu unserer Rechten befindet sich die Schleuse von Berching, wir halten uns aber links, um entlang des Main-Donau-Kanals schließlich nach Berching zu gelangen.

In Berching queren wir den Kanal über eine kleine Fußgängerbrücke und befinden uns nun vor der Stadtmauer des mittelalterlichen Ortes. Hier halten wir uns links und gehen bis zum Gredinger Tor. Dort betreten wir nun die sehenswerte **Altstadt** . Wir folgen dem Stadtbächlein geradeaus bis zum Mittleren Tor am Ende des Pettenkoferplatzes, gehen geradeaus hindurch und überqueren dann die Sulz. Hinter der Lorenzkirche marschieren wir rechts durch das Beilngrieser Tor aus der Vorstadt. Anschließend biegen wir links ab und erreichen somit den Alten Kanal, dem wir nach rechts folgen. Nach einem langen Wegstück am Alten Kanal entlang überqueren wir mit Vorsicht die Bundesstraße und halten uns dann rechts. Auf dem Treidelweg und später auf einem Feldweg wandern wir immer weiter am Alten Kanal entlang bis zur **Plankmühle** . Hinter der Mühle geht es rechts den Hang hinauf und gleich wieder bergab. An der nächsten Abzweigung biegen wir links ab und wandern dann zunächst am Waldrand entlang, später in den Wald hinein.

Im Wald ignorieren wir dann die erste Abzweigung, folgen der zweiten aber nach links. Wenig später biegen wir scharf rechts ab. Bei der nächsten Weggabelung hält man sich rechts und geht anschließend über den querenden Weg geradeaus hinweg. Nun folgen wir dem Weg immer geradeaus durch den Wald. Nach einer langgezogenen Linkskurve wenden wir uns bei der ersten Möglichkeit nach rechts und gelangen so wieder zum Alten Kanal, der hier als trockene Fahrrinne allerdings kein Wasser führt. Wir queren ihn über eine **Holzbrücke** , biegen anschließend rechts ab und marschieren zur modernen Kanalbrücke, auf der wir den Main-Donau-Kanal überqueren. Hinter dem Stadtweiher geht es anschließend rechts weg. Gleich darauf gehen wir auf dem vom Beginn der Tour bekannten Weg zurück zum Haus des Gastes, dem Startpunkt unserer Tour. Wem die gesamte Strecke zu lang ist, kann die Wanderung auch abkürzen und von Berching mit dem Schiff nach Beilngries zurückfahren (Tel. 0 94 41 / 58 58, www.schifffahrt-kelheim.de, Fahrzeiten: Mai – Mitte Okt. dreimal täglich außer Mo und Fr).

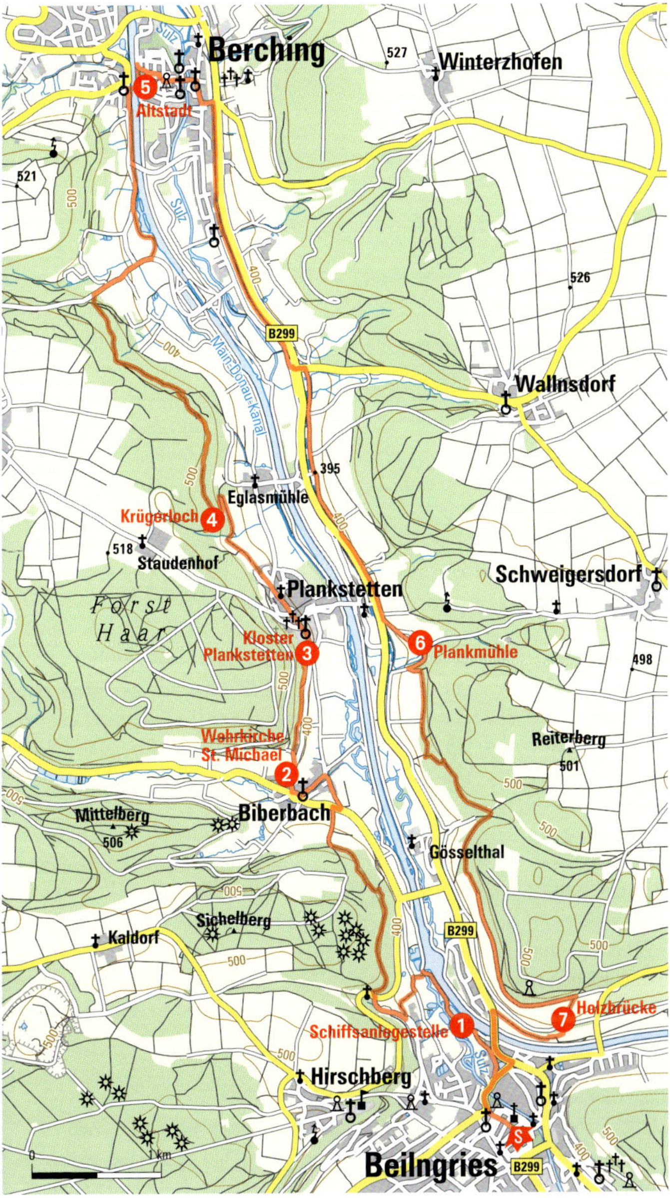
Berching
527
Winterzhofen
5 Altstadt
521
500
Sulz
400
526
B299
Main-Donau-Kanal
Wallnsdorf
395
Eglasmühle
Krügerloch 4
518
Staudenhof
Schweigersdorf
Plankstetten
Forst Haar
Kloster Plankstetten 3
6 Plankmühle
498
Wehrkirche St. Michael 2
Reiterberg
501
Biberbach
Mittelberg
506
Gösselthal
Sichelberg
Kaldorf
Holzbrücke 7
Schiffsanlegestelle 1
Hirschberg
Beilngries
S
0
1 km

WANDERN IM ALTMÜHLTAL / TOUR 14

14 Zur Burg Prunn

TOURINFO KOMPAKT

Anspruch:	Länge:	Dauer:	Höhendifferenz:
schwer	12,2 km	4:30 Std.	595 m

Herrliche Ausblicke über das Altmühltal, ein Schluchtwald sowie eine der ältesten Burganlagen Bayerns sind die Höhepunkte dieser Tour.

Ausrüstung: Feste Wanderschuhe, ausreichend Getränke und Proviant.

Anfahrt mit dem Auto: A9 bis Ausfahrt Denkendorf, weiter nach Riedenburg.

Anfahrt mit Bus & Bahn: Zug nach Ingolstadt Nord, per Bus nach Riedenburg.

Ausgangspunkt: Großparkplatz in Riedenburg
48° 57' 48" N 11° 40' 59" O

Einkehr: Mehrere Einkehrmöglichkeiten in Riedenburg.
Unsere Empfehlung:
Gaststätte Fasslwirtschaft · Bergkristallstraße 1 · 93339 Riedenburg · Tel.: 0 94 42 / 9 00 30 · www.fasslwirtschaft.de, gutbürgerliche Küche, mit Biergarten und Spielplatz, März–Okt. täglich geöffnet.

Startpunkt ist der **S** Großparkplatz in Riedenburg. Wir biegen gegenüber der Stadtbrücke rechts in die Johannesgasse ein, an deren Ende wir der Austraße nach links zum **Riedenburger Marktplatz** ❶ folgen. Weiter geht es auf der Mühlstraße durch den Ort. Beim Gasthof Krieger's Bräustüberl hält man sich links, unterquert die Staatsstraße und folgt dann schräg links dem Weg zwischen den Häusern hindurch. Auf dem schattigen Weg steigen wir in Kehren bergauf zu einer Verzweigung an zwei Bänken. Hier nimmt man den rechten Weg in Richtung Lintlhof. Kurz vor den ersten Häusern des Weilers biegen wir in den Feldweg nach links ein und folgen diesem in den Wald hinein. Schließlich gelangen wir an ein Schild, das uns den Weg zum **Aussichtspunkt Dichterfelsen** ❷ weist, wo wir bei einem herrlichen Ausblick kurz verweilen können. Anschließend folgen wir weiter unserem Weg, der wenig später für ein kurzes Stück auf der Fahrstraße verläuft. Nach nicht einmal 200 m nehmen wir den Pfad zu unserer Linken in den Wald hinein. Bald stoßen wir auf eine Forststraße, der wir weiterhin in Richtung Osten folgen. Die Straße mündet schließlich in einen schmaleren Weg. Bevor dieser in eine langgezogene Rechtskurve übergeht, gehen wir auf dem Pfad geradeaus weiter. Wir passieren eine **Info-Tafel** ❸

UNTERES ALTMÜHLTAL / RIEDENBURG

zum Naturschutzgebiet Klamm und Kastlhänge. Auf einem stellenweise mit Geländer gesicherten und über Stufen verlaufenden Steig wandern wir teilweise steil bergab durch eine Klamm. Bei einem Aussichtspunkt haben wir einen herrlichem Blick zur Burg Prunn. Am Ende der Klamm folgen wir dem Weg nach Einthal hinunter. Wir überqueren den **Main-Donau-Kanal** ❹ und die Staatsstraße und halten uns anschließend links. Man passiert die ersten Häuser von Nußhausen, ehe rechter Hand ein Pfad zur Burg Prunn abzweigt. Nun geht es steil bergauf. Die **Burg Prunn** ❺ thront auf einem steil abfallenden Kalkfelsen oberhalb des Altmühltals. Hier lohnt sich eine Einkehr in der Burgschenke. Anschließend folgen wir dem Weg, der weiter bergauf führt und passieren bald die 20 m hohe Felswand der **Friedrichsruh** ❻. Anschließend geht es hinunter nach Prunn. Auf dem Scheibelweg wandern wir oberhalb der Stadt und dann am Waldrand entlang geradeaus weiter. Beim Eingang des Emmertales geht es kurz nach rechts bergauf, bei der nächsten Möglichkeit biegen wir scharf links ab. Auf der „Liebesleite" oberhalb des Tals geht es aussichtsreich weiter. Die Landstraße, auf die wir stoßen, überqueren wir und folgen dann dem Feldweg links weg. Wenig später erreicht man wieder die ersten Häuser von Riedenburg.

TOURPROFIL

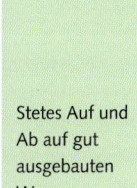

Stetes Auf und Ab auf gut ausgebauten Wegen.

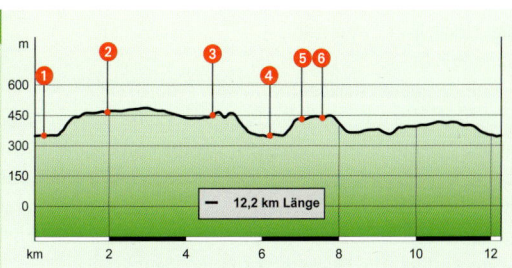

WANDERN IM ALTMÜHLTAL / TOUR 15

15 Weltenburger Höhenweg

TOURINFO KOMPAKT

Anspruch:	Länge:	Dauer:	Höhendifferenz:
leicht	6,6 km	2:00 Std.	190 m

Der Schlaufenweg Nr. 27 des Altmühltal-Panoramaweges beginnt in Kelheim und führt über den Höhenrücken mit schönen Ausblicken zum Kloster Weltenburg. Die Tour lässt sich hervorragend mit einer Schifffahrt (www.schiffahrt-kelheim.de) zurück nach Kelheim verbinden, bei der man den Donaudurchbruch aus einer weiteren Perspektive erleben kann.

Ausrüstung: Festes Schuhwerk und Getränke/Proviant.

Anfahrt mit dem Auto: A93 bis Ausfahrt Regensburg-Süd, weiter über die B16 nach Kelheim.

Anfahrt mit Bus & Bahn: Mit der Bahn nach Saal/Donau, weiter mit dem Bus nach Kelheim, Haltestelle Wöhrdplatz.

Ausgangspunkt: Kelheim
48° 54' 57" N 11° 52' 10" O

Einkehr: Verschiedene Einkehrmöglichkeiten in Kelheim.
Unsere Empfehlung:
Gasthof Stockhammer · Am oberen Zweck 2 · 93309 Kelheim · Tel.:
0 94 41 / 7 00 40 · www.gasthof-stockhammer.de, bayerische Schmankerl sowie Gerichte der gehobenen, modernen Küche, Ratskeller mit Steingewölbe, Mo Ruhetag.

Wir beginnen unsere Wanderung am S Volksfestplatz (ausgeschildert, kostenlose Parkplätze vorhanden) nahe der Schiffsanlegestelle Donau und überqueren die **Maximiliansbrücke** ❶, um auf die linke Uferseite zu wechseln.
Wir halten uns rechts und folgen von nun an der Beschilderung „Weltenburger Höhenweg III". Nachdem wir den Donaupark durchquert haben, führt der Weg anfangs steil, dann über eine Lichtung etwas flacher und nach einem weiteren steilen Anstieg zum **Wieserkreuz** ❷,

einem Aussichtspunkt mit einmaligem Blick ins Donautal. Unter uns liegt die Einsiedelei Klösterl mit imposanter Felsenkirche. Links sehen wir den Donaudurchbruch und rechts die Befreiungshalle „König Ludwig I.".
Vom Wieserkreuz wandern wir durch schattige Wälder bis zur Straße auf den Arzberg. Wir folgen der Straße rechts entlang, vorbei an einigen Häusern, immer geradeaus bis kurz vor den **Wolfgangswall** ❸. Es handelt sich dabei um eine Befestigungsanlage, deren bauliche Spu-

UNTERES ALTMÜHLTAL / KELHEIM

ren bis ca. 900 n. Chr. zurückverfolgt werden können. Hier hat man einen herrlichen Blick auf die Donauauen und den Ort Weltenburg und Stausacker. Wir halten uns rechts entlang des imposanten Wolfgangswalls bis zur Hangkante. Von der Hangkante haben wir erneut einen einmaligen Blick in den Donaudurchbruch. Der Weg führt nun über eine weitläufige Wiese, vorbei an der Frauenbergkapelle zum **Kloster Weltenburg** 4 mit seiner fantastischen Asamkirche und einem schattigen Biergarten, in dem man die Biere aus der ältesten Klosterbauerei der Welt genießen kann. Von dort fahren wir mit dem Schiff (Internetseite mit Fahrplänen und Preisen s. Infokasten) durch den Donaudurchbruch zurück nach Kelheim. Wer lieber wandern möchte, kann auf dem Altmühltal-Panoramaweg nach Kelheim zurückkehren, nachdem mit einer Zille oder der Seilfähre die Donau überquert wurde.

TOURPROFIL

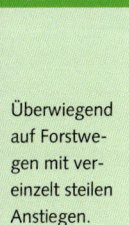

Überwiegend auf Forstwegen mit vereinzelt steilen Anstiegen.

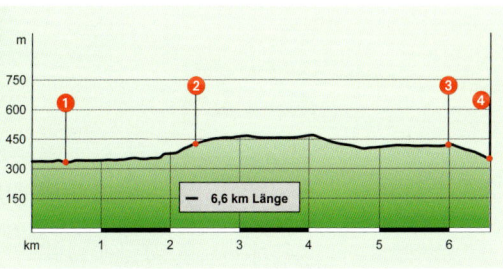

VI RADWANDERN IM ALTMÜHLTAL / TOUR 1

1 Der Fränkische Seenland Weg

TOURINFO KOMPAKT

Anspruch:	Länge:	Dauer:	Höhendifferenz:
schwer	67,0 km	4:15 Std.	295 m

Der Fränkische Seenland Weg startet in Ornbau und führt auf rund 70 km quer durch das Gebiet rund um die Seen bis nach Allersberg.

Ausrüstung: Fahrradhelm, Sonnenschutz, ausreichend Getränke und Verpflegung.

Anfahrt mit dem Auto: A6 bis Ausfahrt Ansbach, weiter über die B13 nach Ornbau.

Anfahrt mit Bus & Bahn: Mit dem Zug nach Ansbach, weiter mit dem Bus nach Ornbau.

Ausgangspunkt: Ornbau
49° 10' 30" N 10° 39' 22" O

Einkehr: Verschiedene Einkehrmöglichkeiten am Ziel in Allersberg.
Unsere Empfehlung:
Hotel-Gasthaus Zum Roten Ochsen · Marktplatz 6 · 90584 Allersberg · Tel.: 0 91 76 / 9 80 30 · www.gasthof-zum-roten-ochsen.de, gutbürgerliche Küche in gemütlicher Atmosphäre, Di Ruhetag.

FRÄNKISCHES SEENLAND / ORNBAU VI

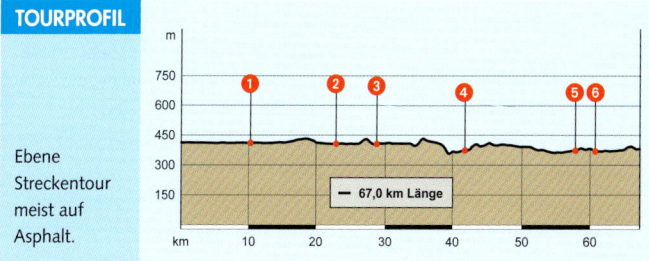

TOURPROFIL

Ebene Streckentour meist auf Asphalt.

67,0 km Länge

Wir beginnen unsere Tour in ⑤ Ornbau bei der Kirche. Der Radweg führt uns in südliche Richtung an der idyllischen Altmühl entlang, bis wir direkt an den **Altmühlsee** ❶ gelangen. Diesen umfahren wir an seiner nördlichen Seite. Dabei passieren wir den Zugang zur Vogelinsel mit Aussichtsturm und den Urlaubsort Muhr am See. Hier gibt es einige Sehenswürdigkeiten zu besichtigen, beispielsweise die Kirche St. Johannis oder die Erlebnisausstellung „Lebensraum Altmühlsee – Faszination Vogelzug".

Hinter dem Altmühlsee folgen wir nun dem Altmühlüberleiter und passieren sogleich die sehenswerte Stadt Gunzenhausen, ein staatlich anerkannter Erholungsort. Dort lohnt es sich, Zeit für einen kleinen Abstecher in den fachwerkreichen Stadtkern einzuplanen. Sehenswert sind dort vor allem das Markt-

165

VI RADWANDERN IM ALTMÜHLTAL / TOUR 1

gräfliche Jagdschloss und Teile der Stadtmauer.

Der Radweg führt uns weiter durch die schöne Naturlandschaft des Fränkischen Seenlandes, bis wir den Kleinen Brombachsee in Sichtweite haben. Wir queren die Brücke über den Altmühlüberleiter und sehen Langlau zu unserer Rechten, wo sich verschiedene Einkehrmöglichkeiten anbieten. Nun radeln wir direkt am südlichen Ufer des **Kleinen Brombachsees** ❷ entlang. Nach einer kurzen Etappe passieren wir den Damm zwischen Kleinem und **Großem Brombachsee** ❸ und folgen weiter dem Weg am Ufer entlang. Der Fränkische Seenland Weg führt uns dann an Ramsberg und an einigen Einkehrmöglichkeiten vorbei. Nachdem wir auch das östliche Seeufer hinter uns gelassen

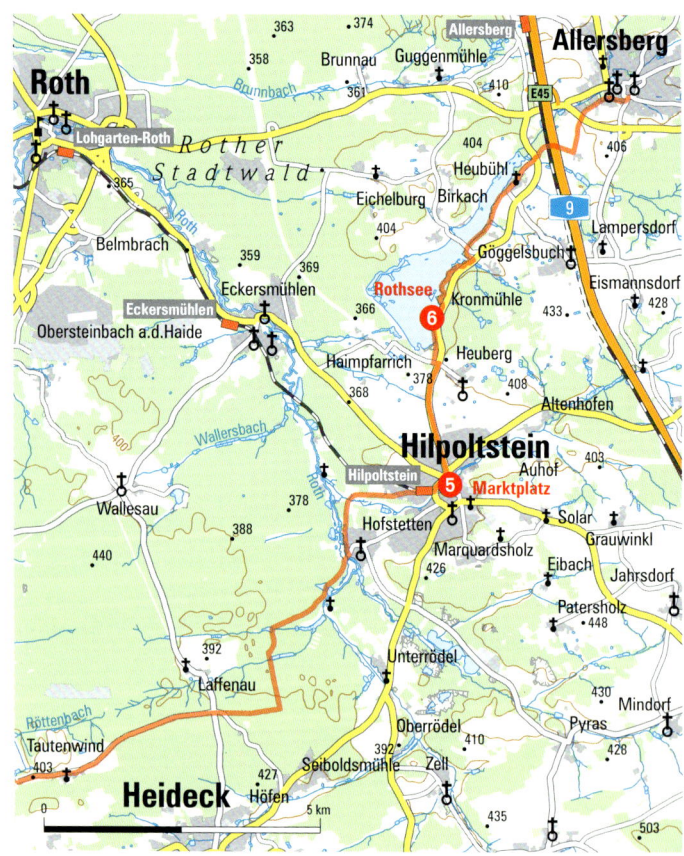

FRÄNKISCHES SEENLAND / ORNBAU VI

ben, biegen wir in Allmannsdorf
chts ab und gleich hinter dem
t nach links. Nun geht es wieder
rch die idyllische Landschaft. Wir
deln durch Stirn und überqueren
Mühlstetten die Bahngleise.
 kurzes Stück weiter erwartet uns
 Gemeinde Röttenbach mit der
henswerten **St. Ulrichskirche** ❹.
r verlassen den Ort in südliche
chtung, überqueren die B2 und
deln nun durch den Röttenbacher
ald. Wenig später durchquert
n zunächst Altenheideck und
ich darauf Tautenwind. Dieses
egstück führt uns durch eine
ngebung mit besonderem land-
haftlichen Reiz. Es geht immer
radeaus durch den Wald, wir
eren dann die Bundesstraße und
gen an einer der folgenden Kreu-
ngen nach links ab. Nun passieren
 den Forstmeisterweiher und
ich darauf den Neuweiher, wo
 uns schräg rechts halten. Bald
eichen wir Hofstetten, das wir
 westlichen Ortsrand umfahren.
r Fränkische Seenland Weg führt
s nun in die Burg- und Residenz-
dt Hilpoltstein. Hier lohnt es sich,
n **Marktplatz** ❺ zu besuchen.
ndherum sehen wir herrschaft-
e Bauten der Wittelsbacher,
taurierte Fachwerkhäuser, die
emalige Residenz, die Stadtmauer
 dem Döderleinsturm und die
rg der Herren von Stein.
poltstein verlassen wir in nörd-
e Richtung auf der Allersberger
aße. Hinter dem Ort überquert
n den Main-Donau-Kanal und
passiert dann das Örtchen Heuberg,
wo es erneut eine Einkehrmöglichkeit gibt.
Nun ist der **Rothsee** ❻ in Sicht.
Am Seezentrum Heuberg lohnt sich
ein Abstecher in die neue Umwelt-
station. Mit Blick auf das Wasser
radeln wir jetzt am Ostufer des
Rothsees entlang. Man fährt durch
den Ort Polsdorf und am Eulen-
hofweiher vorbei. Dort queren wir
die Staatsstraße und wenig später
die Bahngleise und die Autobahn.
Vor dem Eulenhof biegen wir nach
links ab und folgen dem Weg nun
geradewegs nach Allersberg hinein.
Am Ziel unserer Tour angekommen,
können wir die Pfarrkirche „Mariä
Himmelfahrt" oder den Torturm,
das Wahrzeichen von Allersberg,
besichtigen. Um zurück zum Ausgangspunkt zu gelangen, fahren
wir von Allersberg mit dem Zug
nach Gunzenhausen und von dort
mit dem Bus bzw. dem Rad nach
Ornbau.

▶ *Am Rothsee.*

VI RADWANDERN IM ALTMÜHTAL / TOUR 2

2 Auf dem Anlauter- und dem Altmühltal-Radweg nach Eichstätt

TOURINFO KOMPAKT

Anspruch:	Länge:	Dauer:	Höhendifferenz:
schwer	75,7 km	5:30 Std.	500 m

Über zahlreiche steile Anstiege und Abfahrten fahren wir zunächst auf dem Anlautertal-Radweg von Weißenburg nach Kinding. Von hier aus folgen wir dem ebenen Flusslauf der Altmühl nach Eichstätt.

Ausrüstung: Fahrradhelm, Sonnenschutz, ausreichend Getränke und Verpflegung.

Anfahrt mit dem Auto: A9 bis Nürnberg, weiter B2 nach Weißenburg.

Anfahrt mit Bus & Bahn: Mit der Bahn nach Weißenburg.

Ausgangspunkt: Weißenburg
49° 1′ 50″ N 10° 58′ 34″ O

Einkehr: Auf halber Strecke in Kinding. Unsere Empfehlung:
Gasthof Krone · Marktplatz 14 · 85125 Kinding · Tel.: 0 84 67 / 80 10 30 · www.krone-kinding.de, bayerische Küche, frische Forellen aus dem eigenen Becken, Biergarten, täglich geöffnet.

Wir beginnen unsere anstrengende, aber aufregende Tour am S Ostrand der Altstadt von Weißenburg und fahren auf der Niederhofener Straße geradeaus in östliche Richtung. Auf dem Anlautertal-Radweg radeln wir nun steil bergan auf die Jurahochebene.
In Niederhofen biegen wir an der Straße Am Bojerhof rechts ab und radeln dann geradeaus nach Oberhochstatt. Dort überqueren wir die Staatsstraße und fahren aus dem Ort. Unsere Fahrt führt zwischen Feldern und am Waldrand entlang weiter, bis wir direkt auf ein größeres Waldgebiet stoßen und hier links abbiegen. Auf Höhe der Sportplätze vor Burgsalach wenden wir uns nach rechts, kommen an einem **römischen Wachturm** 1 vorbei und biegen beim zweiten Querweg links ab. Rechts von uns befindet sich nun Raitenbuch. Hier angekommen biegen wir links auf die Eckerleinstraße, folgen dann an ihrem Ende der Hauptstraße ein kurzes Stück nach rechts und nehmen den ersten Abzweig nach links. An der Weggabelung halten wir uns rechts und radeln nun geradeaus weiter, bis wir die Landstraße bei den Wirtschaftsgebäuden halb rechts verlassen. Anschließend geht es in den Wald hinein und dann bergab nach Bechthal. Wir fahren geradeaus

FRÄNKISCHES SEENLAND / WEISSENBURG VI

durch den Ort, biegen hinter der Brücke über die Anlauter rechts ab und halten uns gleich wieder rechts am Bechthaler Weiher vorbei. Im malerischen Tal der Anlauter setzen wir unsere Tour fort, überqueren hinter einer Schlaufe den Fluss und passieren sogleich die **Aichmühle** ❷. Am Waldrand entlang gelangen wir nach Bürg, wo wir kurz dem Verlauf der Hauptstraße nach links folgen und am ersten Abzweig rechts abbiegen. Bergan radeln wir zum Waldrand und halten uns an dem folgenden Wegkreuz zunächst links und dann gleich wieder rechts. Kurz darauf verlassen wir den Wald, sehen links von uns die Tafelmühle, biegen aber rechts ab zur ehemaligen **Erzwäsche** ❸, wo mehrere Quellen der Anlauter entspringen. Hier folgen wir der steilen Linkskurve und fahren an der Weggabelung links zur Anlauter hinunter.

In Titting radeln wir links auf die Marktstraße, überqueren die Anlauter und biegen direkt danach rechts ab. An der darauffolgenden Weggabelung halten wir uns links und folgen dann dem Pfad, der oberhalb der letzten Häuserzeile entlangführt. Waldgebiete und Freiflächen wechseln sich auf diesem Wegstück über dem Anlautertal ab. Wir passieren die **Ablaßmühle** ❹, wo sich ein Sägewerk befindet. Schließlich gelangen wir nach Emsing und folgen in der Linkskurve dem schmalen Weg geradeaus. An der Hauptstraße biegen wir rechts ab, fahren geradeaus und überqueren dann die Staatsstraße und die Anlauter. Anschließend biegen wir links ab. In Brunneck radeln wir links über die Anlauter und dann durch Altdorf hindurch. Am Waldrand entlang fahren wir weiter und können nach kurzer Zeit auf den Radweg zu unserer Linken wechseln. In Erlingshofen folgen wir dem Verlauf der Staatsstraße und verlassen diese an der ersten Weggabelung hinter dem Ort nach links. Immer dem Flusslauf der Anlauter folgend, erreichen wir nach einigen Kilometern Enkering. Hier überqueren wir nicht den Fluss, sondern fahren links auf der Rumburgstraße bis zum Friedhof, wo wir dann dem Bogen der Straße nach rechts folgen. Wir radeln unter den Bahngleisen hindurch und dann

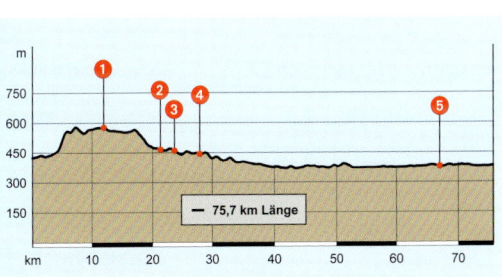

TOURPROFIL

Zu Beginn steile Anstiege und Abfahrten, im Altmühltal dann flacher.

VI RADWANDERN IM ALTMÜHLTAL / TOUR 2

rechts, unterqueren die Autobahn und halten uns dann rechts. Im Gewerbegebiet von Kinding radeln wir rechts über den Kreisverkehr und wechseln vom Anlautertal-Radweg auf den Altmühltal-Radweg, welcher nun deutlich ebener verläuft. Wir unterqueren erneut die Autobahn, passieren in Richtung Süden den Bahnhof und halten uns hinter Ilbling rechts am Waldrand entlang. Immer geradeaus radeln wir oberhalb des Altmühltals bis nach Grösdorf, wo wir am Wegkreuz beim Ortsausgang rechts abbiegen und weiter in Richtung Kipfenberg fahren. In Kipfenberg überqueren wir die E12 und folgen dem Fluss in zwei malerischen Schleifen an Böhming, Arnsberg und Gungolding vorbei. Auf der Strecke zwischen Pfalzpaint

FRÄNKISCHES SEENLAND / WEISSENBURG VI

und Walting wechseln wir kurz auf die gegenüberliegende Flussseite. Direkt am Ufer der Altmühl setzen wir unsere Fahrt fort und queren den Fluss auf der **Altmühlbrücke** ❺ bei Pfünz. Wir überqueren die Staatsstraße und halten uns dann rechts. Zwischen Wald und Altmühl radeln wir nun weiter und biegen vor der B13 rechts ab, um unmittelbar am Flussufer entlang nach Eichstätt zu gelangen. Kurze Zeit später radeln wir auf der ersten Brücke über die Altmühl und dann an ihr entlang in das Stadtzentrum von Eichstätt.

Mit der stündlich verkehrenden Zugverbindung gelangen wir vom Bahnhof Eichstätt zurück nach Weißenburg. Wer noch genug Körner in den Beinen hat, kann alternativ über die B13 (24 km) zurückradeln.

VI RADWANDERN IM ALTMÜHLTAL / TOUR 3

3 Altmühltal-Radweg von Treuchtlingen nach Eichstätt

TOURINFO KOMPAKT

Anspruch:	Länge:	Dauer:	Höhendifferenz:
mittel	40,6 km	2:45 Std.	261 m

Auf unserer Tour folgen wir der Altmühl und entdecken die faszinierende Schönheit der Region. Wir erleben dabei mächtige Felspartien der Juraalb, beeindruckende Wacholderheiden und saftige Ufer- und Wiesenlandschaften.

Ausrüstung: Fahrradhelm, ausreichend Getränke und Verpflegung.

Anfahrt mit dem Auto: A6 bis Ausfahrt Roth, weiter über die B2 nach Treuchtlingen.

Anfahrt mit Bus & Bahn: Mit dem Zug nach Treuchtlingen.

Ausgangspunkt: Treuchtlingen 48° 57' 14" N 10° 54' 38" O

Einkehr: Einkehr am Startpunkt. Unsere Empfehlung: Bambus-Haus Restaurant · Bahnhofstraße 5 · 91757 Treuchtlingen · Tel.: 0 91 42 / 44 25, www.bambushaus.com, Spezialitäten aus China, Thailand und Vietnam, Mo Ruhetag.

S Treuchtlingen ist der Ausgangspunkt für die heutige Etappe. Wir folgen der Beschilderung des Altmühltal-Radwegs und verlassen die Stadt in Richtung Süden. In Dietfurt i. Mfr. überqueren wir die Altmühl und folgen dem Flusslauf bis Pappenheim. Dort passieren wir die mittelalterliche **Burg** ❶. Am Flusslauf mit seinen zahlreichen Windungen entlang, radeln wir vorbei an Zimmern und erreichen Solnhofen. Im **Museum Solnhofen** ❷ werden Fossilienfunde aus dem Solnhofer Plattenkalk gezeigt. Hinter dem Ort reihen sich zwölf mächtige Dolomitenfelsen, die **Zwölf Apostel** ❸, in einer weiten Flussschleife auf.

MITTLERES ALTMÜHLTAL / TREUCHTLINGEN VI

TOURPROFIL

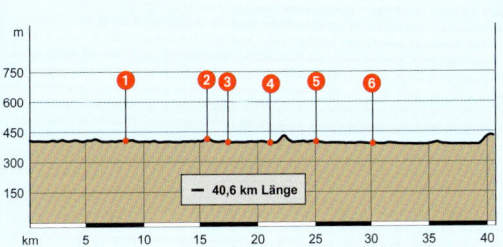

Gut ausgeschilderte Familientour ohne Steigungen.

Wir fahren weiter an mischwaldbestandenen Höhenzügen sowie Trockenrasen- und Wachholderhängen vorbei und radeln durch Eßlingen und Altendorf. Sehenswert ist in Altendorf vor allem die barocke **Wallfahrtskirche Maria End** ❹. Wir überqueren erneut die Altmühl und folgen dem Flusslauf am linken Talhang. Vorbei an der **Hölzernen Klinge** ❺, einer eindrucksvollen Felsformation, gelangen wir nach Dollnstein. Wir bleiben auf der linken Flussseite und folgen der Altmühl entlang der Mühlbergleite in einer weiteren Schleife, vorbei am **Burgsteinfelsen** ❻ in Richtung Breitenfurt. An der Attenbrunnmühle biegen wir rechts ab, überqueren den Fluss und wechseln bei der nächsten Weggabelung wieder auf die linke Flussseite. Nach ca. 5 km fahren wir durch Obereichstätt, an dessen Hängen die typische Steppenheideflora zu sehen ist. Hinter Obereichstätt unterquert die Radweg-Markierung die Staatsstraße. In Wasserzell wechseln wir die Flussseite und gelangen zum Bahnhof, dem Endpunkt unserer Tour. Die Bahn fährt stündlich zum Ausgangspunkt der Tour zurück. Wer noch weiter möchte, kann die Tour alternativ in Richtung Eichstätt fortsetzen. Auf dem Weg in die Bischofs- und Universitätsstadt sehen wir die Klosterkirche von Rebdorf und können, am Ziel angekommen, die beeindruckende Willibaldsburg auf dem Frauenberg besichtigen.

VI RADWANDERN IM ALTMÜHLTAL / TOUR 4

4 Auf dem Altmühltal- und dem Schambachtal-Radweg nach Ingolstadt

TOURINFO KOMPAKT

Anspruch:	Länge:	Dauer:	Höhendifferenz:
schwer	60,4 km	4:30 Std.	245 m

Landschaftliche Höhepunkte der durchgängig ebenen Strecke sind das idyllische Altmühltal und das Schambachtal. Entlang der beiden ausgeschilderten Radwege erwarten uns romantische Schlösser und wehrhafte Burganlagen.

Ausrüstung: Fahrradhelm, ausreichend Getränke und Verpflegung.

Anfahrt mit dem Auto: A3 bis Sinzing, weiter über Alling nach Kelheim.

Anfahrt mit Bus & Bahn: Mit dem Zug nach Saal (Donau), weiter mit dem Bus oder Rad nach Kelheim.

Ausgangspunkt: Kelheim
48° 55' 14" N 11° 52' 21" O

Einkehr: Zahlreiche Einkehrmöglichkeiten unterwegs.
Unsere Empfehlung:
Landgasthof Neumayer · Bahnhofstraße 15 · 93336 Altmannstein (auf halber Strecke) · Tel.: 0 94 46 / 10 30, www.landgasthof-neumayer.de, traditionsreiches Haus, bayerische Spezialitäten und gutbürgerliche Küche, Di Ruhetag.

Start unserer Tour ist in Kelheim an der **S** Fußgängerbrücke über den Main-Donau-Kanal. Von hier fahren wir in westliche Richtung los und folgen dem Weg in Richtung **Staustufe ❶**. Dort queren wir den Kanal und fahren auf der rechten Seite weiter. Nachdem wir Oberau passiert haben, kommen wir an der Tropfsteinhöhle **Schulerloch ❷** vorbei, wo sich ein kurzer Zwischenstopp lohnt (siehe auch Seite 111). Schließlich erreichen wir Altessing. Beim Fußballplatz biegen wir nach links ab und folgen dem Weg, der direkt am Main-Donau-Kanal entlangführt. Wir passieren Weihermühle, wenig später Pillhausen und sehen rechts vor uns dann die **Burg Prunn ❸**, die auf einem Felsen hoch über der Landschaft thront. Weiter geht es vorbei an Prunn bis nach Riedenburg, wo wir das Tal der Altmühl verlassen. Hierfür queren wir den Main-Donau-Kanal über die erste **Brücke ❹** und folgen fortan dem Flusslauf der Schambach auf dem gleichnamigen, gut ausgeschilderten Radweg. Dieser verläuft durchgehend eben und naturnah auf einer ehemaligen Bahntrasse zwischen Riedenburg und Ingolstadt

UNTERES ALTMÜHLTAL / KELHEIM VI

und passiert zahlreiche Mühlen (siehe auch Seite 153). Entlang der Schambach erwartet uns eine idyllische Landschaft: Sanfte Flussauen und saftig grüne Wiesen und Wäldern prägen das Bild.
An der ersten Kreuzung hinter der Brücke biegen wir nach rechts ab und gleich darauf nach links. Nun folgen wir dem Weg immer am Fuße des Talhanges entlang. Wir passieren Gleislhof, anschließend Schambach, das auf der anderen Flussseite liegt, dann Kohlmühle, die Neumühle und erreichen schließlich Hexenagger. Hier fahren wir unterhalb des imposanten **Schlosses Hexenagger** ❺ vorbei.
Bei der Leistmühle queren wir die Schambach und wechseln wenig später bei der Hanfstinglmühle wieder auf die rechte Seite. Gleich darauf gelangen wir nach Altmannstein, wo wir die Ruine der einstigen **Burg Altmannstein** ❻ passieren. Kurz vor Sollern queren wir den Fluss, folgen dem linken Talhang am Wald entlang und durchfahren dann Neuenhinzenhausen. Am Ortsrand von Sandersdorf queren wir die Bundesstraße über eine Brücke und

▶ *Das Neue Schloss in Ingolstadt.*

folgen dem Weg, der zunächst durch Sandersdorf und dann um den Ort herum in südliche Richtung weiterführt. In Sandersdorf verlassen wir den Lauf der Schambach, die etwa 1,5 km weiter nördlich in Schamhaupten entspringt.
Der Schambachtal-Radweg führt nun weiter zwischen Feldern hindurch. Man quert die Staatsstraße und folgt dem Weg weiter in südöstliche Richtung. Wir passieren Tettenagger zu unserer Linken, Stockau zu unserer Rechten und fahren anschließend zwischen Offendorf und Hüttenhausen

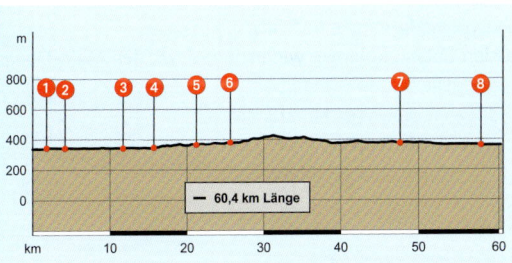

Ebene Tour ohne nennenswerte Steigungen.

hindurch. Zwischen Wiesen und Feldern gelangen wir dann nach Unterdolling. Am Ortsrand biegen wir nach links ab in Richtung Ortskern und an der Durchgangsstraße dann nach rechts. In Oberdolling zweigt unser Weg nach links ab und quert wenig später die Staatsstraße. Nun folgen wir dem Weg immer weiter geradeaus bis nach Kösching. Hier passieren wir die schöne **Barockkirche „Maria Himmelfahrt"** ❼. Am Ortsrand von Kösching biegen wir nach links ab, überqueren die Staatsstraße und fahren dann auf ihrer linken Seite weiter. Kurz vor Lenting queren wir die Autobahn A9 über eine Brücke und lassen dann Lenting rechts liegen. Parallel zur Staatsstraße radeln wir weiter und erreichen dann Ingolstadt in seinem Stadtbezirk Oberhaunstadt. Hinter der ersten Häuserzeile biegen wir nach links ab. Am Ende der Nikolsburger Straße biegen wir nach rechts und bei der zweiten Querstraße nach links ab. Wir folgen der Straße und dem anschließenden Weg immer geradeaus, fahren an den Tennisplätzen vorbei und wenden uns an der nächsten Abzweigung nach rechts. Man quert die Durchgangsstraße und fährt bis an den Ortsrand. Hinter der letzten Häuserzeile biegen wir links ab und folgen dem Weg entlang der Baumallee bis zu deren Ende. Dort halten wir uns rechts, unterqueren dann die Bahngleise und fahren nach links weiter. Die Hindenburgstraße überqueren wir, folgen ihr

für ein kurzes Stück nach links und halten uns bei dem folgenden Abzweig rechts. Parallel zu den Gleisen radeln wir immer geradeaus und queren dann die Ringstraße, die die **historische Altstadt** ❽ umgibt. Auf der Rechbergstraße fahren wir geradeaus weiter und überqueren an ihrem Ende wiederum die Querstraße, auf die wir stoßen. Auf der Straße Esplanade fahren wir bis zum Finanzamt und biegen dort nach

UNTERES ALTMÜHLTAL / KELHEIM VI

links ab. Wir passieren das lange Gerichtsgebäude und wenden uns bei der Kirche St. Matthäus nach rechts. Rechter Hand sehen wir nun die imposante Basilika Mariä Himmelfahrt, eine Franziskanerkirche. Hier biegen wir links ab, folgen der Straße immer geradeaus und überqueren dann die Donau. Zu unserer Linken blicken wir nun auf Teile der historischen Festungsanlage. Hier können wir unser Rad abstellen und uns aufmachen zu einem Rundgang durch die historische Altstadt. Um zum Bahnhof zu gelangen, folgen wir der Straße anschließend immer geradeaus in Richtung Süden. Von hier kann man mit dem Zug nach Saal (Donau) fahren und die ca. 6 km nach Kelheim mit dem Rad zurücklegen. Wer noch genügend Energie hat, kann den Weg nach Kelheim auch auf dem Donauradweg zurückkradeln (ca. 50 km).

VI RADWANDERN IM ALTMÜHLTAL / TOUR 5

5 Burgentour mit dem Mountainbike

TOURINFO KOMPAKT

Anspruch:	Länge:	Dauer:	Höhendifferenz:
mittel	40,7 km	3:30 Std.	577 m

Die Burgentour eignet sich hervorragend für einen Tagesausflug oder eine sportliche Sprintrunde. Gemächliche Anstiege, lange Abfahrten, Schloss- und Burgbesichtigungen und tolle Ausblicke erwarten uns entlang der waldigen Strecke.

Ausrüstung: Fahrradhelm, Proviant, Mountainbike oder robustes Fahrrad.

Anfahrt mit dem Auto: A93 bis Ausfahrt Hausen, weiter in Richtung Kelheim.

Anfahrt mit Bus & Bahn: Mit dem Zug über Regensburg nach Saal (Donau), weiter mit dem Rad nach Kelheim.

Ausgangspunkt: Krankenhaus Kelheim 48° 55' 24" N 11° 52' 59" O

Einkehr: Diverse Einkehrmöglichkeiten. Unsere Empfehlung: Landgasthof Zum Wäscherhartl · Sausthal 1 · 93346 Ihrlerstein · Tel.: 0 94 47 / 5 55 · www.landgasthof-waescherhartl.de, bayerische Wirtshaustradition, Biergarten, Mo Ruhetag.

Wir beginnen unsere Tour am S Krankenhaus in Kelheim und fahren auf der Hemauer Straße in Richtung Norden. Teils am Waldrand, teils durch den Wald geht es immer bergauf. Bei einer Lichtung, wo sich auch eine kleine Wohnsiedlung, zugehörig zu Ihrlerstein, befindet, verlassen wir die Staatsstraße und fahren in der scharfen Linkskurve geradeaus weiter. An der folgenden Weggabelung halten wir uns links und umfahren nun den Wullerbuckel. Wir fahren weiter bergan bis nach Irlbrunn. An der Kreuzung hinter dem Ort nehmen wir den mittleren der drei abzweigenden Wege und biegen nach ca. 800 m scharf links ab. Immer geradeaus passieren wir Kleinwalddorf und folgen dem Weg zur Nürnberger Straße, auf der wir rechts in Richtung Norden zum nächsten Abzweig fahren und dort links abbiegen. Am Schürfgrubenfeld vorbei radeln wir stetig geradeaus und haben nun eine Abfahrt vor uns. Nach einer scharfen Rechtskurve gelangen wir an eine Kreuzung mit einer Verkehrsinsel, auf der ein einzelner Baum steht. Hier halten wir uns links und biegen wenige Meter weiter nach rechts ab. Nun geht es einige Serpentinen steil bergauf. Wir gelangen dann an eine T-Kreuzung, an der wir rechts abbiegen. Auf

UNTERES ALTMÜHLTAL / KELHEIM VI

relativ ebener Strecke fahren wir bis zur nächsten T-Kreuzung, fahren hier rechts und kurz darauf nach links, um an der Burgschenke vorbei zur Burganlage **Burg Prunn** zu gelangen. Die Burg thront malerisch auf einem riesigen Jurafelsen über dem Altmühltal. Wir fahren bis zur T-Kreuzung zurück, bei der wir auf dem Hinweg abgebogen sind und radeln nun geradeaus weiter. Kurz darauf gelangen wir an eine Weggabelung und halten uns links. Wir radeln weiter durch den Wald, passieren eine Einmündung nach rechts und biegen dahinter links ab. Indem wir geradeaus weiterfahren, gelangen wir an die Kreuzung, die wir schon vom Hinweg kennen. Nun biegen wir rechts ab und radeln die Serpentinen wieder bergab. An der Straße biegen wir nach links und gleich darauf nach rechts ab. An der Weggabelung wenden wir uns wiederum nach rechts. Hier müssen wir wieder kräftig in die Pedale treten. Durch den Wald geht es bergauf. Auf der Hochebene passieren wir dann rechter Hand ein Feld und biegen dahinter rechts ab. Geradeaus fahren wir weiter

▶ *Blick auf die Burg Prunn.*

zur **Burgruine Randeck**, wo wir am Burgfried eine herrliche Aussicht genießen oder uns in der Burgschenke auf die letzten elf Kilometer der Tour vorbereiten können. Wir fahren einen Kilometer zurück, biegen am ersten Abzweig rechts ab und passieren einen Weiher und die kleine **Kapelle St. Bartholomä**. Auf Höhe der Kapelle halten wir uns links. Über einen kurzen Downhillpfad, vorbei am Riedhof, gelangen wir zur Straße nach Sausthal. Allerdings fahren wir geradeaus am Ort vorbei und dann zur **Gaststätte**

TOURPROFIL

Hügelige Tour, teils auf Waldwegen und mit steiler Abfahrt.

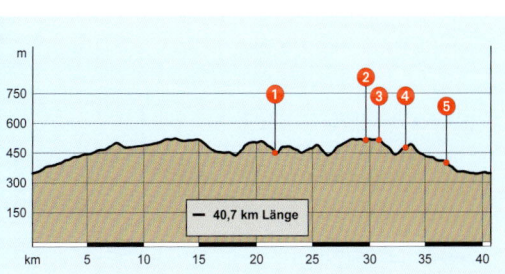

VI RADWANDERN IM ALTMÜHLTAL / TOUR 5

Zum Wäscherhartl . Wir stoßen auf eine Landstraße, folgen ihr ein kurzes Stück nach links und biegen dann rechts in den Wald ab. Bis zu unserem Zielpunkt in Kelheim geht es jetzt nur noch bergab. Kurz vor Palmberg biegen wir rechts ab und umrunden den Ort in einem Bogen. An der nächsten Kreuzung fahren wir nach rechts und kommen nach 1,5 km an der **Obernederhöhle** vorbei. Es handelt sich dabei um

UNTERES ALTMÜHLTAL / KELHEIM VI

eine typische Wohnhöhle, in der zahlreiche Knochen und Blattspitzen aus der Steinzeit gefunden wurden. Anschließend fahren wir weiter bergab. An der Staatsstraße wenden wir uns nach links und fahren parallel zur Straße in Richtung Kelheim. Beim Möbelhaus geht es über den Zebrastreifen und einen kurzen Aufstieg rechts in die Dr. Weber Straße und dann weiter geradeaus wieder zu unserem Ausgangspunkt zurück.

VII KARTENATLAS

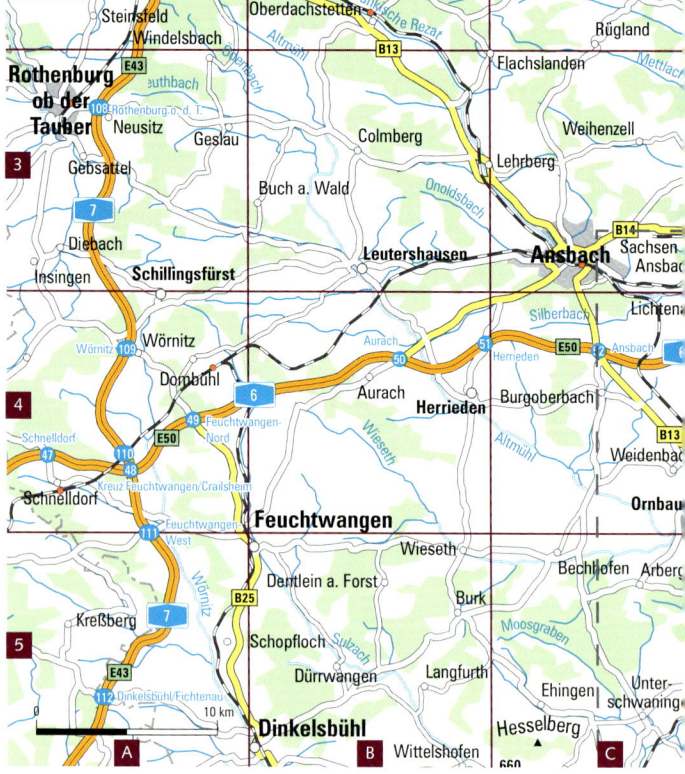

182

KARTENATLAS VII

VII KARTENATLAS

KARTENATLAS VII

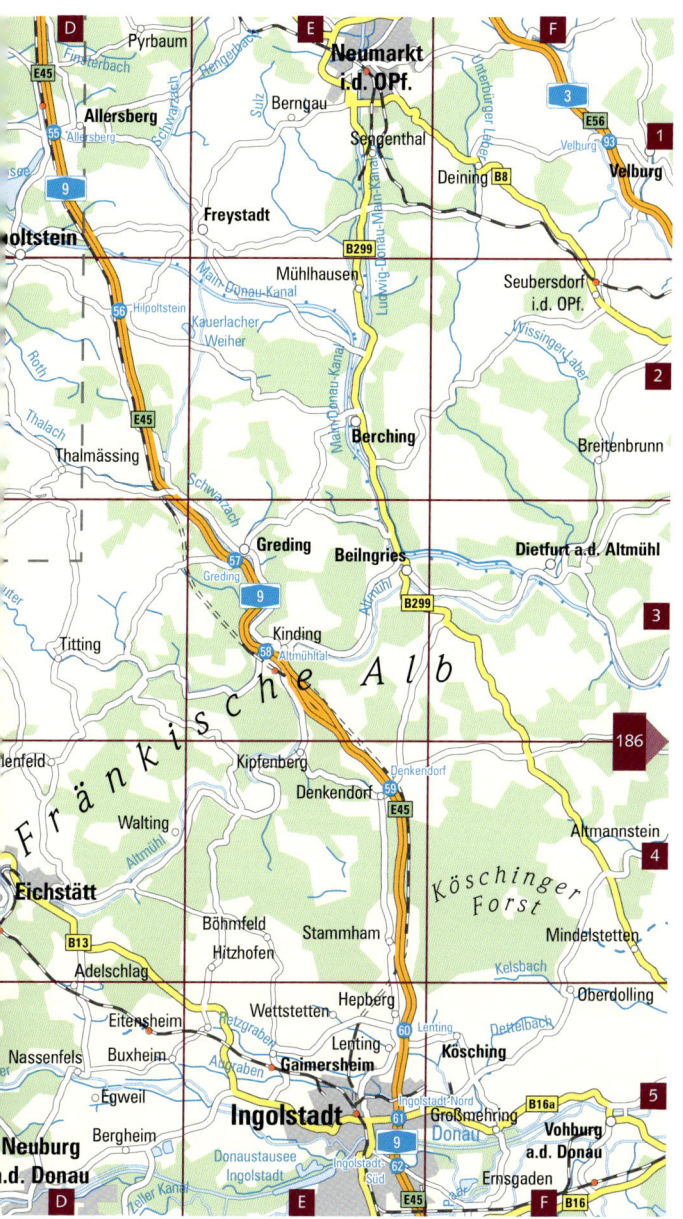

VII KARTENATLAS

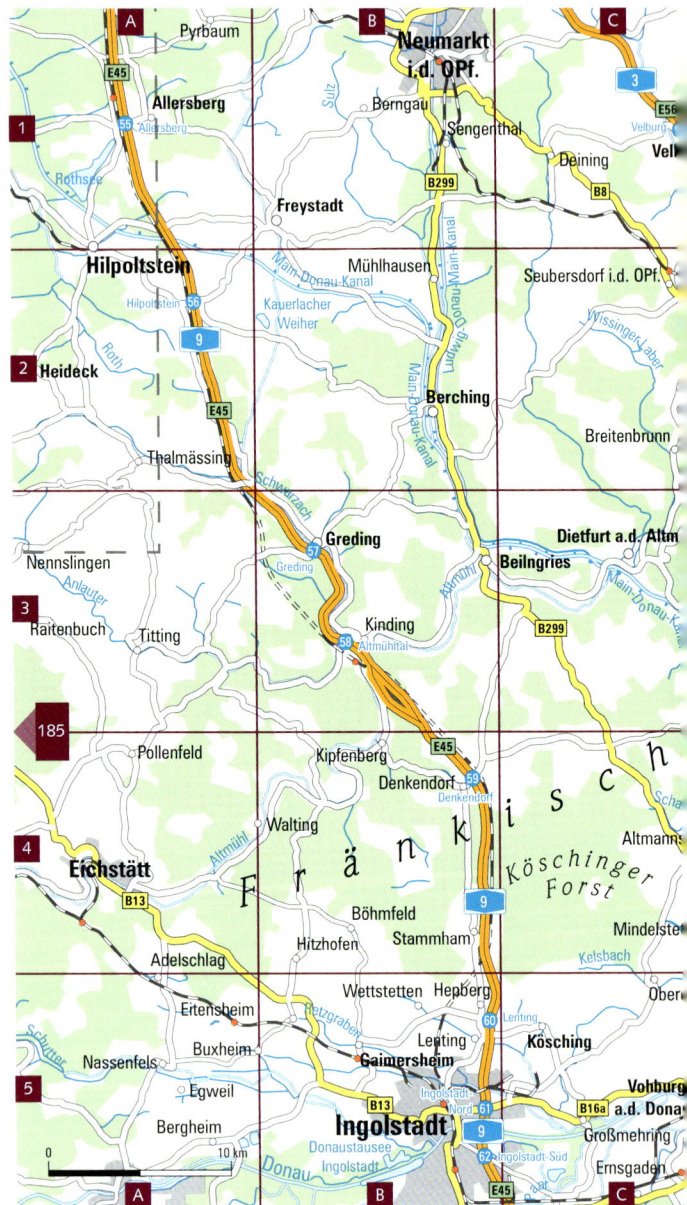

186

KARTENATLAS VII

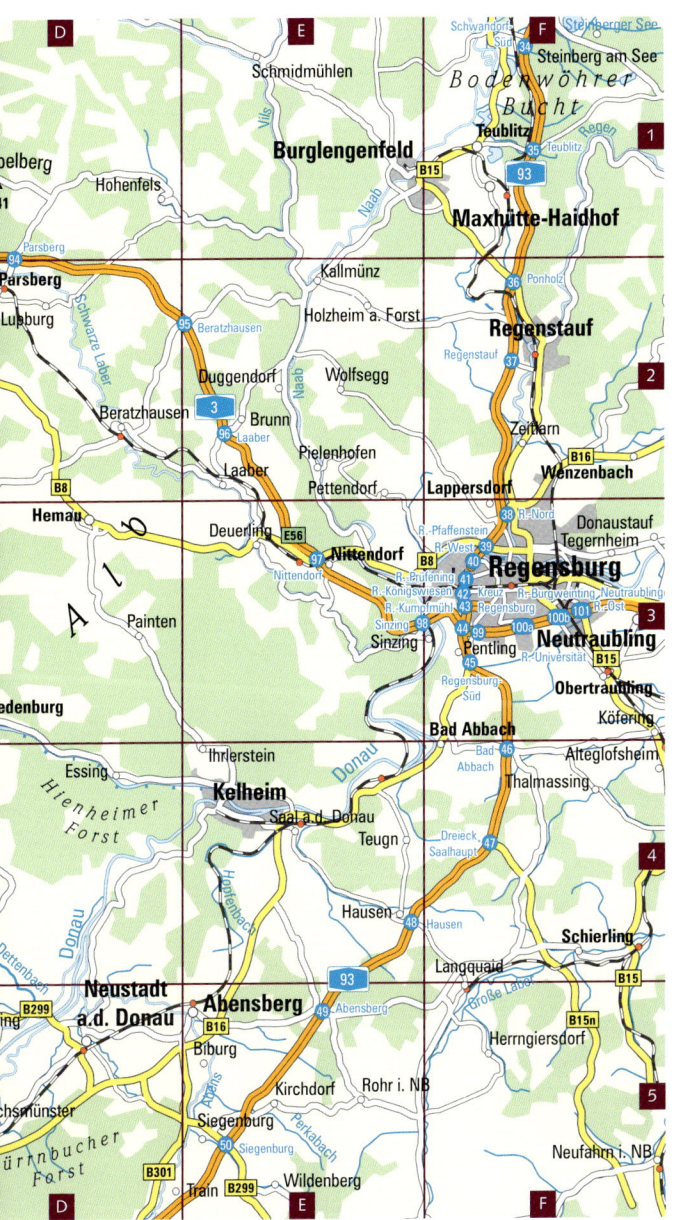

PUBLICPRESS
der verlag mit der sonne

Ihre Karten für die Region:

ISBN 978-3-89920-038-6
€ 3,95

ISBN 978-3-89920-110-9
€ 4,95

ISBN 978-3-89920-356-1
€ 4,95

ISBN 978-3-89920-445-2
€ 6,95

ISBN 978-3-89920-366-0
€ 8,95

ISBN 978-3-89920-407-0
€ 8,95